Kambiz Poostchi

Goldene Äpfel

Spiegelbilder des Lebens

vianova
Verlag Via Nova

Dies ist eine Sammlung von Geschichten, Weisheiten und Aussprüchen, die ich im Laufe der Jahre zusammengetragen habe. Ich setze sie stets und gerne bei meinen Vorträgen und Seminarveranstaltungen ein, die mich in viele Länder, Kontinente und Kulturkreise führen, um für die behandelten Themen auch andere Zugangsebenen zu eröffnen. Die große Nachfrage und das besondere Echo seitens Menschen unterschiedlicher Herkunft und jeglichen Alters haben mir gezeigt, dass darin nicht nur meine persönliche Vorliebe zum Ausdruck kommt, sondern dass viele einen offenen Kanal für die besondere Qualität dieser Geschichten und eine innere Resonanz verspüren. Diese Erfahrung und die Ermutigung vieler Freunde haben mich veranlasst, diese Sammlung nicht nur für mich zu behalten, sondern sie einem größeren Kreis von Interessierten und Liebhabern der Metaphernwelt zugänglich zu machen.

Auch die ausgewählten Grafiken in diesem Buch unterstreichen das Prinzip der Einheit in der Vielfalt. Sie repräsentieren unterschiedliche Kulturen und Regionen unserer Welt und widerspiegeln die bunte Mannigfaltigkeit der Ausdrucksformen menschlicher Kreativität. Gerade die Ornamentik wird als der verdichtete Ausdruck kulturellen Schaffens angesehen.

Kambiz Poostchi

Goldene Äpfel Spiegelbilder des Lebens

Weisheiten und Aphorismen aus aller Welt

vianova
Verlag Via Nova

1. überarbeitete Taschenbuchauflage 2022
7. Auflage gesamt
Verlag Via Nova, Alte Landstraße 12, 36100 Petersberg
Telefon: (06 61) 6 29 73
Fax: (06 61) 96 79 560
E-Mail: info@verlag-vianova.de
Internet: www.verlag-vianova.de
Umschlaggestaltung: Guter Punkt, München
Satz: Sebastian Carl, Amerang
Druck und Verarbeitung: C. H. Beck, 86720 Nördlingen

ISBN 978-3-86616-523-6

Goldene Äpfel

Ya Allah, meine Brüder, kommt und hört, wisst und seht, was unser ist und ich euch gebe.

Seht ihr in meinen leeren Händen goldene Äpfel, seht ihr sie? Achtet auf, ich werfe sie euch zu: dir einen, dir dort ganz hinten einen, dir so verborgen im Winkel einen, und diesen noch und den letzten auch.

Haltet sie, derweil ich euch berichte von vielem, das geschah, vielleicht geschah, vielleicht gehört ward, vielleicht nur gesehen – wer kann es sagen? Wer weiß es, was wirklich ist, wer, was nur Gedankenschatten?

Wenn wir es alle sahen und hörten, werft sie mir zurück, die goldenen Äpfel, die ich euch gab aus leeren Händen, und aus euren Seelenaugen werde ich sie sehen, meine goldenen Äpfel. Fangen und halten.

Habt ihr vernommen, Freunde und Brüder?

Ausspruch alttürkischer Nomaden

Widmung

Ich möchte dieses Buch in tiefer Dankbarkeit meinen Eltern widmen, die den Mut hatten, ihrer Vision als Bahá'í von der Erde als *einem* Land und der Menschheit als *einer* Familie zu folgen. Als sie im Jahre 1956 ein materiell gesichertes und geregeltes Leben in ihrem Heimatland Iran hinter sich ließen und mit der ganzen Familie ins Österreich der Nachkriegszeit kamen, beseelte sie der Wunsch, Brücken zu schlagen, Brücken zwischen Kontinenten, zwischen Völkern, Kulturen und Religionen. Im praktischen Leben haben sie im Geiste der Freundschaft und Kameradschaft die Begegnung mit Menschen jenseits vielfältig bestehender Barrieren und Trennlinien gesucht. Dabei trafen sie viele Menschen offenen Herzens, strahlenden Wesens und gerechten Sinnes.

Diesem Vorbild fühle ich mich persönlich zutiefst verpflichtet. So mag auch diese Sammlung an Geschichten und Erzählungen aus aller Welt in diesem Geiste als Brücke dienen. Sie mag einer Fundgrube gleich Kostproben darbieten aus dem reichen Schatz vielfältiger Beiträge verschiedener Völker und Kulturen zum gemeinsamen Erbe der Menschheit.

Ein Geschenk an die Leser

Ein Meister lehrte seine Schüler in Form von Geschichten und Gleichnissen. Manche hörten begeistert zu, andere waren betrübt, denn sie erachteten diese als trivial und sehnten sich nach etwas Tieferem. Ihre Bitten nach weisen Worten und Geheimnissen wurden vom Meister immer wieder zurückgewiesen: „Versteht, dass der kürzeste Weg eines Menschen zur Wahrheit eine Geschichte ist."

Und nach einer Pause fügte er hinzu: „Eine verlorene Münze kann mit einer unscheinbaren Kerze wiedergefunden werden, die tiefste Wahrheit kann sich euch in einer einfachen Geschichte enthüllen."

Es steht dir frei, ganz individuell, auf deine besondere Art und Weise Zugang zu diesem Buch und den darin gesammelten, handverlesenen Geschichten, Fabeln und Weisheiten zu finden.

Eine Möglichkeit wäre, die Geschichten zu lesen und einfach zu genießen. Du könntest dich deiner Phantasie hingeben und eintauchen in die Welten, die dir die Erzählungen eröffnen. Du könntest dich sozusagen fallen lassen, hineingleiten und Freude daran haben, eine Zeit der Muße und der Unbeschwertheit zu erleben.

Vielleicht ziehst du es aber vor, mit deinem Forschergeist nach den dahinterliegenden Botschaften zu suchen. Welche Moral liegt in der Geschichte? Was ist ihre praktische Aussage? Oder du fragst dich, ob das Thema irgendeinen Bezug zu deinem Leben hat, im Privaten oder im Beruf. Was kannst du daraus ableiten für die Qualität deiner Beziehungen und Begegnungen oder auch im Zusammenhang damit, wie du für dich selber sorgst?

Es mag aber auch sein, dass du zu den Lesern gehörst, die dieses Buch einfach als eine Quelle betrachten, aus der sie für diverse berufliche oder private Situationen schöpfen und an der sie andere Menschen teilhaben lassen wollen. Für Vorträge, im Unterricht, bei Schulungen oder auch als Unterhaltung im Kreise von Freunden.

Es soll auch Personen geben, die durch Verknüpfen verschiedener Geschichten und Aussagen zu einem Thema neue Ebenen von Einsicht und Verständnis zu erklimmen suchen und sich neue Perspektiven erschließen.

Wie auch immer dein ganz persönlicher Zugang sein mag, tue es mit Offenheit und Neugier und vor allem in dem Bewusstsein, dass es sich um wertvolle Geschenke handelt, von unbekannten Menschen aus anderen Kulturen und Zeitabschnitten der Geschichte. Und in dem Maße, in dem du diese Geschenke annimmst, spürst du vielleicht, wie du Teil eines organisch aufblühenden Netzwerkes bist, welches Grenzen überwindet, Grenzen der Zeit, Grenzen der Kultur und Religion, Grenzen der Sprache und des Denkens, ja sogar Grenzen der sogenannten Realität.

Und vielleicht berührt dich der Hauch des Unvergänglichen!

1

Von Jugend und Alter, Taten und Werken und anderen bestimmenden Dingen …

> Solche Menschen wie wir beide sterben zwar alle, aber sie werden nicht alt, solange sie leben. Ich meine damit, sie stehen immer noch neugierig wie Kinder vor dem großen Rätsel, in das wir mitten hineingesetzt sind.
>
> *Albert Einstein an Otto Juliusberger*

Jugend und Alter beziehen sich nicht bloß auf die physische Seite des Daseins, sondern vor allem auf den inneren Zustand der Seele, auf die mentalen und geistigen Qualitäten des Menschen.

Jung sein bedeutet, „Zukunft" haben.

Auf die materielle Ebene bezogen, findet sich darin der hoffnungsvolle Ausblick auf die bevorstehenden Lebensjahre mit dem Ausdruck von Kraft, Ausdauer, physischer Energie und Gesundheit.

Offenheit und Aufgeschlossenheit neuen Dingen gegenüber, Neugier und Lernfreude unabhängig vom Alter, Mut zu Veränderung und zu herausfordernden Zielen sind klare Merkmale mentaler Jugend.

Der geistigen Wirklichkeit des Menschen zugehörig und Kennzeichen unserer spirituellen Jugend sind wiederum jene Charaktereigenschaften wie Güte, Rechtschaffenheit, Ehrlichkeit, Demut, Vertrauenswürdigkeit oder Hilfsbereitschaft, alles Tugenden, die, von den Wechselfällen des irdischen Lebens unberührt, ihre Spuren über Generationen und Zeitalter hinweg hinterlassen und Wirkung haben.

Diesen drei Lebensbereichen sind auch die Handlungen und Werke der Menschen zuzuordnen. Viele Frauen und

Männer rühmen sich ihrer erhabenen Gedanken und Ideen, aber wenn diese nicht zur Tat werden und Menschen daraus Nutzen zu ziehen imstande sind, welchen Wert haben sie dann? Nicht Worte, sondern menschendienliche Taten bilden die unvergänglichen Früchte und die Zierde des Lebens.

Picknick mit Gott

Es war einmal ein kleiner Junge, der wollte Gott treffen.

Er wusste, dass es zu Gott eine weite Reise war, deshalb packte er seinen kleinen Koffer voll mit Keksen und einigen Getränkedosen und machte sich auf den Weg. Als er gerade drei Häuserblöcke weit gekommen war, traf er auf eine alte Frau. Sie saß auf einer Bank im Park und starrte auf die Tauben. Der Junge setzte sich neben sie und öffnete seinen Koffer. Er wollte gerade einen Schluck trinken, als er bemerkte, dass die Frau sehr hungrig aussah. Deshalb bot er ihr einen Keks an.

Sie nahm diesen dankbar an und lächelte ihm zu. Ihr Lächeln war so wunderschön, dass er es wieder sehen wollte, deshalb bot er ihr eine Dose Limonade an. Wiederum lächelte sie ihm zu. Der Junge war entzückt!

Den ganzen Nachmittag saßen sie so da, aßen und lächelten, aber sprachen kein einziges Wort. Als es zu dämmern begann, bemerkte der Junge, wie müde er war. Er stand auf, um heimzugehen. Aber nach wenigen Schritten drehte er um, rannte zurück zur alten Frau und umarmte sie ganz fest. Sie beschenkte ihn mit ihrem strahlendsten Lächeln.

Als der Junge wenig später zu Hause ankam, war seine

Mutter erstaunt über seinen freudestrahlenden Gesichtsausdruck. Sie fragte ihn: „Was hast du heute getan, dass du so glücklich bist?“ Und er antwortete: „Ich hatte ein Picknick mit Gott.“ Und bevor seine Mutter noch weiterfragen konnte, fuhr er fort: „Und weißt du was? Sie hat das wunderschönste Lächeln, das ich je gesehen habe!“

In der Zwischenzeit war auch die alte Frau freudestrahlend zu Hause angekommen. Ihr Sohn war verblüfft, als er den friedvollen Ausdruck auf ihrem Antlitz wahrnahm. Er fragte: „Mutter, was hast du heute erlebt, das dich so glücklich gestimmt hat?“ Sie antwortete: „Ich habe im Park Kekse gegessen mit Gott.“ Doch bevor ihr Sohn noch etwas einwerfen konnte, ergänzte sie: „Weißt du, er ist viel jünger, als ich dachte!“ */1/*

Der dankbare Gärtner

Ein mächtiger König wandelte einst durch seinen Garten, als sein Blick auf einen alten Mann fiel, der dabei war, einige Setzlinge einzusetzen. Er musste etwa neunzig Jahre alt sein. Gefolgt von seinem Hofstaat, trat der König näher und fragte den Alten: „Was machst du da?“ „Ich pflanze Dattelbäume“, antwortete der Greis. „Wie lange wird es dauern, bis die Bäume Früchte tragen?“, forschte der König weiter. „Zwanzig Jahre, Majestät“, erklärte der Gärtner.

Der König wunderte sich: „Wie kommt es dann, dass du diese Bäume setzt, obwohl du es nicht erleben wirst, selber deren Früchte zu genießen?“ Der Alte schaute auf und sagte: „Die vor uns kamen, haben gepflanzt, und wir konnten ernten. So halte ich es für meine Pflicht, diese Bäume zu setzen, damit die, die nach uns kommen, sich an ihren Früchten laben können."

Der König hatte Gefallen an der Antwort und gab dem Mann ein Geldstück. Der alte Gärtner, niederkniend, dankte dem König inbrünstig. Der fragte: „Warum kniest du vor mir nieder?" „Majestät, ich habe nicht nur die Freude, junge Bäume zu pflanzen. Sie haben auch schon Früchte gebracht, denn du hast mir dieses Geld gegeben", antwortete der Alte. Dies gefiel dem König so sehr, dass er dem Mann noch ein Geldstück gab. Wieder kniete der alte Gärtner nieder und sagte: „O Majestät, die meisten Bäume bringen nur einmal Früchte, während die meinigen durch deine Freigebigkeit bereits zwei Ernten eingebracht haben."

Der König musste lachen und fragte: „Wie alt bist du?" Der Mann antwortete: „Ich bin zwölf Jahre alt." „Wie kann das sein, du musst doch viel, viel älter sein?" Der Gärtner antwortete mit einem gewinnenden Lächeln: „Bevor du vor zwölf Jahren den Thron bestiegst, lebte die Bevölkerung in ständiger Angst vor Kriegen und anderem Unheil. Die Menschen waren so unglücklich, dass das Leben kaum lebenswert erschien. Aber seit deine Herrschaft begann, sind die Menschen glücklich und leben in Frieden und Sicherheit. Deshalb zähle ich meine Lebensjahre erst seit dem Beginn deiner Herrschaft." Dies erfreute den König so sehr, dass er das Bedürfnis verspürte, dem Mann ein weiteres Geldstück zu geben. „Ich werde dich jetzt verlassen müssen", sprach er dabei, „denn wenn ich dir noch länger zuhöre, machst du mich noch zu einem armen Mann." /2/

~ Sinnbild der Welt

Als ich heute Abend in der Einöde meiner Liebe einherging, begegnete ich einem kleinen Mädchen in Tränen. Ich bog meinen Kopf zurück, um in seinen Augen zu lesen. Und sein Kummer hat mich geblendet. Wenn ich es ablehne, Herr, es kennenzulernen, lehne ich einen Teil der Welt ab und habe mein Werk nicht vollendet. Es geht nicht darum, dass ich mich von großen Zielen abwende, aber es gilt, dieses Mädchen zu trösten! Denn nur dann geht es gut in der Welt. Auch das kleine Mädchen ist Sinnbild der Welt. /3/

~ Die drei Steinmetzen

Als man das Münster zu Freiburg baute, beobachtete ein Passant drei Steinmetzen, die am Bauwerk im Einsatz waren. Der eine saß und haute Quader zurecht für die Mauern der Wand. „Was machst du da?“, fragte der Mann diesen nach seiner Arbeit. „Ich haue Steine, wie du siehst“, seufzte dieser.

Ein anderer Arbeiter mühte sich um das Rund einer kleinen Säule für das Blendwerk der Tür. „Was machst du da?“, sprach ihn der Passant an. „Ich verdiene Geld für den Lebensunterhalt meiner Familie“, gab er zur Antwort, ohne aufzublicken.

Ein dritter arbeitete gebückt am Ornament einer Kreuzblume für den Fensterbogen, mit dem Meißel vorsichtig tastend. „Was machst du da?“

„Ich baue an diesem Dom zum Lobpreis des Herrn.“ /4/

~ Segen guter Werke

Der bekannte Mystiker Schiblī aus Baghdad starb 945. Nach seinem Tod erschien er einem seiner Freunde im Traum, der ihn befragte: „Wie hat Gott dich aufgenommen?“ Und der Mystiker gab diesem zur Antwort: „Er hat mich vor seinen Thron gerufen und mich gefragt: ‚Abu Bakr, weißt du, wieso ich dir vergeben werde?‘ Ich sagte: ‚Wegen meiner guten Werke.‘ Er sagte: ‚Nein.‘ Ich sagte: ‚Weil ich in meiner Anbetung aufrichtig war.‘ Er sagte: ‚Nein.‘ Ich sagte: ‚Wegen meiner Pilgerfahrt, meines Fastens und meiner Pflichtgebete.‘ Er sagte: ‚Nein, deswegen werde ich dir nicht vergeben.‘ Ich sagte: ‚Wegen meiner Reisen, um Wissen zu erwerben, und weil ich zu den Frommen ausgewandert bin?‘ Er sagte: ‚Nein.‘ Ich sagte: ‚O Herr, dies sind die Werke, die zur Rettung führen, die habe ich über alles gestellt und bei denen habe ich gedacht, dass du mir ihretwegen vergeben würdest!‘ Er sprach: ‚Doch nicht um all dieser Dinge willen will ich dir vergeben!‘ Ich sagte: ‚O Herr, weshalb dann?‘ Er sprach: ‚Erinnerst du dich, wie du durch die Gassen von Baghdad gingest und ein Kätzchen fandest, das vor Kälte ganz schwach geworden war und von Mauer zu Mauer lief, um Schutz vor der schneidenden Kälte und vor dem Schnee zu suchen? Du hast es aus Mitleid aufgehoben und in den Pelz gesteckt, den du trugst, und hast es so vor der Qual der Kälte geschützt.‘ Ich sagte: ‚Ja, ich erinnere mich.‘ Er sprach: ‚Weil du mit dieser Katze Erbarmen hattest, darum werde ich mich deiner erbarmen.‘“ */5/*

Der Sonnenrufer

Auf dem Hühnerhof gab es große Aufregung. Der Hahn war schwer erkrankt und man konnte nicht damit rechnen, dass er am nächsten Morgen krähen würde. Verzweifelt rannten die Hennen hin und her und machten sich große Sorgen, denn wie sollte die Sonne aufgehen, wenn ihr Herr und Meister sie nicht riefe? Sie hatten Angst, es würde dunkel bleiben. Die Hennen meinten nämlich, dass die Sonne nur schien, wenn der Hahn krähte. Die Spannung erreichte den Höhepunkt, als der Hahn den Misthaufen erklomm, mit den Flügeln flatterte und sich mächtig ins Zeug legte. Doch kein Laut entwich seiner heiseren Kehle. In banger Erstarrung verfolgten die Hennen das traurige Schauspiel.

Welch ein Wunder, als die Sonne auch ohne Zuruf des Hahnes am Horizont aufging und der neue Tag anbrach! */6/*

Die Königsinsel

Es lebte einmal ein Volk, das eine besondere Art hatte, seinen König zu wählen: An einem bestimmten Tag eines jeden Jahres begaben sich alle erwachsenen Männer zum Hauptplatz und man wartete. Derjenige, auf dessen Haupt sich eine Taube setzte, wurde für das Jahr der Herrscher des Reiches. Während dieser Zeitperiode konnte der König alles tun, was ihm gefiel, und kein Wunsch wurde ihm abgeschlagen. Doch am Ende seines Mandats war er unerbittlich dazu verurteilt, auf eine einsame Insel zu ziehen und dort bis zu seinem Tode zu bleiben.

Dies war der Gang der Dinge durch viele Jahre hindurch und ein König nach dem anderen erhielt das Amt, lebte ein Jahr lang wie ein Krösus, sammelte unendliche Reichtümer, die er dann zurückließ, um auf die einsame Insel zu gehen. Bis eines Tages die schicksalhafte Taube sich auf dem Haupt eines jungen Mannes niederließ, der ohne Zweifel klüger war als seine Vorgänger.

Er dachte sich: „Wenn ich während dieses Jahres alles, wirklich alles tun kann, was ich will, dann werde ich folgendermaßen vorgehen: Ich werde Tiere verschiedenster Art, Obstbäume und Blumen auf die Insel bringen lassen, auf die ich in einem Jahr geschickt werde. Ich lasse mir ein Haus mit allen möglichen Bequemlichkeiten bauen und werde es in die Wege leiten, dass meine Familienmitglieder und Freunde auf die Insel ziehen und dort wohnen. Auf diese Art wird mein künftiges Leben weiterhin glücklich verlaufen, auch wenn ich kein König mehr sein werde.“ /7/

~ *Der Analphabet*

In Ländern mit einem hohen Anteil an Analphabetentum findet man oft bei Ämtern und Behörden Personen vor, die ihren Dienst darin erbringen, dass sie den Menschen, die des Schreibens und Lesens unkundig sind, beim Erstellen der Anträge und Ausfüllen der Formulare behilflich sind.

Zu einem dieser Beamten kam eines Tages ein älterer Mann mit einem Brief in der Hand. Dieser schien ihm sehr wichtig zu sein, da er ihn fest umklammert hielt. Der Beamte fragte ihn, was er für ihn tun könne, und der Alte gab zögerlich zur Antwort: „Weißt du, Herr, ich habe eine besondere Bitte an dich und ich würde dich nicht bemühen und deine Zeit in Anspruch nehmen, wenn es nicht wichtig wäre. Dieser Brief, den ich seit Tagen mit mir herumtrage, ist von meinem Sohn, der seit Jahren im Ausland weilt und dort seinem Studium nachgeht. Lange Zeit habe ich nichts von ihm gehört und mein Herz sehnte sich nach einer Nachricht von ihm. Nun hat er mir geschrieben, mir, seinem alten Vater!"

Der Beamte hörte ihm gespannt zu. „Nun, Herr", fuhr der alte Mann fort, „trage ich diesen Brief zwar auf meinem Herzen und nehme ihn oft zur Hand, aber da ich nicht lesen und schreiben kann, bleibt mir der Inhalt verwehrt und ich weiß nicht, wie es meinem Sohn geht in der Fremde."

„Gib ihn mir, Väterchen, und ich will ihn dir vorlesen", sagte der Beamte bereitwillig.

„Genau um diesen Dienst wollte ich dich bitten, Herr. Aber wie ich es dir erklärt habe, ist dieser Brief meines Sohnes für mich bestimmt und nicht für fremde Ohren." Der Alte griff in seine Seitentasche, holte ein Stück Watte hervor und fuhr fort: „Daher darf ich dich bitten, Herr, dass du dir diese Watte in die Ohren steckst, bevor du mir den Brief vorliest, damit du nicht hören kannst, was mein Sohn mir geschrieben hat!" /8/

~ *Dornröschen*

Nach vielen Jahren des Schlafes wacht Dornröschen auf, aber es steht niemand da, der sie retten will. So schläft sie wieder ein. Jahre vergehen und sie wacht wieder auf. Sie schaut nach links, nach rechts, nach oben, aber wiederum ist niemand da, weder ein Prinz noch ein Mann mit einer Heckenschere ausgerüstet. Und sie schläft weiter. Schließlich wacht sie zum dritten Mal auf. Sie öffnet ihre schönen Augen und sieht wiederum niemanden. Da sagt sie zu sich selbst: „Jetzt reicht's!" Sie steht auf und ist erlöst. *|9|*

~ *Der weise Rabbi*

Ein jüdischer Geistlicher, reich an Jahren und Ehren, namens Rabbi Zussaya lag einst im Sterben. Seine Schüler hatten sich um sein Lager versammelt und fragten ihn, ob er Angst vor dem Sterben habe. „Ja", sagte er, „ich habe Angst, vor meinen Schöpfer zu treten." „Aber wie kann das sein?", antworteten die Schüler. „Du hast ein solch beispielhaftes Leben geführt. Du hast uns wie Moses aus der Wildnis geleitet. Du hast Urteile gesprochen wie der weise Salomon." Sanft erwiderte der Rabbi:

„In der anderen Welt, wenn ich meinen Schöpfer treffe, wird er mich nicht fragen, ob ich wie Moses oder Salomon war. Vielmehr wird er mich fragen: ‚Warst du du selbst? Warst du Zussaya?'" *|10|*

~ *Der Schatten*

Im Orient wollte einst ein König seinen Untertanen eine Freude bereiten und brachte ihnen von einer Reise eine Sonnenuhr mit. Sein Geschenk veränderte das Leben der Menschen im Reich, die bis dahin keine Uhr gekannt hatten. Sie begannen, die Tageszeiten zu unterscheiden und ihre Zeit einzuteilen. Sie

Webstoff der Paracas-Kultur, Peru, 800-500 v. Chr.

wurden pünktlicher, ordentlicher, zuverlässiger und fleißiger und brachten es zu großem Reichtum und Wohlstand.

Als der König starb, überlegten sich die Untertanen, wie sie die Verdienste des Verstorbenen würdigen könnten. Und weil die Sonnenuhr das Symbol für die Gnade des Königs und die Ursache des Erfolgs der Bürger war, beschlossen sie, um die Sonnenuhr einen prachtvollen Tempel mit goldenem Kuppeldach zu errichten. Doch als der Tempel vollendet war und sich die Kuppel über der Sonnenuhr wölbte, erreichten die Sonnenstrahlen die Uhr nicht mehr. Der Schatten, der den Bürgern die Zeit gezeigt hatte, war verschwunden, der gemeinsame Orientierungspunkt, die Sonnenuhr, verdeckt. Der eine Bürger war nicht mehr pünktlich, der andere nicht mehr zuverlässig, der dritte nicht mehr fleißig. Jeder ging seinen Weg. Das Königreich zerfiel. /11/

~ *Kreisläufe*

Sein Name war Fleming und er war ein armer schottischer Bauer. Eines Tages, als er gerade dabei war, das Land zu bestellen, dessen karger Ertrag den Lebensunterhalt für ihn und seine Familie sicherte, hörte er einen Hilfeschrei aus dem nahegelegenen Sumpf. Er warf seine Geräte hin und eilte in die Richtung, aus der der Ruf gekommen war.

Beim Sumpf angekommen, entdeckte er einen verschreckten, um Hilfe schreienden Jungen, der bis zum Becken im schwarzen Morast steckte und verzweifelt versuchte, sich zu befreien. Der Landwirt rettete den Knaben vor einem schrecklichen und langsamen Tod.

Tags darauf fuhr ein nobler Wagen vor der bescheidenen

Behausung des schottischen Bauern vor. Ein elegant gekleideter Herr stieg aus und stellte sich als der Vater des Jungen vor, den der Bauer Fleming gerettet hatte. „Ich möchte mich erkenntlich zeigen“, sagte der Edelmann. „Sie haben meinem Sohn das Leben gerettet.“

„Nein, ich kann kein Geld annehmen für das, was ich gemacht habe“, erwiderte der schottische Landwirt und lehnte das Angebot entschieden ab. In diesem Augenblick trat der Sohn des Bauern aus der Hütte heraus.

„Ist das Ihr Sohn?“, fragte der Edelmann.

„Ja“, antwortete der Bauer stolz.

„Ich mache Ihnen ein Angebot. Erlauben Sie mir, Ihren Sohn mitzunehmen und ihm eine ausgezeichnete Ausbildung zukommen zu lassen. Wenn der Knabe etwas von seinem Vater hat, dann wird er zu einem Mann heranwachsen, auf den Sie stolz sein können.“ Und so geschah es.

Einige Zeit später hatte der Sohn des Bauern Fleming seine Promotion an der Medizinischen Schule des St. Mary Hospitals in London und verfolgte seine Laufbahn, die ihn bekannt machte als den angesehenen Sir Alexander Fleming, den Entdecker des Penicillins.

Jahre später erkrankte der Sohn des Edelmannes schwer an einer Lungenentzündung. Was rettete ihn? Penicillin. Der Name des Edelmanns? Lord Randolph Churchill. Der Name seines Sohnes? Sir Winston Churchill. */12/*

~ Dem Licht folgen

Nasrudins Frau ist schwanger. Eines Nachts setzen plötzlich die Wehen ein. Die dringend herbeigerufene Hebamme kümmert sich um die Schwangere, während Nasrudin nervös im Nachbarraum wartet. Nach einer ewigen Zeit ruft die Hebamme ihm zu: „Glückwunsch, es ist ein Mädchen!"

Der frisch gebackene Vater ist überglücklich. Nach einer Weile ruft die Hebamme wieder: „Glückwunsch, du hast einen Sohn!" Und nach einigen Minuten ertönt wieder ihre Stimme: „Glückwunsch, ihr habt noch eine Tochter!"

Als Nasrudin das hört, stürmt er in das Zimmer nebenan und bläst alle Lichter aus. „Was machst du denn da?", fragen ihn die Frauen. „Was soll ich machen? Solange die da drinnen Licht sehen, wollen sie alle rauskommen!" *|13|*

~ Alles ist relativ

Als Albert Einstein seine grundlegende Arbeit zur „speziellen Relativitätstheorie", die er 1916 zur „allgemeinen Relativitätstheorie" erweiterte, veröffentlichte, fragten ihn seine Freunde, wie wohl die Auswirkungen in der Öffentlichkeit sein würden.

„Das ist einfach vorherzusagen", antwortete Einstein. „Behalte ich recht, werden die Deutschen sagen, ich sei Deutscher, die Franzosen, ich sei Europäer, und die Amerikaner, ich sei Weltbürger. Behalte ich nicht recht, werden die Amerikaner sagen, ich sei Europäer, die Franzosen, ich sei Deutscher, und die Deutschen, ich sei Jude." *|14|*

~ Sich zu helfen wissen

Als ich jünger war, hasste ich es, zu Hochzeiten zu gehen. Tanten und großmütterliche Bekannte kamen zu mir, piekten mir in die Seite, lachten und sagten: „Du bist der Nächste." Sie haben mit dem Mist aufgehört, als ich anfing, auf Beerdigungen das Gleiche zu machen. *|15|*

~ Rücksichtnahme

Ein älteres Ehepaar feierte nach langen Ehejahren das Fest der Goldenen Hochzeit. Beim gemeinsamen Frühstück dachte die Frau: „Seit fünfzig Jahren habe ich immer auf meinen Mann Rücksicht genommen und ihm das knusprige Oberteil des Brötchens gegeben. Heute will ich mir endlich einmal selbst diese Delikatesse gönnen."

Sie schmierte sich das Oberteil des Brötchens und gab das andere Teil ihrem Mann. Entgegen ihrer Erwartung war dieser hocherfreut, küsste ihre Hand und sagte: „Mein Liebling, du bereitest mir die größte Freude des Tages. Über fünfzig Jahre habe ich das Unterteil des Brötchens nicht mehr gegessen, das ich vom Brötchen am allerliebsten mag. Ich dachte mir immer, du sollst es haben, weil es dir so gut schmeckt." *|16|*

~ Leere Hände

Ich hatte einen Traum. Ein Mensch erschien vor dem Gericht des Herrn und sprach: „Siehe, Herr, ich habe dein Gesetz beachtet, habe nichts Unrechtes, Böses oder Frevelhaftes getan. Herr, meine Hände sind rein." Gott antwortete: „Ohne Zweifel, doch sie sind leer." /17/

Was Menschen brauchen

Auf den Philippinen erzählen sich die Leute folgende Geschichte: Ein König hatte zwei Söhne. Als er alt wurde, da wollte er einen der beiden zu seinem Nachfolger bestellen. Er versammelte die Weisen seines Landes und rief seine beiden Söhne herbei. Er gab jedem fünf Silberstücke und sagte: „Ihr sollt für dieses Geld die Halle in unserem Schloss bis zum Abend füllen. Womit, das ist eure Sache." Die Weisen sagten: „Das ist eine gute Aufgabe."

Der ältere Sohn ging davon und kam an einem Feld vorbei, wo die Arbeiter dabei waren, das Zuckerrohr zu ernten und in einer Mühle auszupressen. Das ausgepresste Zuckerrohr lag nutzlos umher. Er dachte sich: „Das ist eine gute Gelegenheit, mit diesem nutzlosen Zeug kann ich die Halle meines Vaters füllen."

Mit dem Aufseher der Arbeiter wurde er einig und sie schafften bis zum späten Nachmittag das ausgedroschene Zuckerrohr in die Halle. Als sie gefüllt war, ging er zu seinem Vater und sagte: „Ich habe meine Aufgabe erfüllt. Auf meinen Bruder brauchst du nicht mehr zu warten. Mache mich zu deinem Nachfolger." Der Vater antwortete: „Es ist noch nicht Abend. Ich werde warten."

Bald darauf kam auch der jüngere Sohn. Er bat darum, das ausgedroschene Zuckerrohr wieder aus der Halle zu entfernen. So geschah es. Dann stellte er mitten in die Halle eine

Kerze und zündete sie an. Ihr Schein füllte die Halle bis in die letzte Ecke hinein.

Der König sagte: „Du sollst mein Nachfolger sein. Dein Bruder hat fünf Silberstücke ausgegeben, um die Halle mit nutzlosem Zeug zu füllen. Du hast nicht einmal ein Silberstück gebraucht und hast sie mit Licht erfüllt. Du hast sie mit dem gefüllt, was die Menschen brauchen." /18/

~ Der Bildhauer

Es tritt ein junger Schüler mit einer Bitte an einen alten, erfahrenen Bildhauer heran. „Meister", sagt er, „ich möchte ein berühmter Bildhauer werden. Was muss ich tun, um das zu erreichen?"

„Na ja", antwortet der Meister, „erzähl mir, was für eine Skulptur du gern machen würdest."

Der junge Mann überlegt einen Moment und meint dann: „Am allerliebsten würde ich einen wunderschönen Elefanten meißeln."

Daraufhin setzt der Meister dem jungen Mann einen unbehauenen Steinblock und einige Werkzeuge vor die Nase. „Sehr schön. Hier hast du ein bisschen Marmor, einen Schlegel und einen Meißel. Jetzt musst du nur noch alles entfernen, was nicht wie ein wunderschöner Elefant aussieht." /19/

~ So entsteht ein Mythos

Als Alexander der Große auf dem Rückzug von Indien mit seinem Heer durch eine der schrecklichsten Wüsten Persiens zog und er – wie sein Heer – nahe am Verdursten war, brachte ihm ein Soldat einen Helm voll Wasser. Doch was tat Alexander? Er dankte dem Soldaten und schüttete das Wasser langsam auf den Sandboden. Sein einziger Kommentar: „Für einen zu viel, für alle zu wenig!" |20|

~ *Die Jugend*

Die Jugend ist nicht ein Abschnitt des Lebens. Sie ist ein Zustand der Seele, der in einer bestimmten Form des Willens besteht, in einer Bereitschaft zur Phantasie, in einer gefühlsmäßigen Kraft, im Überwiegen des Mutes über die Zaghaftigkeit und der Abenteuerlust über die Liebe zur Bequemlichkeit.

Man wird nicht alt wegen der einfachen Tatsache, dass man eine bestimmte Zahl von Jahren gelebt hat, sondern nur, wenn man sein Ideal aufgibt.

Jung sein bedeutet, mit sechzig oder siebzig Jahren die Liebe zum Wunderbaren zu bewahren, das Staunen über die leuchtenden Dinge und die strahlenden Gedanken, den kühnen Glauben, den man den Ereignissen entgegenbringt, den unstillbaren Wunsch des Kindes für alles, was neu ist, den Sinn für die angenehme und fröhliche Seite des Daseins. Ihr werdet so lange jung sein, wie euer Herz die Botschaft der Schönheit, der Kühnheit und des Mutes aufnehmen wird, die Botschaft der Größe und der Stärke, die euch von der Welt, von einem Menschen oder von der Unendlichkeit geschenkt wird.

Wenn alle Fasern eures Herzens zerrissen sein werden und wenn sich auf ihnen der Schnee des Pessimismus und das Eis des Zynismus gehäuft haben werden, erst dann werdet ihr alt sein, und dann möge Gott sich eurer Seele erbarmen. /21/

~ *Das Klavierkonzert*

In dem Wunsch, ihren jungen Sohn in seiner Entwicklung im Klavierspielen zu unterstützen, nahm die Mutter ihn zu einem Paderewski-Konzert mit. Als sie ihre Plätze eingenommen hatten, erblickte die Mutter eine Bekannte im Publikum und ging den Mittelgang hinunter, um sie zu begrüßen.

Die Gelegenheit war günstig, um all die Wunder des Konzertsaals zu erkunden, und so stand der Junge auf, machte sich auf den Weg und ging schließlich durch eine Tür, auf der stand: EINTRITT VERBOTEN.

Als die Lichter im Saal gedimmt wurden und das Konzert beginnen sollte, kehrte die Mutter zu ihrem Platz zurück und musste entdecken, dass ihr Sohn fehlte. In diesem Augenblick teilte sich der Bühnenvorhang und gab den Blick frei auf den von Scheinwerfern angestrahlten, beeindruckenden Steinway-Flügel auf der Bühne. Mit Schrecken erkannte sie ihren kleinen Sohn, der am Klavier saß und unschuldig das Lied „Twinkle, Twinkle, Little Star" zu spielen versuchte.

In diesem Moment hatte der große Maestro seinen Auftritt. Er ging geradewegs auf das Piano zu, beugte sich zu dem Jungen nieder und flüsterte ihm ins Ohr: „Hör nicht auf. Spiele weiter!"

Dann reichte Paderewski mit der linken Hand um den Jungen herum zur Klaviatur und begann den Bass dazu zu spielen. Bald streckte er auch seine rechte Hand nach der anderen Seite des Kindes aus und ergänzte das Spiel mit einem bewegten Obligato.

Gemeinsam verwandelten der alte Maestro und der junge Novize eine Schrecksituation in eine wunderbare kreative Erfahrung. Das Publikum war wie hypnotisiert. /22/

~ *Wahrer Reichtum*

Wenn du dein Herz nicht hart werden lässt, wenn du deinen Mitmenschen kleine Freundlichkeiten erweist, werden sie dir mit Zuneigung antworten. Sie werden dir freundliche Gedanken schenken. Je mehr Menschen du hilfst, desto mehr dieser guten Gedanken werden auf dich gerichtet sein. Dass Menschen dir wohlgesinnt sind, ist mehr wert als Reichtum. /23/

~ *Ein mazedonisches Märchen*

In alten Zeiten war es Sitte, die alten Leute in steinigem Gebirge auszusetzen, bis sie dort starben – so beginnt ein mazedonisches Märchen.

Es berichtet von einem jungen Mann, der eines Tages – wie es die Sitte verlangt – seinen alten Vater auf den Rücken nimmt und ins Gebirge trägt. Als er in der steinigen Wildnis angelangt ist und ihn absetzen will, bittet der Greis: „Nicht an dieser Stelle, mein Sohn, trag mich noch ein Stückchen weiter.“ Auf die verwunderte Frage, was denn diese Stelle habe, antwortet der alte Mann traurig: „Ach, lieber Sohn, wie kann einem das Grab seines Vaters gefallen? Als ich so alt war wie du, habe ich meinen Vater hierhergebracht. Ich bitte dich, gehorche mir nur noch ein einziges Mal und trage mich ein wenig höher."

Während der Sohn den Vater höher schleppt, denkt er darüber nach, dass ihn in etwa dreißig Jahren sein Sohn, genau wie er es jetzt tut, in die Wildnis schleppen wird. Am Abend, als es dunkel wird, trägt er den Vater heimlich wieder nach Hause.

Lange Zeit verbirgt er ihn, weil er sich vor den Leuten schämt. Aber eines Tages lässt es sich nicht mehr verheimlichen. Da ihm in der Wirtschaft vieles besser gelingt als den anderen Bauern, wird es offenkundig, dass er einen heimlichen Ratgeber im Hause hat, der ihm mit seiner Lebenserfahrung zur Seite steht. Von nun an entschließen sich auch andere Familien des Dorfes, ihre Alten nicht mehr auszusetzen. *|24|*

~ *Der entspannte Bogen*

Es heißt, dass der alte Apostel Johannes gern mit seinem zahmen Rebhuhn spielte.

Nun kam eines Tages ein Jäger zu ihm. Verwundert sah er, dass ein so angesehener Mann wie Johannes einfach spielte. Konnte der Apostel seine Zeit nicht mit viel Wichtigerem als mit einem Rebhuhn verbringen?

So frage er Johannes: „Warum vertust du deine Zeit mit Spielen? Warum wendest du deine Aufmerksamkeit einem nutzlosen Tier zu?"

Verwundert blickte Johannes auf. Er konnte gar nicht verstehen, warum er nicht mit dem Rebhuhn spielen sollte.

Und so sprach er: „Weshalb ist der Bogen in deiner Hand nicht gespannt?"

Der Jäger antwortete: „Das darf nicht sein. Ein Bogen verliert seine Spannkraft, wenn er immer gespannt wäre. Er hätte dann, wenn ich einen Pfeil abschießen wollte, keine Kraft mehr. Und so würde ich natürlich das anvisierte Ziel nicht treffen können."

Johannes sagte daraufhin: „Siehst du, so wie du deinen Bogen immer wieder entspannst, so müssen wir alle uns immer wieder entspannen und erholen. Wenn ich mich nicht entspannen würde, indem ich zum Beispiel einfach ein wenig mit diesem – scheinbar so nutzlosen – Tier spiele, dann hätte ich bald keine Kraft mehr, all das zu tun, was notwendig ist. Nur so kann ich meine Ziele erreichen und das tun, was wirklich wichtig ist." *|25|*

Thomas Edison

Im Jahre 1851 war Thomas Edison ein Junge von etwa vier Jahren, als sich sein Vater seiner Mutter gegenüber besorgt über Tommys Geisteszustand zeigte. Seine Mutter aber verteidigte ihn: „Doch, er ist sehr wohl bei Verstand. Er ist sogar ein sehr aufgeweckter Junge." „So höre doch!", sagte Tommys Vater, „weißt du, was er im Augenblick tut? Er hockt auf einem Nest mit Enteneiern und erwartet, dass er sie ausbrüten kann. Und es ist ziemlich kalt da draußen im Stall."

Die Mutter warf sich einen Schal um und eilte zum Stall. Und dort saß er, der kleine Tommy, zusammengekauert auf dem Nest mit Eiern. Sein Gesicht war von der Kälte schon blau angelaufen. Doch als ihn seine Mutter wegbringen wollte, begann er vor Enttäuschung zu weinen.

„Warum sitzt du denn auf diesen Eiern, Tommy?“, fragte ihn seine Mutter. „Ich wollte es wissen“, antwortete er. „Ich wollte herausfinden, ob ich es auch so schaffe wie die Entenmutter.“

Sein Forschergeist prägte sein ganzes künftiges Leben und der Ausspruch begleitete ihn: „Ich möchte es wissen!“ /26/

~ *Geheimnis des Erfolges*

Der Phonograph und die funktionierende elektrische Glühbirne, das Kohlemikrophon und das Kraftwerk, die Filmkamera und der erste damit gedrehte Stummfilm – das sind nur einige der Erfindungen, mit denen sich Thomas A. Edison (1847-1931), der stets einfache, schlichte und liebenswerte Mann, einen Namen gemacht hatte. Er war es auch, der das Telefon – eine Erfindung von Alexander Graham Bell – verbessert und für jedermann nutzbar gemacht hatte. Seine Erfindungen sollten den Menschen helfen, Zeit und Mühen zu sparen. Über 1 500 Patente wurden auf seinen Namen eingetragen. Manche davon begründeten ganze Konzerne. Er, das gefeierte Genie, musste als Kind von der Schule genommen werden, weil sein Lehrer ihn für dumm und einfältig hielt.

„Er kann nicht lernen!“, waren seine Worte gewesen. „Er bemüht sich nicht einmal. Er sitzt da und zeichnet – keine schönen Zeichnungen, sondern Sachen, die aussehen wie Maschinen. Nur, dass sie nicht aussehen wie etwas, das ich je gesehen habe.“

Es war für ihn in der Folge nicht leicht, sich mit Gelegenheitsarbeiten durchzubringen. Erschwerend wirkte sich dann noch ein Unfall aus, als dessen Folge er partiell taub wurde. Doch unbeirrt setzte er seinen mageren Verdienst und seine Energien für Experimente zur Umsetzung von Ideen ein, die die Welt revolutioniert haben. Und wenn ihn die Leute später fragten, was ihn zum Erfolg gebracht hatte, antwortete er: „Zwei Prozent Inspiration und achtundneunzig Prozent Transpiration." /27/

~ *Das wirre Muster*

Man erzählt, als Konfuzius ein junger Mann im stürmischen Alter von 20 Jahren war, geriet er in die Gesellschaft junger Leute, die dem Alkohol und dem Opium frönten. Seine Mutter war über diese Entwicklung sehr betrübt. Sie war eine wunderbare Frau und verstand es, herrliche Stoffe mit feinen, geschmackvollen Mustern zu weben. Eine solche kostbare Arbeit hatte sie vor Kurzem begonnen und bis zu einem Drittel vorangebracht.

Eines Tages sah Konfuzius, als er nach Hause kam, dass der Stoff zu Ende gewebt, aber völlig verdorben war. Die Muster waren wirr, die zarten Blumen verzerrt, das Gewebe unregelmäßig und ohne Festigkeit. Konfuzius war bestürzt und fragte: „Liebe Mutter, warum hast du diesen wunderschönen Anfang so hässlich zu Ende geführt?"

Die Mutter antwortete: „Mein lieber Sohn, dies ist das Muster deines Lebens. Meine Liebe hat dich zu diesem wunderschönen Muster am Anfang erzogen. Dann gingst du weg in schlechte Gesellschaft und gabst dich den Lastern hin. Siehe selbst, was aus dem schönen Muster geworden ist und zu welchem Ende das Böse führt." Konfuzius begriff die liebevolle Lehre seiner Mutter und änderte sein Leben. /28/

~ Das Puppentheater

Eine Menschentraube drängte sich im Zelt für ein Puppentheater. Sie waren glücklich und lachten viel, während sie der Marionettenaufführung folgten. Weit hinten stand ein Vater mit seinem kleinen Sohn. Wenn sich der Vater aufrichtete und auf die Zehenspitzen stellte, konnte er gerade etwas vom Schauspiel erhaschen, aber der kleine Junge reichte mit seinem Kopf gerade bis zur Gürtelhöhe der Umstehenden. So sehr er sich auch streckte, er konnte nichts sehen. So nahm ihn sein Vater hoch und setzte ihn auf seine Schultern.

Was für ein Ausblick! Hoch über den Köpfen der anderen konnte der Junge nun ungestört das spannende Puppentheater verfolgen. Er war nicht mehr verzweifelt. Stattdessen schaukelte er auf und ab auf den Schultern seines Vaters und lachte vor Freude, wie wenn er ein Reiter und sein Vater ein Pferd wäre. Stolz rief er zu den anderen Besuchern: „Ich sehe besser als ihr alle. Ich bin der Größte!"

Da spürte er plötzlich eine Hand auf seiner Schulter und als er sich umdrehte, sah er einen alten Mann mit weißem Bart, der ihn freundlich anblickte. „Mein Sohn", sagte dieser, „du unterhältst dich sehr gut, du siehst das Puppentheater besser als alle anderen hier im Zelt. Doch bedenke dieses: Wenn nicht dein Vater die Mühe auf sich genommen hätte, dich auf seinen Schultern zu tragen, stündest du noch immer dort unten im Schatten der anderen Menschen. So vergiss nicht, wer dich auf seinen Schultern trägt. Sei glücklich und fröhlich, aber besinne dich stets der Person, auf deren Schultern du zufrieden sitzt.“ *|29|*

~ *Goldene Zeltnägel*

Ein Derwisch, dessen Freude die Entsagung und dessen Hoffnung das Paradies war, traf einst einen Fürsten, dessen Reichtum alles übertraf, was der Derwisch je gesehen hatte. Das Zelt des Adeligen, der außerhalb der Stadt zur Erholung lagerte, war aus kostbaren Stoffen und selbst die Zeltnägel, die es hielten, waren aus purem Gold. Der Derwisch, der es gewohnt war, Askese zu predigen, überfiel den Fürsten mit einem Wortschwall, wie nichtig doch der irdische Reichtum sei, wie eitel die goldenen Zeltnägel, wie vergeblich das menschliche Mühen. Wie ewig und herrlich seien dagegen die heiligen Stätten. Entsagung bedeute das größte Glück.

Ernst und nachdenklich hörte der Fürst zu. Er ergriff die Hand des Derwischs und sprach: „Deine Worte sind für mich wie die Glut der Mittagssonne und die Klarheit des Abendwindes. Freund, komm mit mir, begleite mich auf dem Weg zu den heiligen Stätten.“ Ohne zurückzuschauen, ohne Geld, ein Reitpferd oder einen Diener mitzunehmen, begab sich der Fürst auf den Weg. Erstaunt eilte der Derwisch hinterher: „Herr! Sag mir doch, ist es dein Ernst, dass du zu den heiligen Stätten pilgern willst? Wenn es so ist, warte auf mich, dass ich schnell meinen Pilgermantel hole.“ Gütig lächelnd antwortete der Fürst: „Ich habe meinen Reichtum, meine Pferde, mein Gold, mein Zelt, meine

Diener und alles, was ich hatte, zurückgelassen, musst du dann wegen eines Mantels den Weg zurückgehen?"

„Herr", staunte der Derwisch, „erkläre mir bitte, wie konntest du alle deine Schätze zurücklassen und selbst auf deinen Fürstenmantel verzichten?" Der Fürst sprach langsam, aber mit sicherer Stimme: „Wir haben die goldenen Zeltnägel in den Boden geschlagen, nicht aber in unser Herz!" *|30|*

~ *Genug ist genug*

Ein älterer Mann in Phoenix ruft seinen erwachsenen Sohn in New York an und sagt am Telefon: „Ich hasse es, dir deinen Tag zu verderben, aber ich muss dir mitteilen, dass deine Mutter und ich dabei sind, uns scheiden zu lassen. Fünfundvierzig Jahre Elend sind einfach genug!"

„Vater, was redest du denn da?", schreit der Sohn entsetzt in den Hörer.

„Wir halten gegenseitig unseren Anblick nicht mehr aus", sagt der alte Mann. „Wir sind einander überdrüssig und es macht mich krank, auch nur darüber zu erzählen. Also rufe deine Schwester in Chicago an und sag du es ihr!" Und er legt auf.

Voller Bestürzung ruft der Sohn seine Schwester an, die bei der Nachricht explodiert: „Was um alles in der Welt glauben sie denn? Sie wollen sich scheiden lassen? Warte, ich regle das!"

Augenblicklich ruft sie in Phoenix an und schreit den alten Vater an: „Ihr lasst euch NICHT scheiden, hörst du? Ihr tut nichts, bis ich da bin. Ich rufe gleich meinen Bruder zurück und wir werden beide morgen bei euch eintreffen. Bis dahin unternehmt ihr nichts, hast du mich verstanden?"

Während der alte Mann den Hörer auflegt, dreht er sich zu seiner Frau und sagt: „Sie kommen beide zu Weihnachten, Liebling, und ihren Flug zahlen sie auch selber.“ *|31|*

~ *Der Fackelträger*

Mein Großvater erzählte mir folgende Geschichte:
Zu einer Zeit war da ein kleiner Junge. Zusammen mit seiner Familie und seinen Freunden lebte er verloren im Tal der Dunkelheit. Dann, eines Tages, fand er zufällig eine Fackel. Als er sie anzündete, konnten alle im dunklen Tal das Licht sehen und sie eilten herbei. Mit seinem Licht in der Hand machte sich der kleine Junge daran, die Menschen auf dem Pfad über die Berge aus dem Tal der Dunkelheit hinauszuführen. Zuerst folgten ihm an die hundert Personen, dann tausend, später zehntausende. Jedes Mal, wenn er zurückblickte, waren es mehr Menschen, die ihm hinterherkamen. Und je mehr Leute er sah, desto zufriedener wurde er mit sich selbst und der guten Tat, die er vollbrachte.

Immer öfter blickte er zurück, um zu sehen, wie viele er aus der Dunkelheit herausführte. Wie stolz er war, dass so viele Menschen IHM folgten! Da stolperte er und ließ die Fackel fallen. Irgendjemand hinter ihm hob sie auf und die Menge stieg über ihn hinweg und während sie der Höhe zustrebten, blieb er im Staub zurück. Sie waren gar nicht ihm gefolgt!

Es war das Licht, das sie anzog, und ohne das Licht blieb der Junge in der Dunkelheit zurück.

„Die Welt ist ebenso, mein Sohn“, sagte mein Großvater. „Sie ist ein Tal der Dunkelheit. Solltest du ein Licht finden,

„Adire"-Webstoff der Yoruba-Kultur, Nigeria

stolpere nicht und lasse es niemals fallen. Und merke dir stets, dass du für dich nicht viel zählst – ohne das Licht! Wir sind wie Luftballons und der Geist, der in jedem von uns scheint, ist wie die Luft in diesem Ballon. Nur wenn der Ballon mit diesem Odem erfüllt ist, entspricht er, ansonsten ist er ein zerknittertes und nutzloses Ding." */32/*

~ *Das Geschenk*

Ein alter Mann saß in einem Bus. In seinem Arm hielt er einen wundervollen Blumenstrauß. Ein junges Mädchen konnte ihren Blick nicht von der Blumenpracht lassen. Immer wieder schaute sie zu den bunten Blüten und lächelte scheu.

Kurz vor der nächsten Haltestelle stand der Mann auf und ging zu dem Mädchen. Er reichte ihr den Strauß und sagte: „Ich habe gesehen, dass du diese Blumen liebst. Sie sind eigentlich für meine Frau. Aber ich denke, meine Frau hätte es gerne, dass du sie bekommst. Ich gehe jetzt zu ihr und erzähle ihr, dass ich dir die Blumen geschenkt habe."

Das Mädchen nahm den Strauß mit einem nun strahlenden Lächeln.

Als der alte Mann ausstieg, sah sie ihm noch nach. Er verschwand durch ein Tor, welches zu einem kleinen Friedhof gehörte. */33/*

~ *Über die Tradition*

Das junge Paar war frisch verheiratet. Eines Tages beschloss die junge Frau, eine Lammkeule zu schmoren.

Bevor sie das Ganze in den Ofen schob, schnitt sie von der Keule das untere Stück ab und legte dann die zwei Teile nebeneinander in den Schmortopf. Ihr Mann schaute ihr über die Schulter und fragte sie: „Warum machst du das?“

„Ich weiß nicht, aber meine Mutter machte das immer genauso“, war die Antwort.

Daraufhin fragte der Mann seine Schwiegermutter, warum sie das untere Stück der Keule abschnitt. „Ich weiß nicht, aber meine Mutter machte das immer genauso“, antwortete die Schwiegermutter.

Die Großmutter war noch am Leben und so ging der Mann zu ihr und fragte auch sie, warum sie den unteren Teil der Lammkeule vor dem Schmoren abschnitt.

Und die Großmutter antwortete: „Ach, das hat einen ganz einfachen Grund: Mein Schmortopf war damals so klein, dass der ganze Braten einfach nicht hineinpasste.“ *|34|*

~ *Der Großvater und sein kleiner Enkel*

Es war einmal ein Großvater, der schon sehr, sehr alt war. Seine Beine gehorchten ihm nicht mehr, die Augen sahen schlecht, die Ohren hörten nicht mehr viel und Zähne hatte er auch keine mehr.

Wenn er aß, floss dem alten Mann die Suppe aus dem Mund. Der Sohn und die Schwiegertochter ließen ihn deshalb nicht mehr am Tisch essen, sondern brachten ihm sein Essen hinter den Ofen, wo er in seiner Ecke saß.

Eines Tages, als man ihm die Suppe in einer Schale hingetragen hatte, ließ er die Schale fallen und sie zerbrach. Die

Schwiegertochter machte dem Greis Vorwürfe, dass er ihnen im Haus alles beschädige und das Geschirr zerschlage, und sagte, dass sie ihm von jetzt an das Essen in einem Holzschüsselchen geben werde. Der Greis seufzte nur und sagte nichts.

Als der Mann und die Frau einige Tage später zu Hause beisammen saßen, sahen sie, dass ihr Söhnchen auf dem Fußboden mit kleinen Brettern spielte und etwas zimmerte.

Der Vater fragte ihn: „Was soll das denn werden, Mischa?"

Und Mischa antwortete: „Das soll ein Holzschüsselchen werden, Väterchen. Daraus werde ich dir und der Mutter zu essen geben, wenn ihr alt geworden seid."

Der Mann und die Frau sahen sich an und weinten. Ihnen wurde plötzlich bewusst, wie sehr sie den Greis gekränkt hatten, und sie schämten sich. Fortan ließen sie ihn wieder am Tisch sitzen und waren freundlich zu ihm. */35/*

~ *Das Geschäft*

Eines Tages kaufte Nasrudin eine Menge Eier ein und verkaufte sie sofort wieder zu einem viel niedrigeren Preis als den, um den er sie erworben hatte. Als er gefragt wurde, warum er das denn mache, antwortete er: „Es ist nicht wichtig, gute Geschäfte zu machen, es ist nur wichtig, dass die Leute sehen, dass man ein Geschäftsmann ist!" */36/*

~ *Die Fragen des Kindes*

Das Kind kam zu seinem Vater und setzte sich auf seinen Schoß.

„Du Papi, wie funktioniert der Fernseher?"
„Das weiß ich nicht."
„Du Papi, woher kommt der Strom?"
„Das weiß ich nicht."
„Papi, warum wächst das Gras?"
„Ich weiß es nicht."
„Papi, stört es dich eigentlich, wenn ich all diese Fragen stelle?"
„Natürlich nicht, mein Kind. Wie sollst du denn etwas lernen, wenn du keine Fragen stellst!" /37/

Welpen zu verkaufen

In einer Tierhandlung war ein großes Schild zu lesen, auf dem stand: „Welpen zu verkaufen!"

Ein kleiner Junge kam vorbei und sah das Schild. Da der Ladenbesitzer gerade an der Tür stand, fragte er ihn: „Was kosten die Hundebabys?"

„Zwischen 50 und 80 Euro", sagte der Mann.

Der kleine Junge griff in seine Hosentasche und zog einige Münzen heraus. „Ich habe 7 Euro und 65 Cent", sagte er, „darf ich sie mir bitte anschauen?"

Der Ladenbesitzer lächelte und pfiff nach seiner Hündin. Fünf kleine Hundebabys stolperten hinter ihr her. Eines von ihnen war deutlich langsamer als die anderen und humpelte auffällig.

„Was hat der Kleine dahinten?", fragte der Junge. Der Ladenbesitzer erklärte ihm, dass der Welpe einen Geburtsschaden habe und nie richtig laufen würde. „Den möchte ich kaufen", sagte der Junge.

„Also, den würde ich nicht nehmen, der wird nie ganz gesund", antwortete der Mann. „Aber wenn du ihn unbedingt willst, schenke ich ihn dir."

Da wurde der kleine Junge wütend. Er blickte dem Mann direkt in die Augen und sagte: „Ich möchte ihn nicht geschenkt haben. Dieser kleine Hund ist jeden Cent wert, genauso wie die anderen auch. Ich gebe Ihnen meine 7,65 Euro und werde jede Woche einen Euro bringen, bis er abgezahlt ist."

Der Mann entgegnete nur: „Ich würde ihn wirklich nicht kaufen – er wird niemals in der Lage sein, mit dir zu rennen und zu toben wie die anderen." Da hob der Junge sein Hosenbein und sichtbar wurde eine Metallschiene, die sein verkrüppeltes Bein stützte. Liebevoll auf den Hund blickend, sagte er: „Ach, ich renne selbst auch nicht gut und dieser kleine Hund wird jemanden brauchen, der ihn versteht." *|38|*

~ *Einfach nur malen!*

Man erzählt sich, dass Paul Cézanne über 35 Jahre lang unbeachtet für sich lebte und Meisterwerke malte. Diese schenkte er nichts ahnend seinen Nachbarn.

Er liebte seine Arbeit so sehr, dass er keinen Gedanken und keine Zeit darauf verwendete, Anerkennung zu erreichen. Ihm wäre auch nicht der Gedanke gekommen, einmal als Vater der modernen Malerei zu gelten.

Einfach nur malen wollte er.

Seinen ersten Ruhm verdankte Paul Cézanne einem Pariser Kunsthändler, der zufällig Bilder von ihm sah und sie in der ersten Cézanne-Ausstellung der Kunstwelt präsentierte.

Die Welt war erstaunt, einen Meister vor sich zu sehen.

Und mindestens genauso erstaunt war Cézanne selbst!

Auf den Arm seines Sohnes gestützt, betrat er die Ausstellung und konnte sein Erstaunen nicht verbergen, als er dort seine Bilder sah. Er wandte sich seinem Sohn zu und sagte: „Sieh, man hat sie gerahmt." *|39|*

~ *Zwei Mönche*

Zwei Mönche waren auf der Wanderschaft. Eines Tages kamen sie an einen Fluss. Dort stand eine junge Frau mit wunderschönen Kleidern. Offenbar wollte sie über den Fluss, doch da das Wasser sehr tief war, konnte sie den Fluss nicht durchqueren, ohne ihre Kleider zu beschädigen. Ohne zu zögern, ging einer der Mönche auf die Frau zu, hob sie auf seine Schultern und watete mit ihr durch das Wasser. Auf der anderen Flussseite setzte er sie trocken ab.

Nachdem der andere Mönch auch durch den Fluss gewatet war, setzten die beiden ihre Wanderung fort.

Nach etwa einer Stunde fing der eine Mönch an, den anderen zu kritisieren: „Du weißt schon, dass das, was du getan hast, nicht richtig war, nicht wahr? Du weißt, wir dürfen keinen nahen Kontakt mit Frauen haben. Wie konntest du nur gegen diese Regel verstoßen?"

Der Mönch, der die Frau durch den Fluss getragen hatte, hörte sich die Vorwürfe des anderen ruhig an. Dann antwortete er: „Ich habe die Frau vor einer Stunde am Fluss abgesetzt – warum trägst du sie immer noch mit dir herum?" *|40|*

~ Das darfst du nicht

Das darfst du nicht", sagte der Vater. Gläubig blickte der Kleine zu ihm auf und ließ es sein. „Dafür bist du zu klein", erklärte die Mutter. Respektvoll zog er sich zurück. „Auch das ist nicht gut", erzog ihn der Vater. „Und jenes nicht recht", erzog ihn die Mutter. „Wenn große Leute sprechen, sagen Kinder nichts", ermahnte man ihn. Also schwieg er bescheiden. „Gib dich nicht so dumm!", rügte der Lehrer. Und der Junge ließ das Fragen. „Er ist so linkisch und gar nicht gesprächig", langweilten sich die Mädchen. Das munterte auch nicht auf. „Sitz nicht im Hause herum!", rügte der Vater. „Was suchst du auf der Straße?", rügte die Mutter. „Er scheint mir verklemmt", meinte der Arzt. „Verschlossen!", sagte der Lehrherr. „Verträumt. Was soll aus ihm werden?" „Kann ich nicht brauchen", urteilte der Chef. „Vergrämt mir die Kundschaft. Spricht kaum. Keinen eigenen Kopf. Fragt aber auch nichts. Seltsamer Kauz!" „Organisch gesund!", sagte der Arzt. „Und war so ein hübsches Kind", flüsterten die Nachbarn. „Alles kümmerte sich um ihn: die Familie, die Schule, nichts fehlte ihm. Aber er wird mit dem Leben nicht fertig. Die armen Eltern!" *|41|*

~ Mutters Segen

Drei Söhne verließen ihr Elternhaus, um in der Welt ihr Glück zu machen. Sie waren alle drei sehr erfolgreich. Zeitgleich machten sie sich auf den Heimweg. Unterwegs diskutierten sie über ihre Geschenke, die sie ihrer alternden Mutter gemacht hatten.

Der erste Sohn sagte: „Ich habe unserer Mutter ein großes Haus gebaut.“ Der zweite sagte: „Ich habe ihr ein Auto mit Chauffeur geschickt.“ Der dritte lächelte und sagte: „Ich habe euch beide übertroffen. Ihr erinnert euch doch, dass unsere Mutter so gerne die Gedichte von Goethe las? Nun können ihre Augen nicht mehr so gut sehen. So habe ich ihr einen bemerkenswerten Papagei geschickt, der sämtliche Werke Goethes zitieren kann. Wissenschaftler haben 19 Jahre lang mit dem Vogel gearbeitet, bis er es beherrschte. Es gibt keinen zweiten gleich ihm. Mutter braucht nur eine Seitenzahl zu nennen und der Papagei zitiert das jeweilige Gedicht.“

Noch unterwegs erreichte sie Post mit den Dankesschreiben ihrer Mutter:

„Jürgen“, schrieb sie dem ersten Sohn, „das Haus, das du für mich gebaut hast, ist riesig. Ich bewohne nur ein Zimmer, muss aber immer das ganze Haus putzen.“

„Eugen“, schrieb sie dem zweiten, „ich bin schon zu alt zum Reisen. Ich bin die meiste Zeit zu Hause und habe so selten Verwendung für das Auto. Außerdem ist der Chauffeur so ein unhöflicher Mensch!“

„Mein lieber Fritz“, schrieb sie ihrem dritten Sohn, „du hast ein gutes Gespür für die Bedürfnisse deiner Mutter. Das Hähnchen, das du geschickt hast, hat vorzüglich geschmeckt!“ */42/*

~ *Die goldene Schachtel*

Es war Weihnachten und die kleine Tochter überreichte dem Vater eine golden verpackte Schachtel.

Sie hatte dafür das gesamte wertvolle Geschenkpapier aufgebraucht und weil das Geld knapp war, war der Vater darüber verärgert. Als er dann das Geschenk öffnete und sah, dass die Schachtel leer war, schimpfte er los:

„Weißt du denn nicht, junge Dame, dass, wenn man jemandem ein Geschenk gibt, auch etwas in der Verpackung sein sollte?", fragte er.

Die Augen seiner Tochter füllten sich mit Tränen und sie sagte: „Aber Papa, die Schachtel ist nicht leer. Ich habe so viele Küsschen hineingetan, bis sie ganz voll war."

Beschämt nahm der Vater seine Tochter in den Arm und bat sie um Verzeihung. *|43|*

~ *Seesterne retten*

Ein furchtbarer Sturm kam auf. Der Orkan tobte. Das Meer wurde aufgewühlt und meterhohe Wellen brachen sich ohrenbetäubend laut am Strand.

Nachdem das Unwetter langsam nachließ, klarte der Himmel wieder auf. Am Strand lagen aber unzählige Seesterne, die von der Strömung an den Strand geworfen worden waren.

Ein kleiner Junge lief am Strand entlang, nahm behutsam Seestern für Seestern in die Hand und warf sie zurück ins Meer.

Ein Mann, der die Szene eine Zeitlang beobachtet hatte, ging zu dem Jungen und sagte: „Du dummer Junge! Was du da machst, ist vollkommen sinnlos. Siehst du nicht, dass der ganze Strand voll von Seesternen ist? Die kannst du nie alle zurück ins Meer werfen! Was du da tust, ändert nicht das Geringste!"

Der Junge schaute den Mann einen Moment lang an. Dann ging er zu dem nächsten Seestern, hob ihn behutsam vom Boden auf und warf ihn ins Meer. Zu dem Mann sagte er: „Für ihn wird es etwas ändern!“ /44/

2

Von Einsicht und Weitsicht, Träumen und Zielen und anderen persönlichen Dingen …

Alles, was geschieht und uns zustößt, hat einen Sinn, doch ist es oft schwierig, ihn zu erkennen. Auch im Buch des Lebens hat jedes Blatt zwei Seiten. Die eine, obere, schreiben wir Menschen mit unserem Planen, Wünschen und Hoffen, aber die andere füllt die Vorsehung, und was sie anordnet, ist selten unser Ziel gewesen.

Orientalische Weisheit

Wer in Einklang sein will mit den Prinzipien des Lebens, muss das Ziel der Reise kennen. Die richtige Wahl des Weges und der Mittel, Sicherheit in den Entscheidungen und Ausgewogenheit im Urteil hängen von der Klarheit der Vision ab. Einsicht hängt von Weitsicht ab.

Es ist das klare Ziel vor Augen, das die Quelle von Motivation und Energie darstellt. So meint ein persischer Dichter der Mystik, man könnte meinen, dass die Frucht aus dem Baum hervorginge, doch sei es tatsächlich umgekehrt. Der Baum sei das Ergebnis der Frucht. Denn wäre es nicht der Frucht wegen, so würde der Gärtner den Baum nicht setzen und sich den Mühen des Wachstumsprozesses nicht unterziehen. Die Anziehung der Vision schafft Bewegung und Tatendrang.

Ziele bedeuten Herausforderung. Ziele haben bedeutet, bereit zu sein, sich vom Ufer liebgewonnener Gewohnheiten abzustoßen, den inneren Kompass auszurichten und den Küsten des Neuen entgegenzusegeln. Ziele haben bedeutet, ein Experte des Prozesses zu werden, Geduld und Ausdauer an den Tag zu legen, offen und flexibel zu sein für Veränderung, Wandlung und Lernen. Freude und Erfolg liegen nicht erst am Ende der Reise, sondern in jedem Zwischenschritt. Auch wenn es gilt, manche Klippe zu umschiffen und mancher Untiefe auszuweichen, Stürmen und Unwettern zu trotzen und innere Zweifel zu besiegen, bevor der Traum zur strahlenden Wirklichkeit wird und die innere Schau ihre äußere Entsprechung findet – die klare Vision leuchtet dem Wanderer stets wie der Morgenstern der Führung auf seinem Weg.

~ *Der Wunschladen*

Eine Frau hatte einen Traum.

In diesem Traum besuchte sie einen großen Markt. Dort inmitten all der Stände traf sie an einem von ihnen einen Engel.

„Was verkaufst du hier?", fragte die Frau.

Der stark beschäftigte Engel antwortete: „Alles, was das Herz begehrt."

Das konnte die Frau kaum glauben. Sie überlegte eine Weile und beschloss dann, das Beste zu verlangen, was sich ein Mensch nur wünschen konnte.

„Ich möchte Frieden für meine Seele und Liebe und Glück in meinen Beziehungen. Und weise möchte ich sein und nie mehr Angst haben", sagte die Frau zum Engel. „Und das nicht nur für mich allein, sondern für alle Menschen auf der Welt."

Der Engel unterbrach seine Tätigkeit und lächelte. „Ich glaube, du hast mich missverstanden, liebe Frau. Ich verkaufe hier keine Früchte, sondern die Samen." */45/*

Vater und Sohn

Es war einmal ein Vater, der mit seinem kleinen Sohn in ein fernes Land reiste. Sie stiegen auf den Gipfel eines Berges, wo sie die Nacht in einer Hütte verbrachten. Als der Morgen dämmerte, vertrieb die Sonne die Dunkelheit und färbte die schneebedeckten Bergesgipfel mit hell leuchtendem Rot.

Der Sohn erwachte. Er sah den glühenden Himmel und die flammenfarbenen Bergesgipfel. Er war ein kleiner Bub und konnte nur durch den oberen Teil des Fensters hinausschauen. Er verstand nicht den hellen Glanz, der ihn erschreckte. Er sehnte sich nach der Geborgenheit von früher, als er noch zu Hause bei seiner Mutter gewesen war, und er wünschte, er hätte diese Reise nie unternommen. Er glaubte sicher, dass es an dem fremdartigen neuen Himmel nur Unheil und Feuer gebe.

Die aufsteigende Sonne erwärmte den Schnee, der so lange Zeit kalt und festgefroren am Bergabhang gelegen hatte. Sie löste die Schneemassen und sandte sie als donnernde Lawinen in das Tal hinab.

Das furchtbare Dröhnen erschreckte den kleinen Sohn noch mehr als der flammende Himmel. Er lief zu seinem Vater und schüttelte ihn. Er weckte ihn auf und schrie:

„Vater, Vater! Wach auf! Wach auf! Das Ende der Welt ist da!“

Der Vater öffnete die Augen. Er konnte alles deutlich durch das Fenster sehen, das noch zu hoch war für die Augen seines Sohnes.

Er sah die von der Sonne gefärbten Bergesgipfel in ihrem Morgenfeuer. Er hörte das Donnern der Lawinen, die von den wärmenden Strahlen der Frühlingssonne gelöst wurden. Er wusste, dass die Schneemassen bald frisches Wasser und neues Leben in das ausgetrocknete Land da unten bringen würden. Er verstand diese Dinge. Er nahm seinen Sohn an der Hand, um ihn zu beruhigen.

„Nein, mein Sohn“, sagte er, „es ist nicht das Ende der Welt. Es ist der Anbruch eines neuen Tages.“ */46/*

~ *Kupfer in Gold*

Einem Mann hatte man versprochen, er könne aus Kupfer Gold machen, aber nur unter der Bedingung, dass er während der betreffenden alchimistischen Prozedur zehn Minuten hindurch an kein Chamäleon denke, worauf er auch schon an nichts anderes zu denken imstande war als an dieses seltsame Tier, an das er sein Lebtag nicht gedacht hatte. */47/*

~ *Das Lebensziel*

Ein völlig gestresster Manager wurde von seinem Hausarzt zur Erholung auf Urlaub geschickt. Nach einigen Tagen der Ruhe auf der idyllischen Mittelmeerinsel ging es ihm schon viel besser. Doch er langweilte sich, weil Aufgaben und Herausforderungen fehlten. Unruhig tigerte der Mann über die Insel, um sich eine neue Betätigung zu suchen. Dabei erblickte er einen Fischer, der schlafend und untätig im Sand lag. Der Manager rüttelte ihn wach und sagte: „Mann, du kannst doch nicht so faul herumliegen! Ich bin ein erfolgreicher Manager und nehme mich jetzt deiner an!“

Der überraschte Fischer brachte kein Wort über die Lippen.

„Was bist du? Was kannst du? Was besitzt du?", fragte sogleich der Manager. „Ein einfacher Fischer mit einem Boot", war die knappe Antwort.

„Dann musst du sofort ausfahren, um Fische zu fangen!", forderte ihn der Manager auf. „Das habe ich heute Morgen schon gemacht und meinen Tagesbedarf gefangen", erwiderte der Fischer, der immer noch nicht verstand, was der Manager von ihm wollte.

„Das ist kein echtes Unternehmertum", rügte der Fachmann, „du musst noch ein zweites, drittes, viertes Mal hinausfahren, um noch mehr Fische zu fangen, und die bringst du zum Markt, um sie zu verkaufen." „Ja und dann?", fragte der Fischer.

„Wenn du das einige Zeit gemacht hast, wirst du genügend Geldmittel gespart haben, um einen Investitionskredit für ein zweites Boot zu beantragen", sagte der Manager mit motivierender Stimme. „Ja und dann?", fragte der Fischer.

„Dann kaufst du dir mit diesem Kredit ein zweites Boot, lässt damit deinen Schwager hinausfahren, der wohl auch so faul herumliegt, und mit dem zusätzlichen Fang erhöhst du deinen Umsatz." „Ja und dann?", fragte der Fischer.

„Dann kannst du einen zweiten, dritten, vierten Investitionskredit aufnehmen und weitere Boote anschaffen und noch höhere Umsätze erwirtschaften", frohlockte der Experte. „Ja und dann?", fragte der Fischer weiterhin unbeeindruckt.

Der Manager begeisterte sich immer mehr für seinen Businessplan, so dass in seiner Vision schließlich ein ganzer internationaler Konzern konzipiert wurde, mit Fischfabriken,

Flottenverbund und Franchising. Und der Fischer fragte immer nur: „Ja und dann?“

„Und wenn du das alles gemacht hast, garantiere ich dir, kannst du alles kapitalisieren, an die Börse gehen und als Aktien verkaufen – und dann, Junge, hast du ausgesorgt! Bis dahin musst du zwar viel und hart und schwer arbeiten, dein Lohn jedoch wird sein, dass du dich dann zurückziehen kannst. Du fährst auf irgendeine Insel, legst dich in den Sand und brauchst nichts mehr zu tun …“, sprach der Manager mit leuchtenden Augen.

„Ja, das habe ich doch jetzt auch schon …“, antwortete der Fischer und drehte sich zufrieden zur Seite. *|48|*

~ *Die Fahrkarte*

Der Zug stand seit geraumer Zeit auf dem Bahnhof, während Albert Einstein immer und immer wieder seine Taschen und sein weiteres Gepäck nach seiner Fahrkarte durchsuchte. Der Schaffner wurde etwas ungeduldig und sagte zu dem Mann mit den wilden grauen Haaren, er solle doch lieber einsteigen und im Zug eine neue Fahrkarte kaufen. Er bekäme sicher sein Geld für die nicht gebrauchte Fahrkarte, die er wohl im Laufe der Reise finden werde, zurück.

Darauf erwiderte Einstein: „Das mit dem Geld ist nicht das Schlimme. Aber wenn ich die Fahrkarte nicht finde, weiß ich nicht, wohin ich eigentlich wollte. Und solange ich das nicht weiß, kann ich nicht einsteigen.“ *|49|*

~ Die Lebensbank

Stelle dir vor, es gäbe eine Bank, die dir jeden Tag in der Frühe ein Konto mit 86.400 Euro einrichtet. Aber sie überträgt keine Gutschriften von einem Tag auf den anderen. Jeden Abend wird alles gelöscht, was du versäumt hast, während des Tages auszugeben.

Was würdest du tun? Natürlich würdest du jeden Cent ausgeben!

Jeder von uns besitzt eine solche Bank. Sie heißt ZEIT.

Jeden Morgen richtet sie dir ein Konto mit 86.400 Sekunden ein. Jeden Abend schreibt sie alles, was du versäumt hast, für eine gute Sache zu investieren, als Verlust ab. Sie überträgt keine Gutschriften. Sie erlaubt keine Überziehung.

Jeden Tag eröffnet sie dir ein neues Konto. Jeden Abend löscht sie den Saldo des Tages. Wenn du den Tagessatz nicht verwendest, hast du den Verlust. Es gibt kein Zurückdrehen. Es gibt keinen Vorschuss auf „morgen“. Du musst in der Gegenwart dem Tagesbetrag entsprechend leben. Investiere diesen derart, dass du das meiste herausholst in Bezug auf Gesundheit, Glück und Erfolg. Die Zeit läuft!

Mache das Beste aus dem Heute.

- Um den Wert EINES JAHRES zu verstehen, frage einen Schüler, der gerade das Schuljahr nicht bestanden hat.
- Um den Wert EINES MONATS zu verstehen, frage eine Mutter, deren Kind zu früh zur Welt kam.
- Um den Wert EINER WOCHE zu verstehen, frage den Herausgeber einer Wochenzeitung.

Vasenmalerei, Griechenland

- Um den Wert EINER STUNDE zu verstehen, frage Liebende, die aufeinander warten.
- Um den Wert EINER MINUTE zu verstehen, frage jemanden, der eben seinen Zug versäumt hat.
- Um den Wert EINER SEKUNDE zu verstehen, frage eine Person, die gerade einem Unfall entgangen ist.
- Um den Wert EINER MILLISEKUNDE zu verstehen, frage denjenigen, der die Silbermedaille bei der Olympiade gewonnen hat.

Schätze jeden Augenblick, den du hast! Und schätze ihn umso mehr, wenn du ihn mit jemand Besonderem verbracht hast, besonders genug, um deine Zeit mit ihm zu teilen. Und vergiss nicht, dass die Zeit auf niemanden wartet. GESTERN ist Geschichte. MORGEN ist ein Geheimnis. Das HEUTE ist ein Geschenk. Deshalb heißt es auf Englisch PRESENT.
Yesterday is history.
Tomorrow is a mystery.
Today is a gift.
That's why it's called „the present". *|50|*

Wachstumsschmerzen

Es war einmal eine Auster, die klagte ihrer jüngeren Schwester:

„Ich habe große Schmerzen. Ich habe das Gefühl, als trüge ich eine Kugel aus Blei in meinem Leibe. Was soll aus mir bloß werden?"

Die Schwester fühlte kein Mitleid und erwiderte:

„Ich fühle mich kerngesund, bin munter und fidel. Du

wirst wohl an deiner Kugel noch sterben, ich jedoch habe ein angenehmes und bequemes Leben vor mir."

Ein Krebs, der dem Gespräch der beiden gelauscht hatte, wandte sich vorwurfsvoll an die jüngere Auster: „Was verstehst du, stolze Auster, schon vom Leben? Meinst du denn, Jugend, Schönheit und Gesundheit sind alles? Deine Schwester hat zwar Schmerzen, aber sie trägt den Schatz einer Perle in sich!" */51/*

Geschlossenes System

In einer südamerikanischen Stadt bestand früher der Brauch, dass genau zur Mittagszeit ein Kanonenschuss von den stadtumgebenden Festungen abgefeuert wurde. So konnten die Einwohner der Stadt ihre Uhren nach diesem Kanonenschuss einstellen. Dies funktionierte alles ganz gut, bis eines Tages ein durchreisender Fremder feststellte, dass der Kanonenschuss immer ungefähr zwanzig Minuten zu spät abgefeuert wurde. Er ging hinauf in die Festung und fragte den Kommandanten der Festungswache, wo er denn die Zeit herbekäme, um den Kanonenschuss zu lösen. Der Offizier erklärte ihm stolz, dass er jeden Tag einen seiner Soldaten hinunter in die Stadt schickte und dass dieser Soldat mit seiner Taschenuhr die Zeit von der Auslage des einzigen Uhrmachers der Stadt abnahm. Dort stand nämlich in der Auslage ein besonders exaktes nautisches Chronometer. Der Soldat verglich täglich seine Uhr mit dem Chronometer und brachte daher die richtige Zeit mit hinauf in die Festung. Der Durchreisende ging hinunter und fragte den Uhrmacher, wo er seine genaue Zeit herbekäme. Und dieser sagte ihm stolz, dass er sein Chronometer jeden Mittag mit dem Kanonenschuss, der von der Festung gelöst wurde, vergliche und dass es seit Jahren keine Abweichung gegeben habe. *|52|*

∼ *Fuchs und Tiger*

Ein Mann entdeckte im Urwald einen invaliden Fuchs, dessen Beine gebrochen waren und der sich kaum bewegen konnte, geschweige denn jagen und sich ernähren. Da haderte der Mann mit Gott: „Wie kannst du es zulassen, dass der arme Fuchs in diesem Zustand ist? Wie soll er wohl überhaupt am Leben bleiben?"

Da entdeckte er etwas weiter einen Tiger, der stets von seiner geschlagenen Beute genug übrig ließ, so dass der Fuchs sich satt fressen konnte. Nach dieser Entdeckung erhob der Mann seine Stimme im Lobpreis zu Gott: „Herr, wie gnädig bist du zu allen Kreaturen. Du hast den Tiger erschaffen, damit der Fuchs am Leben bleibe!"

Und er ging nach Hause mit dem Vorsatz, sich dies eine Lehre sein zu lassen. Ab dem darauffolgenden Tag hörte er auf zu arbeiten und war sich sicher, dass so wie beim invaliden Fuchs Gott durch irgendein Geschöpf für ihn sorgen würde. Doch die Zeit verging und er wurde immer ärmer und schwächer und war schließlich fast am Verhungern. In seinem Jammer wandte er sich wieder an Gott: „Herr, warum schickst du nicht jemanden, der für mich sorgt wie der Tiger für den Fuchs? Wo bleibt deine Gnade?"

Da hörte er eine Stimme, die zu ihm sprach: „Warum hast du dir den Fuchs zum Vorbild genommen und nicht den Tiger?" *|53|*

~ Mich gibt es wirklich

Eine Familie kehrt in einem Restaurant zum Essen ein. Die Kellnerin nimmt zunächst die Bestellungen der Erwachsenen auf und wendet sich dann dem siebenjährigen Sohn der Familie zu.

„Was möchtest du essen?", fragt sie ihn.

Der Junge blickt schüchtern in die Runde und sagt dann: „Ich möchte gern einen Hot Dog."

Noch bevor die Kellnerin die Bestellung aufschreiben kann, unterbricht die Mutter.

„Keine Hot Dogs", sagt sie, „bringen Sie ihm ein Schnitzel mit Kartoffelbrei und Karotten."

Die Kellnerin überhört sie. „Möchtest du Ketchup oder Senf auf deinem Hot Dog?", fragt sie den Jungen.

„Ketchup."

„In einer Minute bekommst du ihn", sagt die Bedienung und geht zur Küche.

Alle schweigen fassungslos. Schließlich schaut der Junge die Anwesenden mit großen Augen an und sagt: „Wisst ihr was, sie denkt, ich bin wirklich!" *|54|*

~ Der Lebensretter

In einem österreichischen Landeskrankenhaus liegt ein schwer kranker Mann im Sterben. Die Ärzte haben ihm wahrheitsgemäß mitgeteilt, dass sie seine Krankheit nicht diagnostizieren können, ihm aber wahrscheinlich helfen könnten, wenn sie die Diagnose wüssten. Sie haben ihm ferner gesagt, dass in den nächsten Tagen ein berühmter Diagnostiker das Spital besuchen und vielleicht imstande sein wird, die Krankheit zu erkennen.

Ein paar Tage später kommt der Spezialist wirklich an und macht seinen Rundgang. Am Bett des Kranken angekommen, wirft er nur einen flüchtigen Blick auf ihn, murmelt „moribundus" und geht weiter.

Einige Jahre später sucht der Mann den Spezialisten auf und sagt ihm: „Ich wollte Ihnen schon längst für Ihre Diagnose danken. Die Ärzte sagten mir, dass ich Aussicht hätte, mit dem Leben davonzukommen, wenn Sie meine Krankheit diagnostizieren könnten, und im Augenblick, da Sie ‚moribundus' sagten, wusste ich, dass ich es schaffen werde." */55/*

~ *Hungernde Kinder*

Ein Mann beobachtet die Not und das Elend der Kinder in der Welt: Der Hunger plagt sie, Krankheiten quälen sie. Es rührt sein Herz und voll Bitterkeit und Vorwurf wendet er sich Gott zu: „Herr, warum lässt du es zu, dass diese armen Kinder verhungern? Warum tust du nichts dagegen?"

Da antwortet ihm Gott: „Zu welchem Zweck, glaubst du, habe ich dich erschaffen?" */56/*

~ *Der Bucklige*

In einem Dorf lebte ein Buckliger mit seiner Frau und seinen Kindern in sehr bescheidenen Verhältnissen. Er sammelte Reisig, flocht daraus Körbe, die er dann in der nächstgelegenen Stadt am Markt verkaufte. Der Weg dorthin führte durch einen tiefen Wald.

Eines Tages gelangte der Bucklige auf dem Rückweg durch den Wald an eine Lichtung und weil er müde war, ruhte er sich dort aus. An einen kleinen Erdhügel gelehnt, schlief er ein. Plötzlich wurde er durch einen wunderschönen Gesang aus seinem Schlummer geweckt. Er lauschte den zarten Stimmen, die fast in sphärischen Klängen ertönten, und obwohl er niemanden sehen konnte, erkannte er, dass es Elfen waren, die ihr Lied sangen. Der Text war einfach und wiederholte sich: „Sonntag und Montag und Dienstag." Und dann wieder: „Sonntag und Montag und Dienstag." Er hörte eine ganze Weile zu, selig vom lieblichen Klang der Melodie, aber mit der Zeit wurde ihm die ständige Wiederholung desselben Textes zu eintönig. Der Bucklige überlegte sich, wie er den Elfen einen Dienst erweisen konnte, und so begann er, sich sachte auf die Melodie einzustimmen. Leise begann er mitzusummen und als er im Einklang mit der Melodie war, stieg er genauso behutsam beim Text ein und sang mit den Elfen: „Sonntag und Montag und Dienstag … und Mittwoch." Es fügte sich ganz harmonisch ein.

Doch plötzlich wurde es still. Hinter dem Hügel tauchten kleine Elfen auf und umringten ihn und näherten sich vorsichtig dem Buckligen. Einer von ihnen fragte, wer er sei, woher er komme und was ihn auf ihre Lichtung verschlagen habe. Bereitwillig gab er Auskunft. Und dann sagte der Sprecher der Elfen: „Du hast uns einen unschätzbaren Dienst erwiesen, denn du hast unser Lied vervollkommnet. Wir wollen dir dafür danken und uns erkenntlich zeigen. Folge uns!" Und sie führten ihn in ihr Zauberreich. Durch verschlungene Gänge und kostbar eingerichtete Gemächer gelangten sie zu einer Kammer, die gefüllt war mit wertvollen Gewändern und anderen Kostbarkeiten. „Wähle dir von diesen aus, was dein Herz beliebt", forderten sie ihn auf. Der Bucklige zögerte, denn so schön die Gewänder waren, aber er mit seinem verunstalteten Körper … „Mache dir keine Gedanken", sagte da einer der Elfen, „als Ausdruck unseres besonderen Dankes haben wir beschlossen, dich von deinem Buckel zu befreien." Er strich ihm mit der Hand über den Rücken und wie von Zauberhand verschwand der Buckel. Reich beschenkt und überglücklich wurde er von den Elfen noch zur Lichtung geleitet, wo sie Abschied nahmen.

Er konnte sein Glück selber noch nicht fassen, als er zu Hause die ganze Begebenheit seiner Frau erzählte und ihr die vielen Geschenke zeigte. Die Geschichte verbreitete sich im Dorf wie ein Lauffeuer.

Nun war es so, dass in dieser Ortschaft noch ein buckliger Mann mit seiner Frau lebte. Als diese von der Großzügigkeit der Elfen hörte, trieb sie ihren Mann an, doch auch hinzugehen und die gleichen Gaben zu erwirken. Vielleicht wäre sogar noch mehr herauszuholen.

So machte sich der Mann auf den Weg in den Wald. Er kam zur beschriebenen Lichtung, breitete sich am Boden bei dem kleinen Erdhügel aus und versuchte zu schlafen. Tatsächlich vernahm er schon nach kurzer Zeit zarte Stimmen, die ein wunderschönes Lied sangen. „Sonntag und Montag und Dienstag und Mittwoch", erklang es hinter dem Hügel hervor. Und wieder: „Sonntag und Montag und Dienstag und Mittwoch."

„Wenn ich den Text um zwei Tage erweitere, werde ich sicherlich doppelt so viele Geschenke als Belohnung erhalten", dachte er sich und beim nächsten Mal, als die Elfen ansetzten, „Sonntag und Montag und Dienstag und Mittwoch“ zu singen, ergänzte er den Text, ohne sich lange einzustimmen: „... und Donnerstag und Freitag.“

Mit gespannter Erwartung harrte er nun der Reaktion der Elfen. Tatsächlich wurde es zunächst ruhig und dann tauchten von allen Seiten die Elfen auf und umringten ihn. Doch ihre Gesichter waren gar nicht freundlich. „Du hast unser Lied zerstört“, warfen sie ihm vor, „und das verdient Strafe!“ Sie nahmen ihn mit in ihr Reich und anstatt ihn mit Gewändern und Kostbarkeiten zu belohnen, setzten sie ihm zusätzlich zum eigenen auch noch den Buckel des ersten Mannes auf den Rücken und vertrieben ihn aus ihrem Reich und aus dem Wald. |57|

~ *Lebensmuster*

Ein Passant trifft auf einen Mann, der am Straßenrand steht und voller Trauer weint und schluchzt. Das berührt ihn sehr und er möchte den Mann trösten. So fragt er ihn nach dem Grund für seine Trauer. „Ach, ich Unglücklicher“, jammert der Angesprochene verzweifelt, „seit Jahren nehme ich immer diesen Weg, morgens auf dieser Straßenseite zur Arbeit und abends auf der anderen Straßenseite wieder zurück nach Hause. Tag für Tag in gewohnter Zuverlässigkeit und niemals bin ich vom Weg abgewichen.“ Nach einem tiefen Seufzer setzt er weiter fort: „Heute nun, unterwegs zur Arbeit, sehe ich, dass man auf der anderen Straßenseite eine Baugrube ausgehoben hat. Ich werde also am Abend auf dem Heimweg in die Grube fallen. Ist das nicht ein Unglück?“ |58|

~ *Segen der Unwissenheit*

Ein französischer Händler, der Ende der 1920er Jahre in die USA auswanderte und dort – trotz der großen Weltwirtschaftskrise – zu Erfolg und Reichtum gekommen war, wurde nach seinem Erfolgsrezept gefragt.

Sein Kommentar war:

„Als ich in den USA ankam, war mein Englisch so schlecht, dass ich gar keine Zeitung lesen konnte! So wusste ich auch gar nicht, dass es hier eine Krise gab …" *|59|*

~ *Die Säge schärfen*

Ein Wanderer läuft durch einen Wald und trifft auf einen Mann, der fieberhaft daran arbeitet, einen Baum umzusägen. „Was machen Sie da?", fragt er ihn. „Das sehen Sie doch", antwortet der Mann ungeduldig. „Ich säge diesen Baum ab."

„Sie sehen aber sehr erschöpft aus! Wie lange machen Sie das schon?"

„Über fünf Stunden", beklagt sich der Mann, „und ich bin völlig am Ende mit meinen Kräften. Das ist harte Arbeit, sag ich Ihnen!"

„Warum machen Sie dann nicht ein paar Minuten Pause und schärfen inzwischen Ihre Säge, bevor Sie weiterarbeiten? Ich bin sicher, dass es dann viel schneller und leichter ginge."

„Ich habe keine Zeit, die Säge zu schärfen", ruft der Mann missmutig. „Sie sehen doch, wie sehr ich mit dem Sägen beschäftigt bin!" *|60|*

~ Die Zukunft sichern

Der Konzernchef bittet seinen Assistenten: „Suchen Sie in unserer Firma einen intelligenten, zielstrebigen jungen Mann mit Initiative, der mich eventuell einmal ersetzen kann." „Und wenn ich ihn gefunden habe?" „Rausschmeißen!" |61|

~ Fußspuren im Sand

Ich träumte eines Nachts,
ich ging am Meer entlang mit meinem Herrn.
Und es entstand vor meinen Augen,
Streiflichtern gleich, mein Leben.
Für jeden Abschnitt, wie mir schien,
entdeckte ich je ein Paar Schritte im Sand,
die einen gehörten mir, die anderen meinem Herrn.
Als dann das letzte Bild an uns vorbeigeglitten war,
sah ich zurück und stellte fest, dass viele Male
nur ein Paar Schritte im Sand zu sehen waren.
Sie zeichneten die Phasen meines Lebens,
die mir am schwersten waren.
Das machte mich verwirrt
und fragend wandte ich mich an den Herrn:
„Als ich dir damals alles, was ich hatte, übergab,
um dir zu folgen,
da sagtest du, du würdest immer bei mir sein.
Doch in den tiefsten Nöten meines Lebens
sehe ich nur ein Paar Spuren im Sand.

Warum ließest du mich grad dann allein,
als ich dich so verzweifelt brauchte?"
Der Herr nahm meine Hand und sagte:
„Geliebtes Kind, nie ließ ich dich allein,
schon gar nicht in den Zeiten,
da du littest und angefochten warst.
Wo du nur ein Paar Spuren im Sand erkennst,
da habe ich dich getragen!" *|62|*

~ *Das Zaubersenfkorn*

Es gibt eine alte chinesische Legende von einer Frau, deren Sohn starb. In ihrem Kummer ging sie zu einem heiligen Mann und sagte: „Welche Gebete und Beschwörungen kennst du, um meinen Sohn wieder zum Leben zu erwecken?" Er sagte zu ihr: „Bringe mir einen Senfsamen aus einem Hause, das niemals Leid kennengelernt hat. Damit werden wir den Kummer aus deinem Leben vertreiben."

Die Frau begab sich auf die Suche nach einem Zaubersenfkorn. Sie kam an ein prächtiges Haus, klopfte an die Tür und sagte: „Ich suche ein Haus, das niemals Leid erfahren hat, ist hier der richtige Ort? Es wäre sehr wichtig für mich." Sie sagten zu ihr: „Da bist du an den falschen Ort gekommen", und sie erzählten all das Unglück, das sich jüngst bei ihnen ereignet hatte. Die Frau sagte zu sich selbst: „Wer wohl kann diesen armen unglücklichen Menschen besser helfen als ich, die ich selbst so tief im Unglück sitze?" Sie blieb und tröstete sie. Dann suchte sie weiter ein Haus ohne Leid. Aber wo immer sie sich hinwandte, in Hütten und Palästen, überall begegnete ihr das Leid. Schließlich beschäftigte sie sich ausschließlich mit dem Leid anderer Leute, so dass sie ganz die Suche nach dem Senfkorn vergaß. Dabei wurde es ihr gar nicht bewusst, dass sie auf diese Weise tatsächlich den Schmerz aus ihrem Leben verbannt hatte. */63/*

~ *Armut*

Es war in jenen Tagen, da Nasrudins Familie sehr unter ihrer Armut litt, als eines Nachts seine Frau ihn wachrüttelte und ängstlich flüsterte: „Ich höre etwas. Ich glaube, es ist ein Dieb im Haus!" „Sei leise, Frau. Stören wir ihn nicht", antwortete Nasrudin. „Vielleicht findet er etwas Brauchbares und dann nehmen wir es ihm weg." */64/*

~ *Segen oder Strafe*

Ein Mann träumte: Er war gestorben und kam in ein herrliches Land voller Bäume, bunter Blumen und anmutiger Bäche. Während er sich noch verzückt in dieser neuen Umgebung umsah, erschien eine Geistgestalt, weißgekleidet und freundlich, und fragte ihn, ob er einen Wunsch habe.

„Ich habe großen Hunger und möchte etwas essen", sprach der Mann. Das Geistwesen klatschte in die Hände und in Sekundenschnelle erschien eine Tafel voll erlesener und köstlicher Speisen vor dem Neuankömmling. Er speiste ausgiebig und genüsslich. Dann schlenderte er durch die Gegend und erfreute sich an der Pracht der Gefilde. „Hallo!", rief er nach einer Weile und schon stand der Dienstbare vor ihm. „Ich hätte gerne etwas Bewegung, ich möchte Golf spielen." „Bitte", sprach das Geistwesen, fasste ihn am Arm und führte ihn um eine Waldspitze an den Rand eines bezaubernden Golfplatzes. Schläger und Bälle standen bereit. Der Mann spielte nach Herzenslust, danach aß er wieder etwas, wanderte durch die Natur und erfreute sich seines Daseins. Er erhielt alles, was er sich wünschte. Doch nach kurzer Zeit war alle Freude aus ihm gewichen. Er rief nach dem Freundlichen und beschwerte sich: „Ich habe es satt, das Leben hier. Gib mir etwas zu tun!" „Bedaure", erwiderte das Geistwesen, „Arbeit, das ist das Einzige, was ich dir hier nicht bieten kann. Jeden anderen Wunsch erfülle ich dir unverzüglich und genau, aber Arbeit kann ich dir nicht bieten." „Dann, dann pfeife ich auf den Laden hier, ich halte es nicht mehr aus", schrie der Mann verzweifelt. „Dann ziehe ich es vor, in die Hölle zu gehen. Schick mich in die Hölle!" Das Geistwesen lächelte: „Was denkst du denn, wo du bist?" */65/*

~ *Missachtet*

Der Elefant war tot. Auf seine alten Tage war er derart bösartig geworden, dass die übrigen Tiere sich nicht mehr zu helfen wussten. Niemand war wirklich traurig über den Verlust, doch da kam ein Karnickel angerannt und schlug wie wahnsinnig auf den toten Riesen ein.

Auf die verwunderte Frage der Schildkröte, weshalb es noch auf den toten Elefanten einschlage, wo es doch das einzige Wesen sei, dem er zu Lebzeiten nie etwas getan habe, rief das Karnickel: „Das ist es ja gerade, was mich wütend macht!" */66/*

~ *Zum Himmel schauen*

Als Gott die Welt erschuf, fragte er die Tiere nach ihren Wünschen. Er hörte sie alle an und erfüllte ihre Wünsche.

Als die Menschen davon erfuhren, wurden sie unwillig, weil sie nicht gefragt wurden. „Wir können mit dieser Welt nicht zufrieden sein“, stellten sie hart und unmissverständlich fest. „Das sollt ihr auch nicht“, erwiderte Gott, „eure Heimat ist nicht diese Erde, nur die Gefilde der Ewigkeit allein.“

Seitdem tragen die Tiere ihre Augen zur Erde, der Mensch aber geht aufrecht und schaut zum Himmel. */67/*

~ *Vergleich*

Ein Mann nahm seinen Sohn mit in einen wunderschönen Garten, wo viele Menschen sich versammelt hatten, um zu beten. Nach einer Stunde des Betens schaute der Junge in die Runde und erkannte, dass viele der Anwesenden nicht in Andacht, sondern in Schlaf versunken waren. Er wandte sich an seinen Vater und fragte: „Sind wir nicht besser als jene, die schlafen, statt zu beten?“ Der Vater antwortete: „Vielleicht wärest du besser gewesen, wenn du nicht diese Frage gestellt hättest.“ */68/*

Wünsche und Entscheidungen

Es war einmal ein armer chinesischer Reisbauer, der trotz all seines Fleißes in seinem Leben nicht vorwärts kam. Eines Abends begegnete ihm der Mondhase, von dem jedes Kind weiß, dass er den Menschen jeden Wunsch erfüllen kann.

„Ich bin gekommen", sagte der Mondhase, „um dir zu helfen. Ich werde dich auf den Wunschberg bringen, wo du dir aussuchen kannst, was immer du willst."

Und ehe er sich versah, fand sich der Reisbauer vor einem prächtigen Tor wieder. Über dem Tor stand geschrieben: Jeder Wunsch wird Wirklichkeit.

„Schön", dachte der Bauer und rieb sich die Hände, „mein armseliges Leben hat nun endlich ein Ende." Erwartungsvoll trat er durch das Tor.

Ein weißhaariger alter Mann stand am Tor und begrüßte den Bauern mit den Worten: „Was immer du dir wünschst, wird sich erfüllen. Aber zuerst musst du wissen, was man sich überhaupt alles wünschen kann. Daher folge mir!"

Der alte Mann führte den Bauern durch mehrere Säle, einer schöner als der andere. „Hier", sprach der Weise, „im ersten Saal siehst du das Schwert des Ruhmes. Wer sich das wünscht, wird ein gewaltiger General, er eilt von Sieg zu Sieg und sein Name wird auch noch in den fernsten Zeiten genannt. Willst du das?"

„Nicht schlecht", dachte sich der Bauer, „Ruhm ist eine schöne Sache und ich möchte zu gerne die Gesichter der Leute im Dorf sehen, wenn ich General werden würde. Aber ich will es mir noch einmal überlegen." Also sagte er: „Gehen wir erst einmal weiter."

„Gut, gehen wir weiter", sagte lächelnd der Weise. Im zweiten Saal zeigte er dem Bauern das Buch der Weisheit. „Wer sich das wünscht, dem werden alle Geheimnisse des Himmels und der Erde offenbar", sagte er.

Der Bauer meinte: „Ich habe mir schon immer gewünscht, viel zu wissen. Das wäre vielleicht das Rechte. Aber ich will es mir noch einmal überlegen."

Im dritten Saale befand sich ein Kästchen aus purem Gold. „Das ist die Truhe des Reichtums. Wer sie sich wünscht, dem fliegt das Gold zu, ob er nun arbeitet oder nicht", waren die Worte des alten Mannes.

„Ha!", lachte der Bauer, „das wird das Richtige sein. Wer reich ist, der ist der glücklichste Mensch der Welt. Aber Moment – Glück und Reichtum sind ja zwei verschiedene Dinge. Ich weiß nicht recht. Gehen wir noch weiter."

Und so ging der Bauer von Saal zu Saal, ohne sich für etwas entscheiden zu können. Als sie den letzten Saal gesehen hatten, sagte der alte Mann zum Bauern: „Nun wähle. Was immer du dir wünschst, wird erfüllt werden!"

„Du musst mir noch ein wenig Zeit lassen", sagte der Bauer, „ich muss mir die Sache noch etwas überlegen." In diesem Augenblick aber ging das Tor hinter ihm zu und der Weise war verschwunden.

Der Bauer fand sich zu Hause wieder. Der Mondhase saß wieder vor ihm und sprach: „Armer Bauer, wie du sind die meisten Menschen. Sie wissen nicht, was sie wollen, sie wünschen sich alles und bekommen nichts. Was immer sich einer wünscht, das schenken ihm die Götter – aber der Mensch muss wissen, was er will …" *[69]*

~ Legende vom modernen Menschen

Ein ‚moderner' Mensch verirrte sich in der Wüste. Die unbarmherzige Sonnenglut hatte ihn ausgedörrt. Da sah er in einiger Entfernung eine Oase. „Aha, eine Fata Morgana", dachte er, „eine Luftspiegelung, die mich narrt. Denn in Wirklichkeit ist gar nichts da."

Er näherte sich der Oase, aber sie verschwand nicht. Er sah immer deutlicher die Dattelpalmen, das Gras und vor allem die Quelle. „Natürlich eine Hungerphantasie, die mir mein halb wahnsinniges Gehirn vorgaukelt", dachte er. „Solche Phantasien hat man bekanntlich in meinem Zustand. Jetzt höre ich sogar das Wasser sprudeln. Eine Gehörhalluzination. Wie grausam die Natur ist." Kurze Zeit später fanden ihn zwei Beduinen tot. „Kannst du so etwas verstehen?", sagte der eine zum anderen, „die Datteln wachsen ihm beinahe in den Mund. Und dicht neben der Quelle liegt er verhungert und verdurstet. Wie ist das möglich?" Da antwortete der andere: „Er war ein moderner Mensch." *[70]*

~ Empathie

Ein Königssohn verfiel dem Wahnsinn und behauptete, er sei ein Truthahn. Als Truthahn hatte er den Drang, nackt unter dem Tisch zu sitzen und Krumen aufzulesen. Kein Arzt konnte ihm helfen. Das bereitete dem König große Pein.

Da kam ein Weiser und sagte: „Ich heile ihn." Er zog sich ebenfalls nackt aus und setzte sich unter den Tisch neben den Königssohn. Der Prinz fragte ihn: „Wer bist du, was suchst du hier?" Der Weise antwortete: „Und was suchst du hier?" Der Prinz: „Ich bin ein Truthahn." „Und ich", sagte der Weise, „bin auch ein Truthahn." So saßen sie zusammen, bis sie sich aneinander gewöhnt hatten.

Dann, auf ein Zeichen des Weisen, warf man ihnen Hemden hinunter. Da sagte der Weise: „Du denkst, dass ein Truthahn kein Hemd tragen kann? Man kann ein Hemd tragen und trotzdem Truthahn sein." Und beide zogen sich Hemden an.

Nach einiger Zeit gab er wieder ein Zeichen und man warf ihnen Hosen hinab. Und der Weise sagte zu dem Prinzen: „Du denkst, dass man in Hosen kein Truthahn sein kann?" Sie zogen die Hosen an und andere Kleidungsstücke. Und später gab er wieder ein Zeichen und man reichte ihnen Nahrung vom Tisch hinunter. Und er sagte: „Du denkst, wenn man gute Speisen isst, sei man kein Truthahn mehr? Man kann essen und trotzdem Truthahn sein." Und beide aßen. So verfuhr er weiter, bis er den Prinzen ganz geheilt hatte. *|71|*

~ *Unser Licht*

Unsere tiefste Angst ist nicht, dass wir unzulänglich sind. Unsere tiefste Angst ist, dass wir über alle Maßen machtvoll sind. Es ist unser Licht, das wir am meisten fürchten, nicht unsere Dunkelheit.

Wir fragen uns: Wer bin ich schon, dass ich brillant, großartig, talentiert, wunderbar sein soll? Doch ich frage dich: Wer bist du, es nicht zu sein? Du bist ein Kind Gottes. Es dient der Welt nicht, wenn du dich klein machst. Es ist nichts Erleuchtetes daran, dich selbst herabzusetzen, damit andere Menschen sich in deiner Gegenwart nicht unsicher fühlen.

Wir sind alle dazu bestimmt, unser Licht leuchten zu lassen, wie es Kinder tun. Wir wurden geboren, um die Herrlichkeit Gottes zu offenbaren, die wir in uns tragen. Sie ist nicht nur in einigen von uns, sie ist in jedem! Und wenn wir unser eigenes Licht leuchten lassen, geben wir unbewusst anderen Menschen die Erlaubnis, es auch zu tun. Wenn wir von unserer eigenen Angst befreit sind, befreit unsere Gegenwart andere ganz von selbst. /72/

~ *Der Edelstein*

Ein weiser Mann hatte den Rand seines Dorfes erreicht und ließ sich unter einem Baum nieder, um dort die Nacht zu verbringen, als ein Dorfbewohner angerannt kam und sagte: „Der Stein! Der Stein! Gib mir den kostbaren Stein!"

„Welchen Stein?", fragte der weise Mann.

„Letzte Nacht erschien mir ein Engel im Traum", erzählte der Dörfler, „er sagte mir, ich würde bei Einbruch der Dunkelheit am Dorfrand einen weisen Mann finden, der mir einen kostbaren Stein geben würde, so dass ich für immer reich wäre."

Der Weise durchwühlte seinen Sack und zog einen Stein heraus. „Wahrscheinlich meinte er diesen hier", sagte er, als er dem Dörfler den Stein überreichte. „Ich fand ihn vor einigen Tagen auf einem Waldweg. Du kannst ihn natürlich haben."

Staunend betrachtete der Mann den Stein. Es war ein Diamant, ein riesengroßer Edelstein von unermesslichem Wert.

Er nahm den Diamanten und ging weg. Die ganze Nacht wälzte er sich im Bett und konnte nicht schlafen. Am nächsten Tag noch vor Tagesanbruch eilte er zum Weisen, weckte ihn auf und flehte ihn an: „Gib mir von dem Reichtum, der es dir ermöglicht, diesen Diamanten so leichten Herzens wegzugeben.“ *|73|*

~ *Zwei Frösche*

Zwei Frösche waren ganz vorwitzig vom Garten in die Speisekammer gehüpft. Dort fielen sie beide in einen hohen Rahmtopf.

Es war gerade noch so viel Sahne im Topf, dass sie schwimmen mussten, jedoch nicht aus dem Behälter springen konnten. Nachdem sie so eine Weile herumgeplanscht waren und sich abgemüht hatten, waren sie erschöpft. Da sagte der eine: „Es hat ja doch keinen Zweck, die Wand ist zu hoch, als dass wir entkommen könnten.“ Er gab auf – und ertrank.

Der andere Frosch dachte bei sich: „Das kann doch nicht das Ende sein, da muss es noch einen Ausweg geben!“ Er planschte und planschte so lange im Rahm, bis er schließlich auf einem Klumpen Butter saß. Mit einem Satz sprang er ins Freie. *|74|*

~ *Am Ende des Tages*

Der Tag geht zu Ende. Überdenke noch einmal, was er dir an Sorgen gebracht hat. Ein paar davon behalte, die anderen wirf weg. *|75|*

Ornament an der Kalon-Moschee, Buchara/Usbekistan

König Akbar und die längere Schnur

Es war einmal ein indischer König namens Akbar.

Eines Tages spannte er eine gerade Schnur und forderte seine Minister auf: „Schneidet diese Schnur nicht ab, verknotet sie nicht, doch verkürzt sie auf eine andere Art und Weise!"

Da wunderten sich alle, wie die Schnur verkürzt werden könnte, ohne abgeschnitten oder verknotet zu werden.

Schließlich stand einer seiner weisesten Leute auf und spannte eine längere Schnur daneben. Durch diese zweite, längere Schnur wurde die erste automatisch verkürzt. Sie war nicht verknotet, nicht abgeschnitten und dennoch verkürzt worden.

Glücklich darüber, dass seine Minister die Lösung gefunden hatten, sprach König Akbar: „Ähnlich sollen wir die Meinung eines anderen weder umbiegen noch beschneiden, sondern nur unsere eigene Schnur daneben spannen. Dann mögen die anderen entscheiden, was länger und was kürzer, was besser oder schlechter ist. Wir sollen nicht für die anderen entscheiden, wir sollten ihnen nur unsere eigene Wahrheit darlegen." *|76|*

Der Samen

Es steckten einmal zwei Samen nebeneinander im Boden.

Der erste Samen sprach: „Ich will wachsen! Ich will meine Wurzeln tief in die Erde senden und ich will als kleines

Pflänzchen die Erdkruste durchbrechen, um dann kräftig zu wachsen. Ich will meine Blätter entfalten und mit ihnen die Ankunft des Frühlings feiern. Ich will die Sonne spüren, mich vom Wind hin und her wehen lassen und den Morgentau auf mir spüren. Ich will wachsen!"

Und so wuchs der Samen zu einer kräftigen Pflanze.

Der zweite Samen sprach: „Ich fürchte mich. Wenn ich meine Wurzeln in den Boden sende, weiß ich nicht, was mich dort in der Tiefe erwartet. Ich befürchte, dass es mir wehtut oder dass mein Stamm Schaden nehmen könnte, wenn ich versuche, die Erdkruste zu durchbrechen. Ich weiß auch nicht, was dort oben über der Erde auf mich lauert. Es kann so viel geschehen, wenn ich wachse. Nein, ich bleibe lieber hier in Sicherheit und warte, bis es sicherer ist."

Und so verblieb der Samen in der Erde und wartete.

Eines Morgens kam eine Henne vorbei. Sie scharrte mit ihren scharfen Krallen nach etwas Essbaren im Boden. Nach einer Weile fand sie den wartenden Samen im Boden und fraß ihn auf. /77/

~ *Ios, der Hirtenjunge*

*I*os war ein armer und einfacher Schafhirte, der mit seiner Herde, die er durch Täler und über Hügel zu den Weideflächen trieb, ein bescheidenes Leben führte. Er kannte nichts anderes, aber in all der Zeit trug er die tiefe Sehnsucht in seinem Herzen, einmal das Antlitz des Königs schauen zu dürfen. Er hatte so viel über dessen Großmut und Güte gehört, dass er sich zutiefst wünschte, ihm einmal persönlich zu begegnen.

Eines Tages ergab es sich, dass der König auf einer Reise an der Weide des Schafhirten vorbeikam. Als er den Jungen erblickte, ließ er ihn zu sich rufen und war von seiner aufrichtigen Treue und Bescheidenheit so ergriffen, dass er sich entschloss, ihn in seinen Palast mitzunehmen. Dieser konnte sein Glück nicht fassen und stellte sich ganz in den Dienst seines geliebten Königs. Seine Vertrauenswürdigkeit und sein lauterer Charakter beeindruckten den König dermaßen, dass er schon nach kurzer Zeit zum Schatzmeister ernannt wurde. Doch die anderen Minister und königlichen Beamten wurden neidisch auf den Schafhirten, der sichtlich das Vertrauen des Königs genoss und zum Empfänger so vieler Gnadengaben wurde. Sie schmiedeten Ränke gegen Ios und versuchten, das Vertrauen des Königs in diesen zu erschüttern. Tag und Nacht beschatteten die Höflinge den jungen Mann und fanden schließlich, was sie gesucht hatten. Sie konnten beobachten, wie Ios jede Nacht, wenn alle schliefen, seine Kammer verließ, sich leise durch die Gänge des Schlosses über eine schmale Treppe hinauf in den Turm schlich und dort in einen Raum verschwand. „Jetzt haben wir ihn endlich!", freuten sie sich. „Er stiehlt die Schätze des Königs und hortet sie dort für sich." Mit tiefer Schadenfreude eilten sie zum König, um ihm diese Nachricht zu überbringen. „Ich kann diese Ungeheuerlichkeiten nicht glauben, die ihr gegen Ios vorbringt", sagte der König betroffen. „Bevor ich euch glaube, muss ich mich selbst von der Wahrheit eurer Anschuldigungen überzeugen."

In dieser Nacht wollte der König der Sache selber nachgehen. Als Ios tatsächlich zur gewohnten Stunde in die Kammer ging, folgten ihm der König und die Höflinge. Zu aller Erstaunen jedoch war der Raum leer, nur an einer Wand hing ein altes, armseliges Hirtengewand, vor dem Ios auf dem Boden saß und es betrachtete. „Was soll das bedeuten?“, stellte ihn der König zur Rede, „wieso schleichst du nachts durch meinen Palast und erweckst das Misstrauen der Leute, wo ich dich doch aufgenommen und mein Vertrauen in dich gesetzt habe?“ Ios antwortete ruhig und bescheiden: „O mein König, als ich dich das erste Mal traf, war ich ein einfacher und unwissender Hirtenjunge. Durch deine Gnade und deinen Großmut habe ich diese hohe Position an deinem Hofe erlangt. Daher komme ich jede Nacht hierher und betrachte dieses Gewand, damit ich niemals vergesse, was ich einmal war und woher ich gekommen bin, damit ich mir demütig und dankbar im Gedächtnis bewahre, was du mir in deiner Gnade gewährt hast.“ /78/

~ *Die sieben blinden Brüder*

Einst lebte eine arme Witwe mit ihren sieben Söhnen im tiefen Dschungel. Da alle ihre Söhne blind auf die Welt gekommen waren, musste die alte Frau allein für sie sorgen. Eines sonnigen Morgens saßen die Brüder vor ihrer Hütte und genossen die warmen Sonnenstrahlen auf ihren Gesichtern. Da sprang der jüngste der Brüder, der besonders abenteuerlustig war, auf die Beine und sagte: „Lasst uns einen Spaziergang in den Dschungel machen. Ich bin es müde, Tag für Tag hier herumzusitzen.“ Der älteste der Brüder war besonders vorsichtig und praktisch veranlagt und warnte: „Wir könnten uns verirren oder irgendwo hinunterfallen oder uns verletzen.“ Da hatte der mittlere Bruder eine Idee: „Wir gehen einfach in einer Reihe, einer hinter dem anderen, und halten uns an den Schultern des Vordermanns fest. Auf diese Weise können wir nicht getrennt werden und können uns gegenseitig warnen, sollte sich uns etwas in den Weg stellen." Jeder gab darauf seine Meinung ab und schließlich einigte man sich darauf, sich bei den Händen zu nehmen und loszugehen.

Dann starteten sie und wählten den Pfad, den ihre Mutter jeden Sonntag nahm, wenn sie auf den Markt ins nächste Dorf ging. So waren sie nun etwa eine halbe Stunde gewandert und hatten fast schon das Gefühl, dass sie alles machen und überall hingehen könnten, als der älteste Bruder, der als erster ging, plötzlich anhielt: „Hier kommen wir nicht weiter, das ist das Ende des Pfades, denn eine mächtige Mauer versperrt den Weg." Die anderen Brüder tasteten sich nach vorne, um auch die Wand zu berühren. Da rief der zweite Bruder: „Nein, das stimmt nicht, mein Bruder, das ist keine Wand, das ist ein Baum. Ich kann ihn mit meinen Armen umfassen." Der dritte Bruder streckte seine Hand aus, um nach dem Baum zu greifen, und rief: „Also, dein Baum stellt überhaupt kein Hindernis dar, ich kann ihn ja mit einer Hand fassen. Tatsächlich gleicht er mehr einem Seil als einem Baum, denn er hängt von oben herab und man kann ihn bewegen." Ein anderer streckte sich, so hoch er konnte, um das Seil zu ergreifen, doch stattdessen berührte er etwas, das breit, flach und weich war. „Es ist doch ein Baum", sagte er, „und es muss ein riesiger Baum sein, denn die Blätter sind so groß wie das Kopftuch unserer Mutter." Wieder ein anderer der Brüder wollte das Geheimnis endgültig lüften, worum es sich handelte, was ihnen den Weg versperrte, und drängte sich nach vorne. „Seid vorsichtig, meine Brüder!", rief er aus. „Es ist eine Schlange so dick wie unser Arm und sie wird uns sicherlich beißen." Und so griff jeder nach dem Objekt und gab eine andere Meinung ab. Doch plötzlich hörten sie hinter sich den Laut herbeieilender Schritte und die Stimme ihrer Mutter, die ihnen verzweifelt zurief: „Meine Söhne, meine Söhne! Lauft um euer Leben! Ihr seid auf einen Elefanten gestoßen und nach dem Blick in seinen Augen zu urteilen, ist er sehr zornig über die Störung!" *|79|*

~ *Arme Leute*

Eines Tages nahm ein Mann seinen Sohn mit aufs Land, um ihm zu zeigen, wie arme Leute leben. Vater und Sohn verbrachten einen Tag und eine Nacht auf der Farm einer sehr armen Familie.

Als sie wieder zurückkehrten, fragte der Vater seinen Sohn: „Wie war dieser Ausflug?" „Sehr interessant!", antwortete der Sohn.

„Und hast du gesehen, wie arm Menschen sein können?"

„Oh ja, Vater, das habe ich gesehen."

„Was hast du also gelernt?", fragte der Vater. Der Sohn antwortete: „Ich habe gesehen, dass wir einen Hund haben und die Leute auf der Farm haben vier. Wir haben einen Swimmingpool, der bis zur Mitte unseres Gartens reicht, und sie haben einen See, der gar nicht mehr aufhört. Wir haben prächtige Lampen in unserem Garten und sie haben die Sterne. Unsere Terrasse reicht bis zum Vorgarten und sie haben den ganzen Horizont."

Der Vater war sprachlos. Und der Sohn fügte hinzu: „Danke, Vater, dass du mir gezeigt hast, wie arm wir sind." *|80|*

~ Zwei Wölfe

Ein alter Indianer saß mit seinem Enkelsohn am Lagerfeuer. Es war schon dunkel geworden und das Holz knackte, während die Flammen in den Himmel züngelten.

Der Alte sagte nach einer Weile des Schweigens: „Weißt du, wie ich mich manchmal fühle? Es ist, als ob da zwei Wölfe in meinem Herzen miteinander kämpfen würden. Einer der beiden ist rachsüchtig, aggressiv und grausam. Der andere hingegen ist liebevoll, sanft und mitfühlend."

„Welcher der beiden wird den Kampf um dein Herz gewinnen?", fragte der Junge.

„Der Wolf, den ich füttere", antwortete der Alte. *|81|*

~ Über die Schnelligkeit

Till Eulenspiegel ging eines schönen Tages mit seinem Bündel an Habseligkeiten zu Fuß zur nächsten Stadt. Auf einmal hörte er, wie sich schnell Hufgeräusche näherten, und eine Kutsche hielt neben ihm.

Der Kutscher hatte es sehr eilig und rief: „Sag schnell – wie weit ist es bis zur nächsten Stadt?"

Till Eulenspiegel antwortete: „Wenn Ihr langsam fahrt, dauert es wohl eine halbe Stunde. Fahrt Ihr schnell, so dauert es zwei Stunden, mein Herr."

„Du Narr", schimpfte der Kutscher, trieb die Pferde zu einem schnellen Galopp an und die Kutsche entschwand Till Eulenspiegels Blick.

Till Eulenspiegel ging gemächlich seines Weges auf der

Straße, die viele Schlaglöcher hatte. Nach etwa einer Stunde sah er nach einer Kurve eine Kutsche im Graben liegen. Die Vorderachse war gebrochen und es war just der Kutscher von vorhin, der sich nun fluchend daranmachte, die Kutsche wieder zu reparieren.

Er bedachte Till Eulenspiegel mit einem bösen und vorwurfsvollen Blick, worauf dieser nur sagte: „Ich sagte es doch: Wenn Ihr langsam fahrt, eine halbe Stunde …" *[82]*

~ *Aus Fehlern lernen*

Ein Mann mit Brandblasen an beiden Ohren geht auf der Straße spazieren. Ein Freund fragt ihn, wie er sich diese Verbrennungen zugezogen habe.

„Meine Frau hatte ihr heißes Bügeleisen noch angeschaltet und als das Telefon läutete, hob ich versehentlich das Eisen ans Ohr."

„Ja, und das andere Ohr?"

„Der Dummkopf rief noch einmal an!" *[83]*

~ *Der Vorteil des Mondes*

Nasrudin betritt das Teehaus und verkündet: „Der Mond ist sinnvoller als die Sonne!"

„Wie kommst du darauf?", fragen ihn die Anwesenden erstaunt.

„Das ist doch klar! Wir benötigen das Licht mehr in der Nacht als am Tag." *[84]*

Die Strafe

Der Rabbiner von Chicago ist leidenschaftlicher Golfspieler. Die ganze Woche war dicker Nebel – am Schabbes scheint die Sonne. Der Rabbiner steht am frühen Morgen auf dem menschenleeren Golfplatz, die Spielleidenschaft siegt über die Frömmigkeit, er nimmt den Schläger in die Hand …

Sein Vater schaut vom Himmel herab und sagt kopfschüttelnd zum lieben Gott: „Siehst du, was mein Sohn, der Rebbe, da unten macht?" Der liebe Gott antwortet: „Ich werde ihn bestrafen!"

Der Rabbiner unten legt den Ball zurecht, holt mächtig aus und schlägt – 250 Meter und genau ins Loch!

Sein Vater sagt erbittert: „Das nennst du Strafe?"

Der liebe Gott lächelt: „Wem soll er das erzählen?" */85/*

Die beiden Gelehrten

In der alten Stadt Afkar lebten einst zwei Gelehrte. Sie hassten einander und einer bekämpfte die Lehre des anderen. Der eine leugnete die Existenz der Götter, der andere war gläubig. Eines Tages trafen sie einander auf dem Marktplatz. Inmitten ihrer Schüler hoben sie an, über Sein und Nichtsein der Götter zu streiten. Erst nach stundenlangen Wortgefechten gingen sie wieder auseinander.

Am selben Abend ging der Ungläubige in den Tempel, warf sich vor dem Altar auf den Boden und bat die Götter wegen seines Starrsinns um Vergebung. Zur gleichen Stunde verbrannte der andere Gelehrte, jener, der die Götter hochgehalten hatte, seine heiligen Bücher. Er war ungläubig geworden. /86/

~ *Unteilbares Erbe*

Der reiche Kaufmann stirbt. Er hinterlässt seinen drei Söhnen siebzehn Kamele. Vor seinem Tod sagt er zu ihnen: „Du, mein Ältester, sollst die Hälfte meines Erbe bekommen, du, mein Zweitgeborener, ein Drittel und du, mein Jüngster, ein Neuntel."

Wie man sich denken kann, befällt die Söhne wegen der Unlösbarkeit ihres Problems große Ratlosigkeit, die schließlich zum Streit führt.

Zufällig kommt ein weiser Mann auf seinem Kamel des Weges. Er steigt ab, erkundigt sich bei den drei Brüdern nach dem Grund ihrer Auseinandersetzung und sie schildern ihm ihr unlösbares Problem.

„Aber", sagt der Weise, „nichts leichter als das, euch kann geholfen werden. Wir nehmen mein Kamel und stellen es zu euren siebzehn Kamelen dort drüben. Gut, nun sind dort achtzehn Kamele. Du, Ältester, erhältst die Hälfte, also neun; du, Zweitgeborener, ein Drittel, also sechs; und du, Jüngster, ein Neuntel, also zwei. Neun, sechs und zwei, das ergibt siebzehn. Und das eine Kamel, das dort noch steht, das ist ja das meine." Er besteigt sein Kamel und reitet davon. /87/

Gewinn im Geschäft

Es schien in der Tat, als seien die Geschäfte ihm gleichgültig. Einmal reiste er in ein Dorf, um dort eine große Reisernte aufzukaufen. Als er ankam, war aber der Reis schon an einen andern Händler verkauft, dennoch blieb Siddhartha manche Tage in jenem Dorf, bewirtete die Bauern, schenkte ihren Kindern Kupfermünzen, feierte eine Hochzeit mit und kam überaus zufrieden von der Reise zurück. Kamaswami machte ihm Vorwürfe, dass er nicht sogleich umgekehrt sei, dass er Zeit und Geld vergeudet habe. Siddhartha antwortete: „Lass das Schelten, lieber Freund! Noch nie ist mit Schelten etwas erreicht worden. Ist Verlust entstanden, so lass mich den Verlust tragen. Ich bin sehr zufrieden mit dieser Reise. Ich habe vielerlei Menschen kennengelernt, ein Brahmane ist mein Freund geworden, Kinder sind auf meinen Knien geritten, Bauern haben mir ihre Felder gezeigt. Niemand hat mich für einen Händler gehalten."

„Sehr hübsch ist dies alles", rief Kamaswami unwillig, „aber tatsächlich bist du doch ein Händler, sollte ich meinen! Oder bist du denn nur zu deinem Vergnügen gereist?" „Gewiss", lachte Siddhartha. „Gewiss bin ich zu meinem Vergnügen gereist. Wozu denn sonst? Ich habe Menschen und Gegenden kennengelernt, ich habe Freundlichkeit und Vertrauen genossen, ich habe Freundschaften gefunden. Sieh, Lieber, wenn ich Kamaswami gewesen wäre, so wäre ich sofort, als ich meinen Kauf vereitelt sah, voll Ärger und in Eile wieder zurückgereist, und Zeit und Geld wären in der Tat verloren gewesen. So aber habe ich gute Tage gehabt, habe gelernt, habe Freude genossen, habe weder mich noch andere durch Ärger und durch

Eilfertigkeit geschädigt. Und wenn ich jemals wieder dorthin komme, vielleicht um eine spätere Ernte zu kaufen oder zu welchem Zwecke es sei, so werden freundliche Menschen mich freundlich und heiter empfangen. Und ich werde mich dafür loben, dass ich damals nicht Eile und Unmut gezeigt habe.

Also lass gut sein, Freund, und schade dir nicht durch Schelten! Wenn der Tag kommt, an dem du sehen wirst: Schaden bringt mir dieser Siddhartha, dann sprich ein Wort, und Siddhartha wird seiner Wege gehen. Bis dahin aber lass uns einer mit dem andern zufrieden sein." /88/

~ *Können Leichen bluten?*

Ein Mann bildet sich ein, tot zu sein. Da er sich nunmehr für eine Leiche hält, isst er nichts, arbeitet nicht, bewegt sich nicht und sitzt nur da und beklagt sich darüber, tot zu sein.

Alle Versuche seiner Freunde, ihn zu überzeugen, dass sein Körper noch am Leben sei, alle Argumente der Ärzte fruchten nicht. Schließlich findet sich ein Arzt, der seine Hilfe anbietet. Behutsam geht er auf den Mann ein und fragt ihn schließlich geradeheraus: „Können Leichen bluten?"

Dieser denkt eine Weile nach und antwortet dann: „Nein. Denn alle Körperfunktionen sind eingestellt und daher gibt es bei einer Leiche keine Blutung mehr!" „Gut", sagt der Arzt, „dann lass es uns ausprobieren!"

Er nimmt eine Nadel und bevor sich der Mann versieht, sticht er ihm damit in den Finger. Sofort quillt Blut aus der Wunde.

Verwundert schaut der Mann auf seinen blutenden Finger und sagt: „Verdammt, Leichen bluten also doch!" /89/

~ Problemlösung

Ein Professor fragte seine Medizinstudenten, was man im folgenden Fall tun solle: abtreiben oder nicht abtreiben?

Und er erklärte die Familiengeschichte:

Der Vater hat Syphilis, die Mutter Tuberkulose. Sie haben bereits vier Kinder. Das erste ist blind, das zweite ist gestorben, das dritte ist taub und das vierte ist tuberkulös. Die Mutter erwartet das fünfte Kind. Die Eltern sind zu einer Schwangerschaftsunterbrechung bereit.

„Wenn Sie entscheiden müssten", fragte der Professor seine Studenten, „würden Sie eine Abtreibung vornehmen?" Die meisten Studenten entschieden sich dafür, dass die Mutter die Abtreibung vornehmen lassen sollte.

„Ich gratuliere Ihnen", entgegnete der Professor, „Sie haben nämlich soeben Beethoven ermordet." *|90|*

~ Die Kuh

Es gibt auf der Welt eine grüne Insel, auf der eine Kuh mit gutem Appetit alleine grast. Bis zum Abend frisst sie die Fläche leer – auf dass sie dick und groß, etwas Besonderes werde.

Nachts quält sie der Gedanke: „Was esse ich morgen?" Er lässt sie abmagern, dünn werden wie ein Haar. Am nächsten Tag sind die Wiesen wieder grün, die Kuh steht im Futter. Sie fällt darüber her mit einem Ochsenhunger, so dass sie bis zum Abend – Halm für Halm – alles abweidet. Wieder wird sie dick und fett. Abends peinigt sie erneut die Frage: „Was esse ich morgen?", so dass sie hager wird vor lauter Angst.

So geht es immer weiter mit der Kuh. Nie kommt ihr der Gedanke: „Seit vielen Jahren weide ich nun schon auf diesen Wiesen – an keinem Tag habe ich Mangel gelitten. Wozu meine Furcht?“ Nein, sobald es Nacht wird, magert die fette Kuh von Neuem ab bei dem Gedanken: „Wehe, das Futter ginge mir aus!“ *|91|*

~ *Gewinn durch Teilen*

Ein Farmer, dessen Mais auf staatlichen Landwirtschaftsmessen immer den ersten Preis gewann, hatte die Angewohnheit, seine besten Samen mit allen Farmern in der Nachbarschaft zu teilen.

Man fragte ihn, warum er das täte, und er antwortete: „Es liegt in meinem ureigenen Interesse, ich lebe ja nicht allein für mich. Der Wind trägt die Pollen von einem Feld zum anderen. Wenn also meine Nachbarn minderwertigen Mais züchten, vermindert die Kreuzbestäubung auch die Qualität meines Kornes. Darum liegt mir daran, dass auch sie nur den allerbesten Mais anpflanzen.“ *|92|*

~ *Hinterlassenschaft*

Ein Mann fragt den anderen bei der Beerdigung eines gemeinsamen Freundes: „Wie viel hat er hinterlassen?“

Daraufhin antwortet der andere: „Er hat alles hinter sich gelassen.“ *|93|*

~ Verpasste Chancen

Ein Mann kam ans Himmelstor und begehrte Eintritt. Der Wächter am Tor sagte nur: „Geduldе dich, deine Zeit wird kommen."

Also setzte sich der Mann ohne Widerrede auf eine Bank, die gegenüber dem Tor stand. Er wartete ein Jahr. Dann ging er wiederum zu dem Wächter und fragte ihn nochmals. Abermals antwortete der Wächter: „Warte, deine Zeit wird kommen." Der Mann nahm es hin und setzte sich wieder auf die Bank. Inzwischen wartete er schon so lange und es fiel ihm auf, dass in all der Zeit kein anderer an diesem Tor Einlass begehrt hatte. Wie er so dasaß und vor sich hin grübelte, sah er, dass der Wächter sich daranmachte, die Pforte zu verschließen. Der Mann eilte hin und fragte, warum er das Tor zumache und warum in all der Zeit kein anderer durch die Pforte gegangen sei. Darauf antwortete der Wächter: „Durch diese Pforte konnte nie ein anderer gehen, denn diese Pforte war nur für dich geöffnet." Sagte es und ging seines Weges. /94/

~ Der Blick zurück

Könnte ich mein Leben nochmals leben, dann würde ich das nächste Mal riskieren, mehr Fehler zu machen. Ich würde mich entspannen, lockerer und humorvoller sein als dieses Mal. Ich kenne nur sehr wenige Dinge, die ich ernst nehmen würde. Ich würde mehr verreisen. Und ein bisschen verrückter sein. Ich würde mehr Berge erklimmen, mehr Flüsse durchschwimmen und mir mehr Sonnenuntergänge anschauen. Ich würde mehr spazieren gehen und mir alles besser anschauen. Ich würde öfter ein Eis essen und weniger Bohnen.

Ich hätte mehr echte Schwierigkeiten als eingebildete. Müsste ich es noch einmal machen, ich würde einfach versuchen, immer nur einen Augenblick nach dem anderen zu leben, anstatt jeden Tag schon viele Jahre im Voraus.

Könnte ich noch einmal von vorne anfangen, würde ich viel herumkommen, viele Dinge tun und mit sehr wenig Gepäck reisen. Könnte ich mein Leben nochmals leben, würde ich im Frühjahr früher und im Herbst länger barfuß gehen. Und ich würde öfter die Schule schwänzen.

Ich würde mir nicht so hohe Stellungen erarbeiten, es sei denn, ich käme zufällig daran. Auf dem Rummelplatz würde ich viel mehr Fahrten machen und ich würde mehr Gänseblümchen pflücken. /95/

~ *Gehorsam dem Worte nach*

Ein weiser Mann besaß eine besondere Aufzucht von wunderschönen Pfauen, die sein Gärtner mit viel Aufopferung und Zuneigung pflegte. Die Pfauen waren sein ganzer Stolz und er genoss es sehr, wenn sein Herr sich daran erfreute oder Besucher und Freunde ihrer Bewunderung Ausdruck verliehen.

Der weise Mann pflegte nach seinem Tageswerk gerne durch den Garten zu schlendern und oft blieb er dann stehen und ließ seinen Blick auf den prachtvollen Tieren ruhen, die anmutig ihre Räder schlugen. Für ihn waren diese Vögel

Ausdruck der Schönheit in der Schöpfung Gottes und es erfüllte ihn mit tiefer Dankbarkeit.

Unweit vom weisen Mann lebte ein Nachbar, den der Gärtner nicht besonders leiden konnte, denn dieser erschien ihm äußerst überheblich und eingebildet und lebte ein Leben in Prunk und Luxus.

Eines Tages erstattete der Nachbar dem weisen Mann einen Besuch, in dessen Verlauf er einen Wunsch eröffnete: „O geschätzter Freund“, wandte er sich behutsam an seinen Gastgeber, „seit geraumer Zeit beobachte ich deine wunderschönen Pfauen und sehe, dass sie eine besondere Aufzucht darstellen. Sie sind tatsächlich ein Schmuck für jeden Garten und erfreuen das Herz jedes Betrachters. Wie du weißt, besitze ich einen prachtvollen Garten mit den ausgefallensten Blumen, Sträuchern und Bäumen. Bäche fließen durch die Parkanlage und Bänke laden ein zum Verweilen. Was mir jedoch fehlt, sind einige stolze Pfauen, die durch den Garten schreiten und dem Ganzen eine besondere Note verleihen. Da du genügend Tiere besitzt, wollte ich dich bitten, einige davon mir zu überlassen.“

Der weise Mann rief seinen Gärtner und trug ihm auf: „Gehe und bringe zwei von unseren Pfauen als Geschenk für unseren Gast, damit auch er sich an diesen Tieren erfreue.“

Dem Gärtner war dies gar nicht recht. Seine Tiere lagen ihm sehr am Herzen und gerade diesem Menschen wollte er sie nicht überlassen. So brachte er alle möglichen Argumente vor, weshalb man die Tiere nicht trennen sollte und wie schädlich das für diese wäre und dass man auch nicht sicher sein könnte, dass die zwei Tiere in der neuen Umgebung überleben würden.

„Nun denn“, entschied der Hausherr, der erkannte, was

seinen Gärtner bedrückte. „Bringe einige Pfaueneier für unseren Nachbarn, die er dann selbst ausbrüten lassen kann. Damit werden auch keine Probleme der Trennung und des Einlebens in einer neuen Umgebung auftreten."

Während der Gast über diese Lösung glücklich war, entfernte sich der Gärtner widerwillig, um der Weisung seines Herrn nachzukommen. Es dauerte einige Zeit, bis er mit einigen Pfaueneiern erschien und sie dem Mann aushändigte. Freudestrahlend und mit überschäumender Dankbezeugung verabschiedete sich der Nachbar.

Einige Wochen vergingen, bevor der Mann wieder erschien. Er beschwerte sich beim weisen Mann: „Mein Freund, mit den Pfaueneiern, die mir dein Gärtner gegeben hat, dürfte etwas nicht stimmen. Was immer ich versucht habe, es wollen keine Küken schlüpfen. Ich weiß nicht mehr, was ich tun soll."

Der Gärtner wurde gerufen und zur Rede gestellt: „Sage, was hat es mit den Eiern für eine Bewandtnis, die du unserem Nachbarn gegeben hast?"

„Ach, mein Herr", rechtfertigte sich dieser, „du hast mir aufgetragen, unserem Nachbarn die Pfaueneier auszuhändigen, und ich habe dir gehorcht. Aber du hast nicht gesagt, dass ich sie nicht vorher kochen darf." *|96|*

~ *Das Geldgeschenk*

Man bot einem berühmten Weisen eine Summe Geld als großzügiges Geschenk an.

Der alte Weise aber sagte dankend: „Ich brauche euer Geld nicht. Ich habe doch selbst schon eine Münze."

Die anderen schauten überrascht und betroffen. Einer von ihnen sagte dann: „Aber Herr, die Münze ist doch nicht viel wert – wie lange soll sie vorhalten?"

Der Alte erwiderte: „Wenn du mir garantieren kannst, dass ich länger lebe, als meine Münze vorhält, so will ich dein Geschenk annehmen." /97/

Der kaputte Krug

Es war einmal ein Wasserträger in Indien.

Auf seinen Schultern ruhte ein schwerer Holzstab, an dem rechts und links je ein großer Wasserkrug befestigt war.

Nun hatte einer der Krüge einen Sprung. Der andere hingegen war perfekt geformt und mit ihm konnte der Wasserträger am Ende seines langen Weges vom Fluss zum Haus seines Herrn eine volle Portion Wasser abliefern. In dem kaputten Krug war hingegen immer nur etwa die Hälfte des Wassers, wenn er am Haus ankam.

Für volle zwei Jahre lieferte der Wasserträger seinem Herrn also einen vollen und einen halbvollen Krug.

Der perfekte der beiden Krüge war natürlich sehr stolz darauf, dass der Wasserträger in ihm immer eine volle Portion transportieren konnte. Der Krug mit dem Sprung hingegen schämte sich, dass er durch seinen Makel nur halb so gut war wie der andere Krug.

Nach zwei Jahren der Scham hielt der kaputte Krug es nicht mehr aus und sprach zu seinem Träger: „Ich schäme mich so für mich selbst und ich möchte mich bei dir entschuldigen."

Der Wasserträger schaute den Krug an und fragte: „Aber wofür denn? Wofür schämst du dich?"

„Ich war die ganze Zeit nicht in der Lage, das Wasser zu halten, so dass du durch mich immer nur die Hälfte zu dem Haus deines Herrn bringen konntest. Du hast die volle Anstrengung, bekommst aber nicht den vollen Lohn, weil du immer nur anderthalb statt zwei Krüge Wasser ablieferst", sprach der Krug.

Dem Wasserträger tat der alte Krug leid und er wollte ihn trösten. So sprach er: „Achte gleich einmal, wenn wir zum Haus meines Herrn gehen, auf die wundervollen Wildblumen am Straßenrand."

Der Krug konnte daraufhin ein wenig lächeln und so machten sie sich auf den Weg. Am Ende des Weges jedoch fühlte sich der Krug wieder ganz elend und entschuldigte sich erneut zerknirscht bei dem Wasserträger.

Der aber erwiderte: „Hast du die Wildblumen am Straßenrand gesehen? Ist dir aufgefallen, dass sie nur auf deiner Seite des Weges wachsen, nicht aber auf der, wo ich den anderen Krug trage? Ich wusste von Beginn an über deinen Sprung. Und so habe ich einige Wildblumensamen gesammelt und sie auf deiner Seite des Weges verstreut. Jedes Mal, wenn wir zum Haus meines Herrn liefen, hast du sie gewässert. Ich habe jeden Tag einige dieser wundervollen Blumen pflücken können und damit den Tisch meines Herrn dekoriert. Und all diese Schönheit hast du geschaffen." */98/*

~ *Erfüllung aller Wünsche*

Ein Wanderer machte Rast nach einem anstrengenden Tag. Er setzte sich unter einen Baum und ruhte seine müden Füße aus. „Wie schön wäre jetzt ein kühles Getränk", dachte er – und schon stand eine Karaffe mit kristallklarem Wasser vor ihm.

Der Mann nahm einen großen Schluck und dachte: „Das ist ja wunderbar! Etwas zu essen dazu wäre aber auch nicht schlecht."

Kaum gedacht, wurde auch dieser Wunsch sofort erfüllt.

Wohlige Müdigkeit überkam ihn und er streckte sich aus, um ein Nickerchen zu machen. Doch kurz vor dem Einschlafen schoss ihm ein Gedanke durch den Kopf: „Wenn jetzt ein Tiger kommt …" /99/

3

Von Lachen und Scherzen, Glück und Freude und anderen erhebenden Dingen …

Ich wünsche, dass ihr glücklich seid, dass ihr lacht, strahlt und euch freut, damit andere durch euch glücklich werden.

'Abdu'l-Bahá'

Sinnbildlich findet sich bei den Hopi-Indianern eine ähnliche Schöpfungsgeschichte wie in der Bibel. Ich habe sie einmal mündlich erzählt bekommen:

Es wird berichtet, dass Gott den Menschen aus Lehm geformt und dann sein Werk prüfend betrachtet hat. Auch wenn das Ebenmaß des Körpers zufriedenstellend war, so fehlte noch etwas, wie der Mensch so dasaß ohne Bewegung. Da berührte der Große Geist den Menschen an der Schulter und dieser erhob sich und begann in harmonischen Bewegungen auf und ab zu gehen und wandelte so auf Erden. Das gefiel Gott viel besser, aber irgendetwas fehlte noch. Da berührte Gott die Lippen des Menschen und dieser öffnete sie und begann zu sprechen. Er benannte alle Dinge und Kreaturen und sprach mit diesen. Der Wohlklang seiner Stimme erfreute den Großen Geist sehr. Er war sehr zufrieden mit seinem Werk. Und dennoch, es war noch nicht vollendet. Irgendetwas ging noch ab. Da ließ der Große Geist sein Licht über den Menschen strömen und siehe da, etwas veränderte sich, die Gesichtszüge wurden weich, die Augen strahlten und der Mensch öffnete den Mund und begann zu lachen. Er lachte aus der Tiefe des Herzens und sein Lachen versetzte die ganze Schöpfung in Schwingung. Der Mensch lachte und verwandelte die Welt. Der Große Geist war zufrieden, denn er wusste, sein Werk war nun vollendet.

Humor ist eine Gabe, die den Menschen vor allen anderen Geschöpfen auszeichnet. Er ist imstande, veränderte Wirklichkeiten zu schaffen. Wie eine Art Stein der Weisen kann er Kupfer in Gold verwandeln. Lachen ist wie geistige Gymnastik und Entspannung für die Seele.

Glück und Zufriedenheit sind nicht das Ergebnis äußerer Umstände, sondern vielmehr die Widerspiegelung der inneren Ausstrahlung des Menschen: in den Gesichtern und Herzen der Menschen, denen man begegnet, in den kleinen und großen Begebenheiten des Lebens. In Zeiten der Freude haben wir Zugang zu mehr Energie, unser Verstand arbeitet besser, unser Urteilsvermögen ist schärfer. Alles geht leichter von der Hand.

Es geziemt sich für den Menschen, freudestrahlend und froh durchs Leben zu gehen und andere glücklich zu machen.

~ *Das Lachen*

Höre, o Freund und Bruder: Wenn du ein Kamel hast, so gebe acht, es langsam zu führen, du musst an seine weichen Füße denken, denen die harten Bergwege Schmerz bereiten, da sie an den weichen Wüstensand gewöhnt sind.

Wenn du ein Pferd hast, lasse dich leicht sein auf seinem Rücken, dass es dich wie eine Wolke fühle und daherfliege gleich dem Wind.

Wenn du einen Gedanken hast, o Freund und Bruder, so lasse ihn leise schreiten mit des Kamels weichen Füßen, lasse ihn daherbrausen mit des edlen Pferdes heißer Hast und bleibe du selbst verborgen wie in einer Wolke.

Wenn du aber in deinem Geiste ein wunderbares Geheimnis birgst, so mache aus ihm ein Gedicht oder ein Lachen oder beides und reite schnell, sehr schnell – denn wer ein Lachen bringt mit dem Atem eines Geheimnisses, bringt ein Geschenk. *|100|*

~ *Zwei Gesichter*

Ihr habt bemerkt, dass die Wahrheit mit zwei Gesichtern auf die Welt kommt: Das eine ist traurig und voller Leid, das andere lacht. Und doch ist es ein und dasselbe Gesicht, ob es nun lacht oder weint. Wenn Menschen verzweifelt sind, ist das lachende Gesicht besser für sie, aber wenn es ihnen zu gut ergeht und sie sich zu sicher fühlen, ist es besser für sie, das weinende Gesicht zu sehen. *|101|*

~ *Tempel der tausend Spiegel*

Einst gab es in einem fernen Land den Tempel der tausend Spiegel. Eines Tages lief ein Hund die Treppen zu diesem Tempel hoch. Er ging durch das große Portal und sah mit einem Mal tausend Hunde, die ihn anblickten. Er sträubte das Fell, fletschte die Zähne und knurrte – und tausend Hunde knurrten zurück.

Mit eingekniffenem Schwanz rannte er aus dem Tempel und ward dort nie mehr gesehen.

An einem anderen Tage lief ein kleiner, lustiger Hund zu diesem Tempel, er ging hinein, sah die tausend Hunde, wedelte mit dem Schwanz und bellte fröhlich. Und tausend Hunde bellten fröhlich zurück. *|102|*

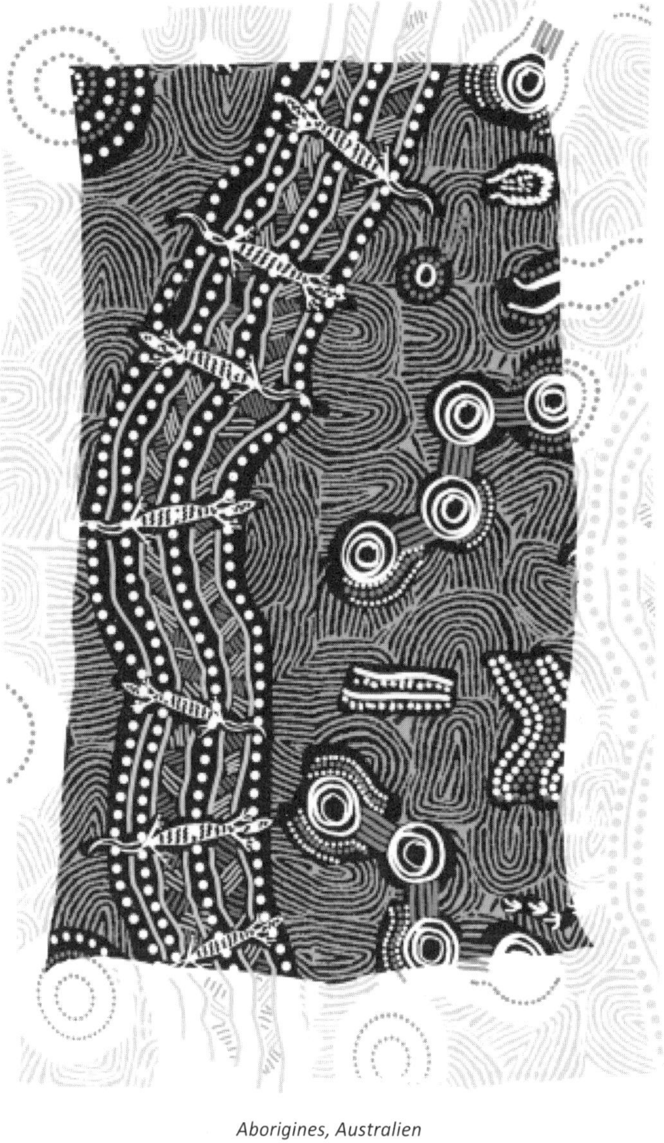

Aborigines, Australien

~ Vom Schicksal betrogen?

Zwei Freunde treffen sich.

„Paul, warum guckst du denn so finster?“, fragt der eine.

„Ach, ich habe vorgestern im Lotto eine Million gewonnen“, antwortet Paul mürrisch.

„Aber freust du dich denn gar nicht?“

„Du weißt ja noch nicht, was gestern passiert ist. Meine Tante in Australien ist gestorben und hat mir ihre ganzen Ländereien vermacht!“

„Mensch, ich würde an deiner Stelle Luftsprünge machen, Junge, hast du ein Glück!“

„Von wegen“, zischt Paul den verdutzten Freund an.

„Was ist denn mit heute? Wie abgeschnitten! Wie abgeschnitten!“ */103/*

~ Einleitung

Der Gastredner: „Sehr verehrte Damen und Herren! Bevor ich mit meiner Rede beginne, erlauben Sie mir, einige Worte zu sprechen …“ */104/*

~ Lange Rede

Nach der Bewerberpräsentation zur örtlichen Wahl: „Mein Gott, ich bin völlig erschöpft! Unser Spitzenkandidat hat eine dreistündige Rede gehalten!“ Frage: „Oh, worüber denn?“ „Das hat er nicht gesagt!“ */105/*

~ Verschiedene Blickwinkel

An einem Sommerabend saßen zwei ältliche Schwestern in ihren Schaukelstühlen auf der Veranda vor ihrem kleinen Haus am Rande eines Dorfes. Während sie gemütlich schaukelten, lauschte die eine Schwester dem Chor, der in der kleinen Kirche übte. Der Chor sang eines ihrer Lieblingslieder. Sie blickte die Straße entlang, wo sie das Licht durch die bunten Glasfenster der kleinen Kirche schimmern sah, und sagte zu ihrer Schwester: „Ist das nicht die schönste Musik, die es gibt?"

Ihre Schwester, die rechts von ihr saß, blickte zufällig auf die Felder an ihrer Seite des Hauses und horchte auf die Grillen, die in der Dämmerung zirpten. Selig lächelnd schaukelte sie hin und her und sagte: „Ja, das ist eine herrliche Musik, und dabei sollen sie das machen, indem sie ihre Hinterbeine aneinander reiben." *|106|*

~ Der Kandidat

Professor Adolfo Albertazzi prüfte einmal in Bologna einen Studenten, der außerordentlich wenig wusste. Der Professor tat sein Möglichstes, um den Studenten zu retten, und ließ ihn eine Stelle aus *I Promessi sposi* lesen. Beim ersten Satz unterbrach er ihn und fragte: „Können Sie mir sagen, was für Arten von Verben es gibt?" „Es gibt zwei Arten von Verben", erwiderte der Kandidat, „männliche und weibliche."

Allgemeine Verblüffung. Dann meinte Albertazzi: „Das wusste ich nicht, aber wenn Sie es sagen, wird es schon stimmen. Nennen Sie mir ein Beispiel für ein weibliches Verbum!“ „Gebären!“, sagte triumphierend der Kandidat. Albertazzi gab sich geschlagen. *|107|*

~ *Gesangstudium*

Hast du schon gehört? Meine Tochter will im Ausland Gesang studieren.“ „Und wer bezahlt ihr Studium?“ „Unsere Hausbewohner haben für sie gesammelt!“ *|108|*

~ *In der Arena*

Im alten Rom wurde ein Mann dazu verurteilt, in einem Amphitheater von einem Löwen zerrissen zu werden. Die Menge wartete erregt auf das blutige Schauspiel. Auch der Kaiser und sein Gefolge hatten in seiner Loge Platz genommen. Die Fallgitter wurden hochgezogen und mit Gefauche und gefährlich knurrend stürzte der hungrige Löwe auf den Mann zu.

Doch was tat der Verurteilte? Er beugte sich zum Löwen vor und flüsterte ihm etwas ins Ohr. Und dann geschah etwas, das alle den Atem anhalten ließ: Der Löwe kniff den Schwanz ein und kroch ängstlich zur Seite.

Die Arena tobte vor Begeisterung ob dieses Wunders. Auch der Kaiser war sehr beeindruckt, winkte den Mann zu sich und sprach zu ihm: „Ich begnadige dich, wenn du mir verrätst, was du dem Löwen gesagt hast.“

„Ich habe ihm gesagt“, erwiderte der Mann, „wisse, wenn du mich fressen willst, dann musst du eine Tischrede halten.“ *|109|*

~ Höflichkeiten

Zwar fragen uns Bekannte stets,
wenn wir uns treffen: „Na, wie geht's?"
Doch warten sie so lange nie,
bis wir es sagen könnten, wie.
Wir stellen deshalb statt langer Klage
sofort die kurze Gegenfrage.
Dann lüften höflich wir den Hut
und sagen beide: „Danke, gut!"
Wir scheiden, ohne uns zu grollen,
weil wir es gar nicht wissen wollen. *|110|*

~ Einfacher Trick

Ein Unternehmer zum anderen: „Warum sind deine Arbeiter immer so pünktlich?" „Einfacher Trick: 30 Arbeiter, aber nur 20 Parkplätze!" *|111|*

~ Mein Leben – meine Wahl

Toni gehört zu jenen Menschen, die man einfach gern haben muss. Er ist stets gut gelaunt und hat immer etwas Positives zu sagen. Wenn ihn jemand fragt, wie es ihm gehe, gibt er zur Antwort: „Wenn es noch besser wäre, bräuchte ich einen Zwillingsbruder!"

Er war ein begnadeter Manager und in seinem Restaurant folgten ihm seine Kellner auf dem Fuß. Der Grund dafür war seine Grundhaltung. Er war ein geborener Motivator. Wenn irgendein Mitarbeiter einen schlechten Tag hatte, war Toni zur Stelle, ihn zu beraten, wie er die positive Seite der Situation entdecken konnte.

Ich beobachtete seinen Lebensstil und er machte mich neugierig. So fragte ich ihn eines Tages: „Ich verstehe das nicht! Du kannst doch nicht die ganze Zeit hindurch ein positiver Mensch sein. Wie schaffst du das?“

Toni gab zur Antwort: „Jeden Morgen, wenn ich aufwache, sage ich zu mir: ‚Toni, du hast zwei Entscheidungsmöglichkeiten für heute. Du kannst dich entscheiden, gut gelaunt oder schlecht gelaunt zu sein.‘ Und ich entscheide mich für gut gelaunt. Jedes Mal, wenn etwas Schlechtes passiert, kann ich mich entscheiden, ein Opfer zu sein oder daraus zu lernen. Ich entscheide mich, daraus zu lernen. Jedes Mal, wenn jemand zu mir kommt und sich beklagt, habe ich die Wahl, dessen Klagen zu akzeptieren oder auf die positive Seite des Lebens hinzuweisen. Ich wähle die positive Seite des Lebens.“

„Ja, richtig, aber es ist nicht so einfach!“, protestierte ich.

„Doch, ist es“, erwiderte Toni. „Das Leben besteht aus Entscheidungen. Wenn man all den Plunder ausscheidet, bleibt in jeder Situation, eine Wahl zu treffen. Du entscheidest, wie die Leute deine Stimmung beeinflussen. Du triffst die Wahl, gut gelaunt oder schlecht gelaunt zu sein. Unter dem Strich kommt Folgendes heraus: Es ist deine Wahl, wie du das Leben lebst.“

Ich dachte über Tonis Worte nach. Bald darauf löste ich mich beruflich aus der Gastronomie und machte mich selbständig. Wir verloren den Kontakt, aber ich musste oft an ihn denken, speziell immer dann, wenn ich mich für das Leben entschied, anstatt darauf zu reagieren.

Jahre später hörte ich, dass Toni etwas getan hatte, das man als Restaurantbesitzer nie tun sollte: Er hatte eines Morgens die Hintertür offen gelassen und war von drei bewaffneten Männern überfallen worden. Während er versuchte, den Tresor zu öffnen, zitterte seine Hand vor lauter Nervosität derart, dass sie von der Kombination abrutschte. Die Einbrecher gerieten in Panik und schossen ihn nieder. Glücklicherweise wurde er bald gefunden und ins örtliche Krankenhaus gebracht. Nach achtzehn Stunden Operation und Wochen intensiver Pflege wurde er aus dem Spital entlassen, hatte jedoch noch Splitter der Kugeln im Körper.

Ich traf Toni etwa sechs Monate nach dem Unfall. Als ich ihn fragte, wie es ihm ginge, antwortete er: „Wenn es mir noch besser ginge, müsste ich einen Zwillingsbruder haben. Möchtest du meine Narben sehen?"

Ich lehnte es ab, seine Narben zu sehen, aber fragte ihn, was ihm durch den Kopf gegangen war, als der Überfall passiert war. „Das erste, was mir in den Sinn kam, war, dass ich die Hintertür hätte abschließen sollen", antwortete Toni. „Dann, als ich am Boden lag, erinnerte ich mich, dass ich zwei Entscheidungsmöglichkeiten besaß: Ich konnte entscheiden zu leben oder zu sterben. Ich traf die Wahl zu leben."

„Hattest du keine Angst? Hast du das Bewusstsein verloren?", fragte ich weiter. Toni fuhr fort: „Die Notärzte waren großartig. Sie erzählten mir, dass ich wieder gesund würde, doch als man mich auf die Intensivstation rollte und ich den Gesichtsausdruck der Ärzte und Krankenschwestern sah, war ich doch in Sorge. In ihren Augen stand: ‚Er ist ein toter Mann.' Ich wusste, ich musste handeln."

„Was hast du gemacht?", fragte ich.

„Nun, da war eine große dicke Schwester, die mir ihre Fragen zubrüllte", erzählte Toni. „Sie fragte, ob ich auf irgendetwas allergisch wäre. ‚Ja', sagte ich. Die Ärzte und Schwestern unterbrachen ihre Tätigkeit und warteten auf meine Antwort. Ich nahm einen tiefen Atemzug und schrie: ‚Ja, Kugeln!' Und über ihr Gelächter hinweg rief ich ihnen zu: ‚Ich habe mich entschieden zu leben. Operiert mich also derart, als ob ich lebe, und nicht, als wäre ich tot.'"

Toni überlebte dank des Könnens der Ärzte, aber auch wegen seiner eigenen Grundeinstellung. Von ihm lernte ich, dass wir jeden Tag die Wahl haben, das Leben voll zu leben.

Die Einstellung bestimmt letztlich alles. *|112|*

~ *Mengenlehre*

Lehrer: „Nun will ich euch die Mengenlehre einmal praktisch erklären. Wenn drei Leute im Raum sind und fünf hinausgehen, dann müssen zwei hinein, damit der Raum wieder leer ist, klar?" *|113|*

~ *Cave Canem*

Ein Besucher, der auf der Schwelle eines Hauses stand, fragte den Besitzer: „Beißt Ihr Hund?" „Nein", sagte der Hausbesitzer. Der Besucher trat ein und sofort schoss der Hund auf ihn zu und biss ihn ins Bein. „Ich denke, Ihr Hund beißt nicht?", beschwerte sich der Besucher vorwurfsvoll. „Dies ist auch nicht mein Hund!" *|114|*

~ Schöner Beruf

„Was arbeiten Sie denn?“
„Nichts.“
„Schöner Beruf!“
„Ja, aber wahnsinnig viel Konkurrenz!“ *|115|*

~ Die Zeit vergeht

Ein wartender Besucher im Vorzimmer zur Sekretärin: „Ist es nicht wundervoll für uns, so miteinander alt zu werden?“ *|116|*

~ Der Eisfischer

Ein Betrunkener beschließt, eisfischen zu gehen. So holt er seine Sachen und macht sich auf die Suche, bis er eine große einladende Eisfläche findet. Er wagt sich hinaus in die Mitte des Eises und setzt an, mit seiner Säge ein Loch auszuschneiden.

Plötzlich erschallt eine laute, dröhnende Stimme von oben: „Du wirst keine Fische unter dem Eis finden.“ Der Betrunkene schaut sich um, kann aber niemanden erkennen. So beginnt er weiterzusägen.

Wiederum spricht die dröhnende Stimme zu ihm: „Ich sagte schon, es gibt keine Fische unter dem Eis.“ Der Betrunkene blickt in die Runde, hinauf und hinunter, kann aber keine Menschenseele entdecken. So nimmt er wieder die Säge in die Hand und versucht, seine Arbeit zu beenden. Doch bevor er noch ansetzen kann, unterbricht ihn die laute

Stimme: „Ich habe dich nunmehr dreimal gewarnt. Es gibt hier keine Fische!"

Diesmal ist der Betrunkene doch etwas verunsichert und beängstigt. So fragt er die Stimme: „Wie weißt du, dass es hier keine Fische gibt? Bist du Gott, der versucht, mich zu warnen?" „Nein", antwortet die Stimme, „ich bin der Manager dieses Eishockeyfeldes!" *|117|*

~ *Sparsamkeit*

Ein Freund trifft den Mullah Nasrudin, der ihm freudestrahlend eröffnet, er hätte einen Weg gefunden, die schwierigen Zeiten gut zu überstehen: „Weißt du, ich habe beschlossen, meinem Esel das Fressen abzugewöhnen." „Ja, wie soll das denn gehen?", fragt der Freund erstaunt. „Ganz einfach! Ich werde ihm jeden Tag etwas weniger zu fressen geben. Den ersten Tag bekommt er die halbe Ration, den zweiten Tag ein Drittel, den dritten Tag nur noch ein Viertel und so weiter, bis er gar nichts mehr braucht." „Das nimmt sicher kein gutes Ende!", erwidert der Freund und entfernt sich kopfschüttelnd.

Wenige Tage später besucht der Freund den Mullah wieder und findet ihn in Tränen aufgelöst vor. „Was ist denn passiert, Mullah? Wieso bist du so niedergeschlagen?", fragt er ihn besorgt. „Ach, es ist so hart, mein Esel ist mir heute gestorben", schluchzt Nasrudin. „Ich habe dir doch gesagt, dass dein Esel eingehen würde, wenn du ihm das Fressen absetzt!", sagt der Freund vorwurfsvoll. „Nein, nein, an dem hat es nicht gelegen!", erklärt Nasrudin mit einem tiefen Seufzer. „Gerade als der Esel sich daran gewöhnt hatte, nichts mehr zu fressen, da hat das Schicksal ihn mir weggenommen!" *|118|*

~ Das Examen

„Was ist Uranium?“ Keine Antwort.

„Und was ist Helium?“ Noch immer keine Antwort.

„Noch eine letzte Chance: Was ist der Unterschied zwischen Uranium und Helium?“ *|119|*

~ Werte im Leben

„Glaubst du an Liebe auf den ersten Blick?“, fragte ein Freund Mullah Nasrudin. „Nun“, erwiderte der Mullah, „ich denke, das spart eine Menge Zeit.“ *|120|*

~ Die Aussprache

Zwei Psychotherapeuten treffen sich.
„Kannst du mir sagen, wie spät es ist?“ „Nein.“
„Macht nichts, Hauptsache, wir konnten einmal offen miteinander darüber reden!“ *|121|*

~ Absurdität

„Wie absurd!“, sagte die Eintagsfliege, als sie zum ersten Mal das Wort ‚Woche‘ hörte. *|122|*

~ Das erste Wort

Der Chemieprofessor kommt heim. Seine Frau erzählt ihm freudestrahlend: „Unser Baby hat heute das erste Wort gesprochen."
„Was hat es denn gesagt?"
„Methylbenzylamin-Natriumchlorid!" */123/*

~ Ethik

Die Ethik ist eine wichtige Tugend für einen Kaufmann", sagte ein Großhändler zu seinem Sohn.

„Nimm als Beispiel den heutigen Tag. Ein Kunde kam und zahlte mir einen Betrag von 100 Dollar. Als er ging, habe ich festgestellt, dass er mir zwei Hundert-Dollar-Scheine gegeben hatte. Nun kommt die Frage der Geschäftsethik: Soll ich es meinem Partner sagen oder nicht?" */124/*

~ Der Weisheitszahn

Ein Richter sitzt beim Zahnarzt. „Nun schwören Sie, mir nur den Weisheitszahn zu ziehen, den ganzen Weisheitszahn und nichts als den Weisheitszahn!" */125/*

~ *Was uns der Himmel sagt*

Sherlock Holmes und Doktor Watson machen einen Campingausflug. Sie verbringen einen unvergesslichen Tag in der Gebirgswelt der Alpen. Als es zu dunkeln beginnt, suchen sie einen geeigneten Rastplatz auf einer geschützten Almwiese und schlagen ihr Zelt auf. Nach einem ausgiebigen Mahl in freier Natur suchen sie ihr Lager auf und fallen vor lauter Müdigkeit in einen tiefen Schlaf.

In den frühen Morgenstunden wacht Holmes auf und rüttelt und schüttelt seinen schlafenden Begleiter, bis auch dieser aufwacht. „Schnell, Watson“, fordert er ihn auf, „schau hinauf zum Himmel und sag mir, was du siehst.“

Watson unterdrückt seine Müdigkeit: „Ich sehe Sterne, Holmes“, antwortet er. „Unsagbar viele Sterne.“

„Und was sagt dir das, Watson?“, fragt Holmes weiter. Watson denkt eine Weile nach, bevor er seine Gedanken äußert: „Nun, Holmes, aus der zartrosa Verfärbung der Wolken über uns schließe ich, dass wir auch für heute schönes Wetter erwarten dürfen.

Außerdem sagt mir das, dass es unzählige Sterne und Galaxien gibt da draußen und vielleicht tausende Planeten. Ich würde meinen, dass das sehr gegen die Theorie spricht, wir wären ganz allein in dieser Galaxie. So blicke ich hinauf zum Himmel und fühle eine tiefe Demut angesichts des Werkes Gottes, das dieser Nachthimmel offenbart. Aber was sagt es denn dir?“

„Watson, du Idiot!“, schimpft Holmes. „Irgendjemand hat unser Zelt gestohlen!“ *|126|*

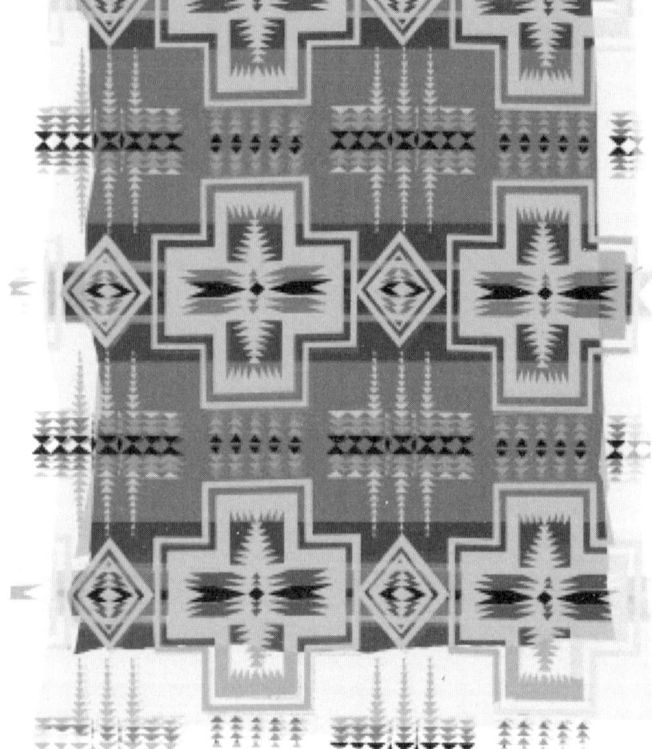

Indianischer Schal, Oregon/USA, 1923

~ Tierliebe

Nasrudin ging zum Markt und kaufte einen großen Sack Kartoffeln. Er nahm den Sack auf seine Schultern und stieg damit auf seinen Esel. Auf dem Nachhauseweg traf er einige Freunde, die ihn fragten: „Es muss doch schwierig sein, mit der einen Hand den Sack zu balancieren und mit der anderen den Esel zu lenken. Warum schnürst du den Sack nicht auf den Esel?" „Der arme Esel hat schon genug Mühe, mich zu tragen, und braucht nicht noch zusätzliches Gewicht. Ich werde deshalb den Sack selber tragen!" /127/

~ Das Wasser

Der Professor beendet seinen Vortrag über die Wichtigkeit des Wassers mit einem fulminanten Schlussargument: „Wenn wir kein Wasser hätten, könnten wir nicht schwimmen lernen. Und viele Menschen müssten dann ertrinken!" /128/

~ Gleiches Recht für alle

Ein Kamel und eine Maus waren sich einig: „Das elitäre Denken der heutigen Zeit ist es, das das Zusammenleben der Tiere stört. Gleiches Recht für alle!" Dafür waren sie auch bereit, sich mit Wort und Tat einzusetzen.

Als eines Tages beide gleichzeitig Durst hatten, gab man ihnen Wasser.

Beide starben.

Das Kamel, weil es die Ration der Maus erhalten hatte. Die Maus, weil sie in der Ration des Kamels ertrank. *[129]*

~ Vorausschauende Planung

Mullah Nasrudin beschließt, seinem Leben ein Ende zu setzen. Eines Abends marschiert er los, einen Brotlaib unter den Arm geklemmt. Als er am Bahnübergang ankommt, legt er sich auf die Schienen.

Ein Bauer, der zufällig vorbeikommt, fragt ihn verwundert, was er da mache. „Ich scheide aus dem Leben", antwortet der Lebensmüde. „Wozu brauchst du dann das Brot?", erkundigt sich der Bauer.

„In diesem Land", stöhnt der Mullah, „kann man glatt verhungern, bevor endlich ein Zug kommt." *[130]*

~ Das Glück erkennen

Ein junger Mann fand, er habe zu wenig Glück im Leben, und beschloss, Gott aufzusuchen, um ihn zu bitten, das zu ändern. Man sagte ihm, Gott wohne in der Tiefe eines großen Waldes, und so machte er sich auf den Weg.

Am Waldrand traf er einen Wolf. „Junger Mann, wohin gehst du?", rief der Wolf. „Zu Gott, damit er einen Glückspilz aus mir macht", antwortete der junge Mann. „Wenn du Gott siehst", sagte der Wolf, „frag ihn doch, warum ich immer solchen Hunger habe." „Mache ich", versprach der junge Mann und ging weiter.

Als er ein Stück durch den Wald gegangen war, kam er

an einer schönen jungen Frau vorbei, die traurig an einem Fluss saß. Sie rief ihn zu sich: „Junger Mann, wohin gehst du?“ „Zu Gott, damit er einen Glückspilz aus mir macht“, antwortete der junge Mann. „Wenn du ihn siehst, frag ihn doch bitte, warum ich immer so unglücklich bin“, bat die junge Frau. „Ich frage ihn“, sagte der junge Mann und setzte seinen Weg fort.

Nach einer Weile hörte er wiederum eine Stimme, die ihn rief. Sie kam von einem Baum, der in der Nähe des Flusses stand: „Junger Mann, wohin gehst du?“ „Zu Gott, damit er einen Glückspilz aus mir macht“, antwortete er. „Wenn du ihn siehst, frag ihn bitte, warum ich immer so durstig bin, obwohl ich hier am Fluss stehe“, bat der Baum. „Geht in Ordnung“, sagte der junge Mann und ging weiter.

In der Mitte des Waldes traf der junge Mann Gott. „Gott“, sagte er, „ich möchte, dass du einen Glückspilz aus mir machst. Mein ganzes Leben lang habe ich Pech gehabt. Zur Abwechslung könnte ich etwas Glück gebrauchen.“ „Okay“, sagte Gott, „so sei es.“

Bevor der junge Mann sich wieder auf den Rückweg machte, stellte er Gott die Fragen der drei, die er unterwegs getroffen hatte. Dann eilte er zurück, um sein neues Leben zu beginnen. In seiner Aufregung lief er an dem Baum vorbei, aber der rief ihn: „Junger Mann, was ist mit meiner Frage?“ „Ach ja, Gott sagte, du bekommst nicht genug Wasser, weil zwischen deinen Wurzeln und dem Fluss ein vergrabener Schatz liegt. Aber ich kann mich nicht länger mit dir unterhalten, denn ich habe es eilig. Ich bin jetzt ein Glückspilz!“

Er rannte weiter und als er an der jungen schönen Frau vorbeikam, rief sie: „Junger Mann, was ist mit meiner Frage?“ „Ach ja“, rief er im Laufen zurück, „Gott sagte, du bist so unglücklich, weil du einsam bist. Er sagte, dass ein gutaussehender Mann hier vorbeikommen und sich in dich verlieben würde und ihr glücklich leben könntet bis ans Ende eurer Tage. Aber nun muss ich schnell weiter, ich habe jetzt Glück und mein neues Leben wartet!“

Als er aus dem Wald gelaufen kam, rief der Wolf ihm zu: „Junger Mann, was ist mit meiner Frage?“ „Ach ja“, antwortete der junge Mann, „Gott sagte, du bist so hungrig, weil du nicht genug zu fressen hast. Doch falls der Narr weit genug kommt, um dir das auszurichten, kannst du ihn zum Mittagessen haben.“ *|131|*

~ *Astro-Logisches*

Sie liest das Jahreshoroskop ihres Mannes. „Siehst du“, sagt sie, „hättest du zwei Tage später Geburtstag, dann wärst du freundlich, großzügig und nachsichtig.“ *|132|*

~ *Vier Monde*

Ein Vater sagte zu seinem schielenden Sohn: „Mein Sohn, du siehst ja alles doppelt.“

„So ein Unsinn!“, erwiderte der Junge entrüstet. „Wenn das stimmen würde, dann sähe ich ja dort oben vier Monde und nicht zwei.“ *|133|*

~ Gewichtiger Inhalt

Ein Mann wird von den Nachbarn gefragt: „Was war das für ein Lärm letzte Nacht aus deinem Haus? Was ist denn geschehen?" „Ach, es war nichts Besonderes. Meine Frau und ich hatten bloß einen Ehestreit. Zuerst schrie sie mich an und dann warf sie meine Kleidung die Treppen hinunter."

„Aber wie kann denn die Kleidung solch einen Lärm machen?", bohrten die neugierigen Nachbarn weiter. Ärgerlich antwortete der Mann: „Ist doch klar, dass die Kleidung einen Lärm machte, als sie die Treppen hinunterfiel – wo ich doch drinsteckte!" *[134]*

~ Befristeter Kredit

Eines Tages wollte ein Mann von seinem Freund ein befristetes Darlehen haben. Daraufhin sagte ihm dieser: „Geld habe ich keines, aber Frist kann ich dir geben, so viel du brauchst." *[135]*

~ Experiment über Desinformation

Im Rahmen eines im Mental Research Institute durchgeführten Experiments wurde der Gründer und erste Direktor des Instituts, der Psychiater Don D. Jackson, der ein international bekannter Fachmann auf dem Gebiet der Psychotherapie von Schizophrenien war, gefragt, ob er es erlauben würde, ihn bei einem Erstinterview mit einem paranoiden Patienten zu filmen, dessen Wahnvorstellung hauptsächlich darin bestand, ein klinischer Psychologe zu sein. Dr. Jackson war einverstanden. Der nächste Schritt war, einen klinischen Psychologen, der sich ebenfalls mit der Psychotherapie von Psychosen befasste, zu fragen, ob er willens wäre, sich in einem Erstinterview mit einem paranoiden Patienten filmen zu lassen, der glaubte, Psychiater zu sein. Auch er sagte zu.

Die beiden Ärzte wurden zu einer Art Supertherapiesitzung zusammengebracht, in der sie beide prompt darangingen, die „Wahnvorstellung" des jeweils anderen zu behandeln. Für die Zwecke des Experiments hätte die Situation nicht perfekter sein können:

Dank ihres Zustandes der Desinformation verhielten sich beide zwar individuell durchaus richtig und „wirklichkeitsangepasst" – bloß dass eben dieses richtige und wirklichkeitsangepasste Verhalten in der Sicht des jeweils anderen ein Beweis von Geistesgestörtheit war. Oder anders ausgedrückt: Je normaler sich beide verhielten, desto verrückter schienen sie in den Augen des Partners. *|136|*

~ *Sichtweisen*

Es war ein Adler, der hörte viel Positives von der Nachtigall und hätte gerne Gewissheit gehabt, ob alles auf Wahrheit beruhte.

Darum schickte er den Pfau und die Lerche aus, sie sollten das Federkleid der Nachtigall betrachten und ihren Gesang belauschen.

Als sie wiederkamen, sprach der Pfau: „Der Anblick ihres erbärmlichen Äußeren hat mich so verdrossen, dass ich ihren Gesang gar nicht gehört habe."

Die Lerche aber sprach: „Ihr Gesang hat mich so entzückt, dass ich ganz vergaß, auf ihr Federkleid zu achten." *|137|*

~ *Problemtausch*

Ein Mann fühlte sich erdrückt von den Sorgen seines Lebens. Auch schien es ihm ungerecht, dass es andere Menschen viel leichter hatten im Leben, mit weniger oder zumindest nicht so großen Sorgen wie er.

Da kam ihm eines Tages eine originelle Idee. Er sagte zu sich: „Ich lade alle meine Freunde zu einer ‚Problemaustausch-Party' ein. Wenn wir uns untereinander austauschen, geht es mir danach sicher viel besser."

Die Freunde kamen und packten nacheinander ihre Probleme aus. Es war überraschend, von den Menschen, die man so gut zu kennen geglaubt hatte, zu erfahren, wie auch sie sich von Problemen und Sorgen belastet fühlten. Sie hörten einander aufmerksam zu.

Da kam ihnen eine noch originellere Idee: „Wisst ihr was?", schlug einer der Gäste vor, „jetzt schreibt jeder sein Problem auf ein Blatt Papier und wir werfen sie alle auf einen gemeinsamen Haufen. Dann kann sich jeder am Schluss der Party das Problem mit nach Hause nehmen, von dem er glaubt, dass es am leichtesten zu lösen sei."

Alle waren einverstanden. Immer wieder gingen sie zu dem Haufen, nahmen ein Blatt heraus, überlegten etwas und legten es wieder zurück. Am Ende der Party hatte jeder etwas für sich Passendes gefunden. Das Interessante war jedoch, dass sich alle für ihr mitgebrachtes Problem entschieden hatten. */138/*

~ *Das Rezept*

Eines Tages kaufte ein Mann ein feines Stück Lammleber auf dem Markt. Auf dem Heimweg traf er einen Freund, der ihn fragte, wie er die Leber zubereiten wollte, und der Mann gab zur Antwort: „Ich werde sie einfach braten."

„Aber ich kenne ein vorzügliches Rezept für Leber", sagte der Freund, „und das ist viel besser, als sie einfach zu braten." So schrieb er ihm das Rezept auf ein Stück Papier und gab es ihm. Der Mann freute sich, war schon ganz aufgeregt über dieses neue leckere Rezept und konnte es kaum erwarten, nach Hause zu kommen und es auszuprobieren.

Doch kurz bevor er sein Haus erreicht hatte, kam eine große Krähe, schnappte das Stück Fleisch aus seiner Hand und flog damit weg. Verärgert ballte der Mann seine Faust und schrie dem Vogel nach: „Aber du wirst die Leber nicht genießen, du gemeiner Dieb. Denn ich habe das Rezept hier bei mir!" */139/*

~ *Vorsehung*

Ein Dieb sagt zum Polizeivorsteher: „O Erhabener, was ich tat, hatte Gott befohlen, war vorherbestimmt." Der Polizeivorsteher antwortet ihm: „O mein Augapfel, auch was ich tue, hat Gott befohlen, ist vorherbestimmt." */140/*

~ Bedeutung des Lebens

Ein Wahrheitssucher war entschlossen, die Bedeutung des Lebens zu ergründen. So begab er sich auf eine lange, beschwerliche Reise zum Himalaja, um seinen Meister zu finden. Er erklomm steile Berge und überquerte reißende Flüsse. Endlich, nach großen Anstrengungen und Entbehrungen, fand er den Meister. Er lebte in einer Felsenhöhle.

„O Meister“, sagte er mit letzter Kraft, „sage mir, was ist die Bedeutung des Lebens?“

„Das Leben ist wie eine Zwiebel“, erwiderte dieser.

„Das Leben ist wie eine Zwiebel?“, rief der Mann erstaunt aus.

„Schon gut“, winkte der Guru ab, „dann ist es eben nicht wie eine Zwiebel.“ *|141|*

~ Offensichtlich ein Makel

Ein Jäger hatte einen besonderen Hund, der die Fähigkeit besaß, auf dem Wasser zu laufen. Er war so stolz auf seinen Hund, dass er sein Geheimnis einfach mit irgendjemandem teilen wollte. So lud er einen Freund zur Entenjagd ein.

Am frühen Morgen fuhren sie auf den See hinaus, wo der Jäger eine Ente schoss. Sein Hund sprang sofort aus dem Boot, lief übers Wasser, schnappte sich die Ente, lief übers Wasser zurück und sprang wieder ins Boot. Der Jäger drehte sich stolz zu seinem Freund um, aber der sah weg und tat so, als habe er nichts bemerkt.

Der Jäger schoss eine zweite Ente. Der Hund lief wieder übers Wasser, holte sie, lief zurück und sprang ins Boot. Der

Jäger drehte sich voller Stolz zu seinem Freund um, aber der schaute wieder weg und tat, als merkte er nichts.

„Ist dir an meinem Hund nichts aufgefallen?", fragte der Jäger seinen Freund.

„Nun", antwortete der Freund, „eigentlich wollte ich nichts sagen – aber dein Hund kann ja gar nicht schwimmen." *|142|*

~ *Der durstige Reisende*

Ein Mann lag einmal im Zugabteil eines Schlafwagens auf dem oberen Bett. Er konnte aber nicht einschlafen, weil unter ihm ein anderer Reisender die ganze Zeit stöhnte: „Ach, was bin ich durstig – ich bin so durstig … Ach, was bin ich durstig, so durstig …"

Nachdem das Stöhnen kein Ende nahm, kletterte der Mann von seinem Bett herunter, lief bis zum Speisewagen und kaufte dort eine Flasche Wasser. Er kam zurück in das Abteil und reichte dem durstigen Mitreisenden das Wasser.

„Hier hast du etwas zu trinken."

„Oh, wunderbar – Gott sei Dank!"

Der Mann kletterte wieder hinauf zu seinem Bett und streckte sich zum Schlafen aus. Kaum hatte er die Augen geschlossen, hörte er es von unten stöhnen: „Ach, was war ich durstig … ich war ja so durstig …" *|143|*

~ Ratschläge

Ein Jude hatte eine Hühnerfarm. Eines Tages kommt er zum ortsansässigen Wunderrabbi gelaufen: „Rabbi, helft! In meinem Hühnerstall ist eine Seuche ausgebrochen."

Der Rabbi klärt und gibt folgende Ejze (Ratschlag): „Geh heim, räuchere deinen Stall aus und gib ganz frisches Stroh hinein!"

Der Mann eilt glücklich nach Hause. Zwei Tage später ist er wieder da: „Rabbi, die Hühner sterben weiter, zehn Hennen sind eingegangen!"

Der Rabbi klärt wieder und sagt: „Kauf trockenen Mais, vermenge ihn mit Hirse und füttere die Hühner mit dieser Mischung."

Der Mann bedankt sich und geht heim. Aber zwei Tage später ist er wieder beim Rabbi: „Rabbi! Euer Mittel hat nicht geholfen, letzte Nacht sind dreißig Hühner eingegangen! Habt Ihr keinen anderen Rat für mich?"

Darauf der Rabbi: „Ejzes habe ich noch genug. Aber hast du noch genug Hühner?" *|144|*

~ Gegenfragen

Den Jesuiten wird nachgesagt, dass sie häufig mit Gegenfragen arbeiten. Ein Mann trifft einen Jesuitenpater und fragt ihn: „Sagen Sie, Pater, stimmt es, dass die Jesuiten viel mit der Gegenfragetechnik arbeiten?" Die Antwort des Jesuitenpaters: „Wie kommen Sie darauf?" *|145|*

~ Eingeforderte Dankbarkeit

Nasrudin fiel einmal beinahe in einen Wassertümpel. Ein Mann, der gerade vorüberkam, bewahrte ihn im letzten Moment davor. Jedes Mal nun, wenn Nasrudin dem Mann begegnete, erinnerte der ihn daran, wie er ihn damals vor dem Nasswerden gerettet hatte. Endlich wurde es Nasrudin zu viel. Er führte seinen Freund an den Tümpel, sprang hinein, tauchte bis zum Hals unter und schrie: „Jetzt bin ich so nass, wie ich gewesen wäre, wenn ich dich nie getroffen hätte! Nun lass mich bloß in Frieden.“ *|146|*

~ Astronomisch

Ein Astronom beendet seinen fesselnden Vortrag mit folgenden Worten: „In siebzig Millionen Jahren wird die Sonne erkaltet sein, erkaltet wie jetzt der Mond. Dann wird es auch auf der Erde keine Wärme mehr geben, kein Licht und kein Leben.“ „Entschuldigen Sie, wie lange wird das noch dauern?“, ruft jemand aus dem Auditorium. „Siebzig Millionen Jahre.“ „Gott sei Dank!“, seufzt der Frager erleichtert, „ich verstand sieben Millionen Jahre.“ *|147|*

~ Der Fährmann und der Gelehrte

Ein einfacher Fährmann musste einmal einen Gelehrten, der angesichts seines immensen Wissens arrogant und aufgeblasen tat, mit seiner Fähre über einen breiten Strom bringen. Der Gelehrte trat auf den Fährmann zu und fragte herablassend: „Hast du jemals Astronomie studiert?"

„Nein", antwortete dieser.

„Oh, da hast du aber viel von deinem Leben vergeudet! Mit dem Wissen über die Sterne kann ein Kapitän ein Schiff durch alle Weltenmeere navigieren."

Nach einer Weile fragte der Gelehrte dann: „Hast du jemals Meteorologie studiert?"

„Nein", gestand der Fährmann.

„Nun, dann hast du auch hier große Teile deines Lebens verschwendet! Wer über die Winde und das Wetter weiß, kann ein Schiff sicher und schnell von einem Ort zum anderen bringen."

Es folgte die Frage: „Und hast du wenigstens die Meereskunde studiert?"

„Nein", antwortete der Mann.

Mit einem mitleidigen Lächeln sagte der Gelehrte: „Zu schade, wie du auch hier dein Leben verschwendet hast! Die Kenntnis der Ströme ist unerlässlich, um ein Schiff zu steuern."

Einige Minuten später stand der Fährmann auf, um ans Ende des Schiffs zu gehen. Beim Vorbeigehen fragte er den Gelehrten: „Habt Ihr jemals schwimmen gelernt?"

„Nein, für so etwas hatte ich keine Zeit."

„Dann habt Ihr Euer ganzes Leben verspielt, denn dieses Boot ist gerade dabei zu sinken!“ *|148|*

~ *Angebote*

Jedes Mal, wenn er die Vielfalt von Waren sah, die zum Verkauf angeboten wurden, sagte er zu sich selbst: „Wie viele Dinge es doch gibt, die ich nicht brauche!“ *|149|*

~ *Mag sein …*

In einem ärmlichen Dorf in China lebte ein Bauer. Er war gut angesehen, denn ihm gehörte ein Pferd, das er für die Feldarbeit und als Lasttier gleichermaßen benutzte. Eines Tages lief ihm sein Pferd davon. Alle Nachbarn riefen aus, wie schrecklich es doch sei, aber der Bauer sagte lediglich: „Mag sein.“

Einige Tage später kam das Pferd zurück – und es hatte zwei Wildpferde mitgebracht. Alle Nachbarn erfreuten sich an dem Glück, aber der Bauer sagte lediglich: „Mag sein.“

Am nächsten Tag versuchte der einzige Sohn des Bauern, eines der Wildpferde zuzureiten. Das Pferd warf ihn ab und er brach sich das Bein. Die Nachbarn bekundeten alle ihr Mitgefühl zu diesem Unglück, aber der Bauer sagte wieder nur: „Mag sein.“

In der darauffolgenden Woche kamen Offiziere der Armee ins Dorf, um alle jungen Männer für die Armee zu rekrutieren. Sie wiesen den Sohn des Bauern zurück, denn er hatte das gebrochene Bein. Als ihm die Nachbarn sagten, wie glücklich er doch sei, antwortete der Bauer: „Mag sein.“ *|150|*

~ *Geometrie*

Freud und Einstein unterhielten sich über ihre Jugendzeit. Einstein erzählte, dass er Kopfschmerzen mit dem Erfinden geometrischer Aufgaben bekämpft habe. Freud erwiderte: „Bei mir war es genau umgekehrt: Ich habe die lästige Geometrie mit dem Erfinden von Kopfschmerzen bekämpft.“ */151/*

~ *Die Ankündigung*

Durch den Konferenzleiter emphatisch angekündigt, begann der Redner: „Nach einer solchen Einführung kann ich es kaum erwarten zu hören, was ich jetzt zu sagen habe!“ */152/*

~ *Angesichts des Todes*

Der alte Menazbach, Inhaber eines bescheidenen Ladens, liegt im Sterben. Sein Augenlicht ist bereits beinahe erloschen und die Familie hat sich an seinem Bett versammelt. Seine Frau beugt sich über ihn, richtet das Kissen und fragt ihn schluchzend: „Kannst du mich hören? Wir sind alle hier und beten für dich.“

Mit letzter Kraft beginnt Menazbach noch einmal zu sprechen: „Sarah, mein Weib, bist du hier an meinem Bett?“

„Ja, natürlich bin ich hier.“

„Jakob, mein Ältester, bist auch du hier?“

„Ja, gewiss, Vater.“

„Und Rahel, meine Tochter, auch du?"
„Ja, Vater, ich stehe am Fußende."
„Und Esther, bist du da?"
„Natürlich, geliebter Vater!"
„Und Samuel, mein Jüngster, bist auch du hier?"
„Klar, Papa", schluchzt Samuel.
Da richtet sich der Sterbende mit letzter Kraft auf: „Und wer ist im Geschäft?" *|153|*

~ *Was ist Utopie?*

Es war einmal ein Mann, der war ein Träumer.

Er dachte sich zum Beispiel: „Es muss doch möglich sein, zehntausend Kilometer weit zu sehen." Oder er dachte sich: „Es muss doch möglich sein, Suppe mit der Gabel zu essen." Er dachte: „Es muss doch möglich sein, auf dem eigenen Kopf zu stehen." Und er dachte sich: „Es muss doch möglich sein, ohne Angst zu leben."

Die Leute sagten zu ihm: „Das alles geht doch nicht, du bist ein Träumer!" Sie sagten: „Du musst die Augen aufmachen und die Wirklichkeit akzeptieren!" Und sie sagten: „Es gibt eben Naturgesetze, die lassen sich nicht ändern! Es war immer so und wird es immer bleiben!"

Aber der Mann sagte: „Ich weiß nicht … Es muss doch möglich sein, unter Wasser zu atmen. Und es muss doch möglich sein, allen zu essen zu geben. Es muss doch möglich sein, dass alle das lernen, was sie wissen wollen. Es muss doch möglich sein, in seinen eigenen Magen zu gucken."

Die Leute sagten: „Reiß dich zusammen, Mensch, das wird es nie geben. Du kannst nicht einfach sagen: ‚Ich will', und deswegen muss es geschehen. Die Welt ist, wie sie ist, und damit basta!"

Als das Fernsehen erfunden wurde und die Röntgenstrahlen, da konnte der Mann zehntausend Kilometer weit sehen und auch in seinen eigenen Magen. Aber niemand sagte zu ihm: „Na gut, du hast ja doch nicht ganz unrecht gehabt." Auch nicht, als das Gerätetauchen erfunden wurde, so dass man problemlos unter Wasser atmen konnte.

Aber der Mann dachte sich: „Na also. Vielleicht wird es sogar einmal möglich sein, ohne Kriege auszukommen und in Frieden zu leben." */154/*

~ *Bedeutende Männer*

Er: „Weißt du, wie viele bedeutende Männer es auf der Welt gibt?" Sie: „Ich weiß nur, dass es einer weniger ist, als du glaubst!" */155/*

~ *Ehestreit*

Sie zu ihm: „Das könnte dir so passen, dass ich zu meiner Mutter zurückgehe – im Gegenteil: Ich lasse sie herkommen!" */156/*

~ *Sprachtalent*

Auf einer Bank vor einer Berghütte in den Alpen sitzen zwei alte Männer. Genüsslich schmauchen sie ihre Pfeife und blicken entspannt und schweigend in die Weite. Da kommt ein Wanderer vorbei, der sich sichtlich verirrt hat. „Verzeihen Sie, meine Herren, wie komme ich von hier am besten zur nächsten Ortschaft?" Die beiden Männer starren ihn nur an und geben keine Antwort.

„Excuse me, but could you tell me how to get to the next village?" Langes Schweigen. Der Tourist versucht weiter sein Glück: „Scusi, mi può dire come posso arrivare al prossimo villaggio?" Die Alten ziehen bedächtig an ihrer Pfeife, stoßen den Rauch aus, dem sie nachschauen, und geben kein Wort von sich. Noch einmal versucht es der Mann: „Excusez-moi! Est-ce que vous pouvez me dire comment j'arrive au prochain village?" Doch wieder dasselbe Schauspiel. Erdrückendes Schweigen. Zornig zieht der Wanderer ab.

Nach einer Weile sagt der eine Alte zum anderen: „Aber eins muss man ihm schon lassen: Sprachen hat er viele gekonnt!" Mit einem abfälligen Achselzucken kommt die trockene Antwort: „Und hat es ihm etwas genützt?" *|157|*

~ *Bescheidenheit*

In einer kleinen Stadt lebte ein bedeutender Talmudgelehrter, ein reicher, freundlicher Mann, bescheiden und tugendhaft. Eines Tages wurde er sehr krank und lag fast bewusstlos auf seinem Totenbett. Die Honoratioren der Stadt waren um sein Bett versammelt und priesen seine guten Eigenschaften: „Was für ein feiner Mann, ein gescheiter Mann, ein Wohltäter, gastfreundlich und gut – ein Engel."

Der Sterbende nahm, als er diese Lobsprüche hörte, noch einmal alle Kraft zusammen und sagte mit kaum mehr hörbarer Stimme: „No – und meine Bescheidenheit? Ihr sollt nicht vergessen meine Bescheidenheit!“ *|158|*

~ *Außergewöhnliche Wahrnehmung*

Ich werde dich aufhängen lassen“, sagte ein grausamer und unwissender König zu Nasrudin, „wenn du mir nicht beweist, dass du wirklich die außergewöhnliche Wahrnehmungsfähigkeit besitzt, derer man dich rühmt.“ Nasrudin entgegnete sofort, er sehe einen goldenen Vogel am Himmel und Dämonen in der Erde. „Erstaunlich“, sagte der König, „wie machst du das bloß?“ „Furcht“, antwortete Nasrudin, „ist alles, was man dazu braucht.“ *|159|*

~ *Die besorgte Ehefrau*

Ein Ehepaar im Restaurant. „Sitzt du bequem, Schatz?“, umsorgt die Frau ihren Mann. „Ja, ich sitze bequem.“ „Siehst du die Leute?“ „Ja, ich sehe sie.“ „Zieht's dir auch nicht?“ „Nein, hier zieht es absolut nicht.“ „Also dann, komm, wir tauschen die Plätze.“ *|160|*

~ *In Wahrheit …*

Ein König beschloss einst, in der Verkleidung eines armen und bescheidenen Mannes sein Königreich zu bereisen, um sich mit der Lage seines Volkes vertraut zu machen. Schließlich erreichte er auch die Wüste, wo er recht bald vor Erschöpfung, Hitze und Durst zusammenbrach. Doch er hatte Glück und erreichte mit letzter Kraft das Zelt eines Beduinen.

Dieser fand den König vor seiner Behausung liegend, durch Hitze, Durst und Hunger dem Tode nahe, und zog ihn in den Schatten. Als der König zu sich kam, bat er den Araber um Nahrung und Wasser, was dieser ihm brachte.

Der König bereute es schon, sich auf die Reise gemacht zu haben, und sehnte sich zurück nach seinem Palast. Er wollte seinen Gastgeber um Hilfe für den Rückweg bitten, befürchtete jedoch, dass dieser ihm nicht glauben würde, wenn er ihm geradeheraus sagte, wer er tatsächlich war. Daher beschloss er, das Thema schrittweise zu entschleiern.

„Weißt du, wer ich bin?“, fragte er den Beduinen, während er weiter aß.

„Nein, wirklich nicht“, antwortete der Araber. „Dann darf ich dir verraten, dass ich ein Soldat bin in der Armee des Königs.“

Der Beduine erwiderte höflich, dass er sehr erfreut wäre, einem so tapferen Mann helfen zu können.

Der König aß und trank noch etwas und fragte dann:

„Weißt du, wer ich wirklich bin?“

„Nein“, sagte der Beduine, „wer bist du denn, Herr?“

„In Wirklichkeit bin ich ein Minister im königlichen Rat.“

„Ich bin zutiefst geehrt“, antwortete der Beduine höflich, „einem derart ausgezeichneten Staatsmann dienen zu dürfen.“

Nach einigen Bissen und einem tiefen Schluck aus dem Becher wandte sich der König wieder an seinen Gastgeber: „Weißt du, wer ich tatsächlich bin?“ „Nun, Herr, erzählt es mir“, antwortete der Beduine mit einem Seufzer. „Nun, ich sage dir, in Wahrheit bin ich der König!“, verkündete der König.

Der Araber hielt es nicht mehr aus. Er sprang auf und riss dem König Essen und Wasser aus der Hand. „Wieso tust du das?“, fragte der König verwundert. „Weil ich sicher bin“, gab der Beduine geduldig zur Antwort, „dass du, wenn du weiter isst und trinkst, mir als Nächstes erzählst, du seiest ein Prophet Gottes. Es ist daher besser für dich, jetzt aufzuhören, bevor du mir noch weitere Lügen auftischst!“ *|161|*

~ *Ungeduldige Suche*

Ein Wahrheitssucher stürmt in ein Haus, von dem man ihm gesagt hatte, dass ein Weiser aus dem Osten darin wohne. Er ergreift die Hand des Mannes, der auf einem Gebetsteppich sitzt, und bittet ihn inbrünstig um Führung und Unterweisung.

„Ich habe dir drei Dinge zu sagen“, erwidert der Mann, „erstens bist du zu aufgeregt, um überhaupt etwas zu verstehen. Zweitens stehst du auf meinem Fuß. Und drittens bin ich der Metzger – der Weise wohnt nebenan!“ *|162|*

~ *Das Glück erfahren*

Der kleine Nachtwächter eines unbedeutenden Dorfes findet im Mondschein ein vierblättriges Kleeblatt. Er weiß, dass dies Glück bedeutet. Aus Freude darüber bläst er in sein Horn, ruft die Dorfbewohner zusammen. Und der Poet, die

Marktfrau, der Schmied, das Blumenmädchen und der Lausejunge kommen herbeigeeilt.

„Das Glück besucht mich heute Nacht", verkündet der kleine Nachtwächter freudestrahlend. Und alles setzt sich nieder und wartet auf das Glück, das sich im Kleeblatt angekündigt hatte. Es wird ganz ruhig. Alle lauschen in die Nacht hinaus. Der Wind raschelt leise in den Blättern. Die Nachtigall singt im nahen Wald. Ab und zu schwirrt eine Fledermaus vorbei – sonst aber ist nichts zu vernehmen, die Nacht hat sich ausgebreitet mit ihrer tiefen Ruhe.

„Wann kommt endlich das Glück?", ruft der Lausejunge. Der Poet aber, die Marktfrau, der Nachtwächter und das Blumenmädchen – sie alle verstehen, dass das Glück bereits eingezogen ist.

Sie sitzen da und hören und lauschen bis zur Morgendämmerung. *|163|*

~ *Lobpreis*

Mullah Nasrudin läuft durch das Dorf, ruft laut nach seinem Esel und preist immer wieder Gott. „Aber Mullah", fragt ihn da ein Nachbar, „wo fehlt es denn?" „Ich habe meinen Esel verloren." „Ist das ein Grund, Gott zu preisen und zu danken?" „Natürlich, denn hätte ich noch auf dem Tier gesessen, wäre ich auch verschwunden!" *|164|*

~ Das Zeugnis

An einen durch seine Gutmütigkeit bekannten Rabbiner wendet sich ein Metzger mit folgender Angelegenheit:

Es ist bei ihm ein Bursche als Helfer beschäftigt, der hat sich im Allgemeinen sehr gut geführt, sei treu und ehrlich gewesen, und er – der Metzger – habe sich auf ihn verlassen können. Nun sei er aber dahintergekommen, dass der Bursche seit einiger Zeit hinter dem Rücken seines Herrn einige Zentner Knochen verkauft und das Geld für sich behalten habe. Er müsse ihn nun wegschicken. Der Bursche aber verlange ein Zeugnis und habe gebeten, die Unterschlagung nicht zu erwähnen, da er doch sonst keine Stelle finden werde. Wie man da vorgehen könne, ohne der Wahrheit Gewalt anzutun?

Der Rabbi überlegt ein wenig und sagt dann: „Schreibt im Zeugnis: ‚Er war ehrlich – bis auf die Knochen.'" */165/*

~ Gottvertrauen

Ein Mann geriet zu nahe an einen Abgrund, rutschte aus und schlitterte über die Felskante. Er stürzte in die Tiefe, konnte sich aber im Fallen an einem Busch festhalten. Während er so über dem Abgrund hing, schrie er mit letzter Kraft: „Hilfe, Hilfe!"

Eine Stimme vom Himmel antwortete ihm: „Was begehrst du?" „Hilfe", sagte der Unglückliche. „Dann lass los!", ertönte die Stimme wieder. Verzweifelt blickte der Mann nach unten und dann nach oben und jammerte: „Gibt es irgendjemand anderen da oben, der mir helfen kann?" */166/*

Keltische Bandornamentik, Irland

~ Kein Licht, kein Essen

Ein Leichenzug zieht durch die Straße und ein Passant hört, wie die Hinterbliebenen des Verblichenen unter Tränen schluchzen: „Ach, du gehst ein in die Dunkelheit, dorthin, wo kein Licht ist und kein Feuer, wo es weder zu essen gibt noch zu trinken."

„O mein Gott!", ruft der Mann entsetzt aus. „Sie bringen die Leiche in unser Haus!" */167/*

~ Kein Krieg

Als ein Krieg zwischen zwei benachbarten Ländern unvermeidlich schien, schickten die Könige der beiden Länder Späher in das jeweilige Nachbarland. Sie sollten herausfinden, wo man am besten ins Feindesland einfallen könnte.

Die Späher kamen zurück und berichteten beiden Königen dasselbe: Es gäbe nur eine einzige Stelle, wo man in das Nachbarland einfallen könnte. Dort aber lebte ein junger Bauer mit seiner schönen Frau und einem Kind. Es hieß, sie wären die glücklichsten Menschen.

„Wenn nun unsere Heerscharen in das Land einfallen, zerstören sie das Glück. Also kann es keinen Krieg geben." Das sahen die Könige ein und so gab es keinen Krieg. */168/*

4

Von Suchen und Lernen, Wachsen und Weisheit und anderen vertiefenden Dingen …

„Lernen" heißt in diesem Zusammenhang nicht, dass man mehr Informationen aufnimmt, sondern dass man die Fähigkeit erweitert, die Ergebnisse zu erzielen, die man im Leben wahrhaft anstrebt. Dieses Lernen ist ein lebenslanger, schöpferischer Prozess ...

Peter Senge

Eines der Grundbedürfnisse des Menschen ist das Streben nach Wissen und Erkenntnis. Das macht uns im Leben mehr zu Suchern, Forschern oder Entdeckern. Wir sind neugierig, stellen Fragen, schauen hinter die Dinge, trachten danach, Zusammenhänge zu entdecken.

Zum Lernen geboren, leben wir jeweils dann im Einklang mit unserem wahren Wesen, wenn wir im Lernprozess bleiben. Es ist eine lebenslange Disziplin entschlossenen Wachsens mit strahlenden Visionen und klaren Zielen. Mit der ganzen Welt als Lernumfeld sind Erfahrungen und Begegnungen Lernschritte mit unterschiedlichen Botschaften, deren Kreislauf erst dann abgeschlossen und das Weiterschreiten erst dann möglich ist, wenn der Mensch sich das jeweilige Lernpotential erschlossen hat. Als ein Akt der Gnade wiederholen sich manchmal Ereignisse, damit die jeweilige Lektion des Lebens gelernt werde.

Doch gelernt haben wir eine Sache nicht, wenn wir sie wissen, sondern erst, wenn wir danach handeln.

Das mag dann der erste Schritt zur Weisheit sein.

Der Adler

Ein Mann ging in einen Wald, um nach einem Vogel zu suchen, den er mit nach Hause nehmen konnte. Er fing einen jungen Adler, brachte ihn heim und steckte ihn in den Hühnerhof zu den Hühnern, Enten und Truthühnern. Und er gab ihm Hühnerfutter zu fressen, obwohl er ein Adler war, der König der Vögel.

Nach fünf Jahren erhielt der Mann den Besuch eines naturkundigen Mannes. Und als sie miteinander durch den Garten gingen, sagte dieser: „Dieser Vogel dort ist kein Huhn, er ist ein Adler!“ „Ja“, sagte der Mann, „das stimmt. Aber ich habe ihn zu einem Huhn erzogen. Er ist jetzt kein Adler mehr, sondern ein Huhn, auch wenn seine Flügel drei Meter breit sind.“

„Nein“, sagte der andere. „Er ist noch immer ein Adler, denn er hat das Herz eines Adlers. Und das wird ihn hoch hinauffliegen lassen in die Lüfte.“ „Nein, nein“, sagte der Mann, „er ist jetzt ein richtiges Huhn und wird niemals fliegen.“

Darauf beschlossen sie, eine Probe zu machen. Der Naturkundler nahm den Adler, hob ihn in die Höhe und sagte beschwörend: „Der du ein Adler bist, der du dem Himmel gehörst und nicht dieser Erde: Breite deine Schwingen aus und fliege!“ Der Adler saß auf der hochgereckten Faust und blickte um sich. Hinter sich sah er die Hühner nach ihren Körnern picken und er sprang zu ihnen hinunter.

Der Mann sagte: „Ich habe dir gesagt, er ist ein Huhn.“ „Nein“, sagte der andere, „er ist ein Adler. Ich versuche es morgen noch einmal.“

Am anderen Tag stieg er mit dem Adler auf das Dach des

Hauses, hob ihn empor und sagte: „Adler, der du ein Adler bist, breite deine Schwingen aus und fliege!“ Aber als der Adler wieder die scharrenden Hühner im Hofe erblickte, sprang er abermals zu ihnen hinunter und scharrte mit ihnen.

Da sagte der Mann wieder: „Ich habe dir gesagt, er ist ein Huhn.“

„Nein“, sagte der andere, „er ist ein Adler und er hat noch immer das Herz eines Adlers. Lass es uns noch ein einziges Mal versuchen. Morgen werde ich ihn fliegen lassen.“

Am nächsten Morgen erhob er sich früh, nahm den Adler und brachte ihn hinaus aus der Stadt, weit weg von den Häusern, an den Fuß eines hohen Berges. Die Sonne ging gerade auf, sie vergoldete den Gipfel des Berges, jede Zinne erstrahlte in der Freude eines wundervollen Morgens. Er hob den Adler hoch und sagte zu ihm: „Adler, du bist ein Adler. Du gehörst dem Himmel und nicht dieser Erde. Breite deine Schwingen aus und fliege!“

Der Adler blickte umher, zitterte, als erfülle ihn neues Leben – aber er flog nicht. Da ließ ihn der naturkundige Mann direkt in die Sonne schauen. Plötzlich breitete er seine gewaltigen Flügel aus, erhob sich mit dem Schrei eines Adlers, flog höher und höher und kehrte nie wieder zur Hühnerfarm zurück. Er war ein Adler, obwohl er wie ein Huhn aufgezogen und gezähmt worden war! *|169|*

~ *Gebet der Hopi*

Großer Geist, dessen Stimme ich im Wind vernehme und dessen Atem allen Dingen der Welt Leben gibt, höre mich an. Ich bin klein und schwach, ich brauche deine Stärke und

Weisheit. Lasse meine Augen niemals das Rot und den Purpur des Sonnenuntergangs vergessen. Bringe meine Hände dazu, alles zu achten, was du geschaffen hast, und schärfe meine Ohren, um deine Stimme zu vernehmen. Lasse mich weise genug werden, damit ich alles verstehen kann, was du mein Volk gelehrt hast. Möge ich die Botschaft verstehen, die du in jedem einzelnen Blatt und in jedem Stein verborgen hast. Ich suche nach Kraft, nicht um stärker zu sein als mein Bruder, aber um meinen allergrößten Feind zu erkennen – mich selbst. Lasse mich immer dazu bereit sein, vor dich zu treten mit sauberen Händen und geradem Blick, damit meine Seele ohne jede Scheu zu dir kommen kann, wenn das Leben vergeht wie die letzten Strahlen der Sonne. *|170|*

~ *Weiser Rat*

Ein Weiser wurde eines Tages gefragt: „Ist es bei einem Leichenzug besser, wenn man sich rechts vom Sarg oder links von diesem befindet?" „Es macht keinen Unterschied, solange ihr nicht im Sarg liegt." *|171|*

~ *Die Antwort*

Im antiken Persien, auf dem Höhepunkt des Ruhmes jenes Landes, lebte einst ein kleiner Junge. Damals war es der Brauch, an bedeutenden Festtagen Freunde und Nahestehende zu beschenken. So betete der kleine Junge ganz fest und laut zu Gott, dass er als Geschenk ein mit Juwelen bestücktes Schwert erhalten möge.

Zum Zeitpunkt des Festes wartete er voller Spannung und Ungeduld auf das Geschenk, worum er so innig gebetet hatte. Doch die Zeit verrann und das Fest war fast vorüber und der kleine Junge hatte immer noch kein Schwert geschenkt bekommen. Er war ziemlich traurig und enttäuscht.

Sein Vater, der nicht an Gott glaubte und auch nicht an das Gebet, beobachtete die Enttäuschung seines Sohnes und sprach ihn an: „Mein Sohn, siehst du nicht ein, dass dein Gebet unbeantwortet blieb?"

Der Sohn schaute seinen Vater an und erwiderte: „Doch, Vater, meine Gebete wurden beantwortet!"

„Wie kann das sein?", fragte der Vater überrascht. „Du hast doch kein mit Juwelen verziertes Schwert erhalten, das du dir so sehnlichst gewünscht hast."

„Aber Vater, verstehst du nicht?", fragte das Kind. „Die Antwort ist nein. Gott sagt nein." *[172]*

~ *Wie entstehen Kriege?*

Vati", fragte Klaus, „wie entstehen eigentlich Kriege?"

„Ja, mein Junge, die Sache ist so: Nehmen wir zum Beispiel an, England streitet sich mit Amerika über irgendetwas …"

Die Mutter unterbricht: „Rede doch keinen Unsinn, England und Amerika werden sich nicht miteinander streiten."

„Das behaupte ich ja gar nicht! Ich will doch nur ein Beispiel anführen."

„Mit solchem Unsinn verwirrst du dem Jungen nur den Kopf."

„Was, ich verwirre seinen Kopf? Wenn es nach dir ginge, würde überhaupt nichts in seinen Kopf hineinkommen!"

„Was sagst du da? Ich verbiete dir, dass du …“

Da ruft Klaus: „Danke, jetzt weiß ich, wie Kriege entstehen.“ *|173|*

∼ *Zufall*

Ein Mann hatte sich in der Wüste verlaufen. Später, als er seinen Freunden berichtete, was er durchgemacht hatte, erzählte er auch, dass er schließlich verzweifelt niedergekniet sei und Gott um Hilfe angefleht habe. „Antwortete Gott auf dein Gebet?“, wurde er gefragt.

„Ehe er das tun konnte, tauchte zufällig ein forschungsreisender Archäologe auf und zeigte mir den Weg.“ *|174|*

∼ *Wo ist der Ozean?*

Mitten im Ozean sagte ein Fisch zu einem anderen: „Entschuldige, du bist um so vieles älter und weiser als ich, könntest du mir vielleicht erklären, wo ich den Ozean finde?“ Und der weise Fisch antwortete: „Der Ozean, das sind wir Fische, die Meerestiere, das sind die Algen und Korallen am Meeresboden, die vom Wind getriebenen Wogen an der Oberfläche, das Licht, das von oben her eindringt. Es ist das Wasser, das uns atmen lässt, wenn es durch unsere Kiemen strömt, das uns ernährt, das uns umgibt und trägt, seit wir geboren sind. Das ist der Ozean.“ „Vielen Dank!“, sagte der junge Fisch, schwamm davon und dachte bei sich: „Schon etwas seltsam, der Alte, und vor allem, wenn ich nur wüsste, was er mit ‚Wasser‘ meint.“ *|175|*

Gott kommt zu Besuch

Ein Mann erfuhr, dass Gott zu ihm kommen wollte.

„Zu mir?", schrie er. „In mein Haus?"

Er rannte durch alle Zimmer, er lief die Stiegen auf und ab, er kletterte zum Dachboden hinauf, er stieg in den Keller hinunter. Er sah sein Haus mit anderen Augen. „Unmöglich!", schrie er. „In diesem Sauhaufen kann man keinen Besuch empfangen. Alles verdreckt. Alles voller Gerümpel. Kein Platz zum Ausruhen. Keine Luft zum Atmen."

Er riss Fenster und Türen auf. „Brüder! Freunde!", rief er. „Helft mir aufräumen – irgendeiner! Aber schnell!"

Er begann, sein Haus zu kehren. Durch dicke Staubwolken sah er, dass ihm einer zu Hilfe gekommen war. Sie schleppten das Gerümpel vors Haus, schlugen es klein und verbrannten es. Sie schrubbten Stiegen und Böden. Sie brauchten viele Kübel Wasser, um die Fenster zu putzen. Und immer noch klebte der Dreck an allen Ecken und Enden.

„Das schaffen wir nie!", schnaufte der Mann.

„Das schaffen wir!", sagte der andere.

Sie plagten sich den ganzen Tag. Als es Abend geworden war, gingen sie in die Küche und deckten den Tisch.

„So", sagte der Mann, „jetzt kann er kommen, mein Besuch! Jetzt kann Gott kommen. Wo er nur bleibt?"

„Aber ich bin ja da!", sagte der andere und setzte sich an den Tisch. „Komm und lass uns essen!" *|176|*

~ Die vier Brahmanen

In einer Stadt in Indien lebten einst vier Brahmanen. Drei von ihnen waren berühmte Wissenschaftler, es fehlte ihnen lediglich an gesundem Menschenverstand. Der vierte jedoch besaß nichts anderes als seinen Hausverstand, da er nie hatte etwas lernen können.

Eines Tages kamen die vier Freunde zusammen, um ihre Lage zu besprechen. „Was nützt es, viel zu wissen", sagten sie, „und äußerst gelehrt zu sein, wenn man nicht reist, die Gunst von Königen erwirbt und viel Geld verdient? Was immer wir tun wollen, wir sollten uns zuerst auf Reisen begeben!"

So machten sie sich auf den Weg. Aber nach einer Weile meinte der älteste Brahmane: „Ihr wisst, einer von uns, der vierte, ist ein Unwissender. Er besitzt nur seinen Hausverstand. Niemand kann damit die Gunst eines Königs gewinnen. Man muss ein Gelehrter sein! Daher denke ich, dass wir unseren Verdienst nicht mit ihm teilen sollten. Lasst ihn lieber umkehren und nach Hause zurückgehen."

Der zweite Brahmane wandte sich daraufhin an den einfachen Mann und sagte: „Du weißt, dass das wahr ist. Kehre also heim."

Doch der dritte entgegnete: „Nein, nein. So können wir uns nicht verhalten, denn wir sind Freunde und Gefährten seit unserer Kindheit. Komm, mein lieber Freund, du sollst deinen Anteil an unserem Verdienst haben."

Darauf einigte man sich und setzte die Reise fort. Bald gelangten sie in einen Wald und entdeckten vor sich auf dem Weg die Knochen eines verendeten Tieres.

Da sagte einer der Wissenschaftler: „Jetzt haben wir eine günstige Gelegenheit, unser Wissen und Können unter Beweis zu stellen. Wir haben hier die Überreste eines toten Tieres. Lasst es uns unter Einsatz all unserer Fähigkeiten zum Leben erwecken."

Der erste Brahmane meinte: „Ich weiß, wie man das Knochengerüst wieder zusammenfügt." Der zweite sagte: „Ich kann das Fell, das Fleisch und das Blut wiederherstellen." Der dritte schließlich: „Ich kann ihm den Lebensgeist einhauchen."

So fügte der erste alle Knochen zusammen und der zweite ergänzte das Fell, das Fleisch und das Blut. Als der dritte daranging, den Lebensgeist einzuhauchen, meldete sich der vierte Brahmane mit dem gesunden Menschenverstand zu Wort: „Meine geschätzten und gelehrten Freunde! Der Menschenverstand lehrt uns, dass dieses Tier ein Löwe ist. Ich würde nicht empfehlen, ihn zum Leben zu erwecken, denn in diesem Fall würde er uns alle auffressen."

Die anderen Brahmanen wurden sehr zornig. „Du einfältiger Kerl! Möchtest du uns weismachen, dass du mehr davon verstehst als wir?" „Ich weiß nur, was mir mein Hausverstand sagt", erwiderte der vierte. „Doch wenn ihr darauf besteht fortzufahren, wartet damit, bis ich auf diesen Baum hinaufgestiegen bin."

Als er auf dem Baum saß, wurde dem Löwen das Leben eingehaucht. Er richtete sich auf, öffnete weit sein Maul und fraß alle drei Gelehrten. Nachdem der Löwe sich ins Unterholz des Waldes verzogen hatte, kletterte der Brahmane mit dem gesunden Menschenverstand vom Baum herunter und ging nach Hause. */177/*

~ Richtige Entscheidungen

Der Abteilungsleiter eines internationalen Unternehmens geht in Pension und bestimmt einen jungen Manager zu seinem Nachfolger. Der junge Mann ist sehr stolz und dankbar über die besondere Chance, die sich ihm dadurch eröffnet. Um den reichen Erfahrungsschatz seines Vorgängers nicht mit ihm in Pension gehen zu lassen, fragt er ihn: „Ich habe schon so viel Wichtiges von Ihnen gelernt und weiß all das sehr zu schätzen, aber wenn es noch eine Quintessenz gäbe, etwas, das das Wichtigste Ihrer Weisheiten wäre, etwas, das meinen Erfolg und das Wohlergehen aller Beteiligten sicherstellen würde, was wäre das?"

Der Alte antwortet wohlwollend, aber kurz: „Richtige Entscheidungen."

„Nun, das dachte ich mir schon", antwortet der Jüngere, „aber wie kommt man denn zu richtigen Entscheidungen?"

„Erfahrung", ist die knappe Antwort.

„Zweifellos. Und manche meinen, Erfahrung käme mit dem Alter. Aber wir beide wissen, es gibt ältere Kollegen, die anscheinend älter geworden sind, aber nichts gelernt haben. Woher kommt denn Erfahrung tatsächlich?"

„Falsche Entscheidungen!" *|178|*

~ Die Welt in Ordnung bringen

Ein kleiner Junge kam zu seinem Vater und wollte mit ihm spielen. Der Vater aber hatte keine Zeit für den Jungen und auch keine Lust zum Spiel. Also überlegte er, womit er den Knaben beschäftigen könnte.

Er fand in einer Zeitschrift eine komplizierte und detailreiche Abbildung der Erde. Dieses Bild riss er aus und zerschnipselte es dann in viele kleine Teile. Das gab er dem Jungen und dachte, dass der nun mit diesem schwierigen Puzzle wohl eine ganze Weile beschäftigt sei.

Der Junge zog sich in eine Ecke zurück und begann mit dem Puzzle. Nach wenigen Minuten kam er zum Vater und zeigte ihm das fertig zusammengesetzte Bild. Der Vater konnte es kaum glauben und fragte seinen Sohn, wie er das geschafft habe.

Das Kind sagte: „Ach, auf der Rückseite war ein Mensch abgebildet. Den habe ich richtig zusammengesetzt. Und als der Mensch in Ordnung war, war es auch die Welt.“ *|179|*

~ Die Wüste weint

Eine alte afrikanische Geschichte erzählt: Ein Reisender beobachtet das seltsame Gebaren eines Beduinen. Immer wieder legt sich dieser der Länge nach auf den Boden und drückt sein Ohr in den Wüstensand. Verwundert fragt ihn der Reisende: „Was machst du da eigentlich?“ Der Beduine richtet sich auf und sagt: „Freund, ich höre, wie die Wüste weint. Sie möchte ein Garten sein.“ *|180|*

~ Meinungsänderung

Ein Kriegsschiff befand sich auf offener See. Die See war unruhig und Nebelschwaden erschwerten die Sicht. Kurz nach Anbruch der Dunkelheit meldete der Ausguck: „Licht Steuerbord voraus!“

„Bleibt es stehen oder bewegt es sich achteraus?“, fragte der Kapitän.

Der Ausguck antwortete: „Es bleibt, Kapitän.“ Das Schiff befand sich also auf einem gefährlichen Kollisionskurs mit dem anderen Schiff.

Da rief der Kapitän dem Signalgast zu: „Schicken Sie dem Schiff ein Signal: Wir sind auf Kollisionskurs, empfehlen 20 Grad Kursänderung.“

Zurück kam das Signal: „Empfehlen Ihnen, den Kurs um 20 Grad zu ändern.“

Der Kapitän sagte: „Melden Sie: Ich bin ein Kapitän, Kurs um 20 Grad ändern.“

„Ich bin ein Unteroffizier“, lautete die Antwort. „Sie sollten Ihren Kurs besser um 20 Grad ändern.“

Inzwischen war der Kapitän ziemlich wütend. Er schimpfte: „Signalisieren Sie, dass ich ein Kriegsschiff bin. Er soll den Kurs um 20 Grad ändern.“

Prompt wurde eine Antwort zurückgeblinkt: „Ich bin ein Leuchtturm.“

Das Kriegsschiff änderte den Kurs. */181/*

~ *Erzieher wie Gärtner*

Die Arbeit des Erziehers gleicht der eines Gärtners, der verschiedene Pflanzen pflegt. Eine Pflanze liebt den strahlenden Sonnenschein, die andere den kühlen Schatten. Die eine liebt das Bachufer, die andere die dürre Bergspitze. Die eine gedeiht am besten auf sandigem Boden, die andere im fetten Lehm. Jede muss die ihrer Art angemessene Pflege haben, andernfalls bleibt ihre Vollendung unbefriedigend. */182/*

~ *Der Strom und die Sandwüste*

Ein Strom floss einst von seiner Quelle in fernen Gebirgen durch sehr verschiedene Landschaften und erreichte schließlich die große Sandwüste. So wie er alle anderen Hindernisse überwunden hatte, versuchte der Strom nun auch, die Wüste zu durchqueren. Er merkte bald, dass seine Wasser verschwanden, sobald er in den Sand floss.

Er war jedoch überzeugt davon, dass es seine Bestimmung sei, die Wüste zu durchqueren, auch wenn es keinen Weg gab. Da hörte er, wie eine verborgene Stimme ihm zuflüsterte: „Der Wind durchquert die Wüste und der Strom kann es auch."

Der Strom wandte ein, dass er sich doch gegen den Sand werfe, aber der Sand sauge ihn immer wieder auf. Der Wind aber könne fliegen und deshalb schaffe er es, die Wüste zu durchqueren.

„Wenn du dich auf die gewohnte Weise voranschiebst, wird es dir unmöglich sein, sie zu überqueren. Du wirst entweder verschwinden oder du verwandelst dich in einen stinkenden Sumpf. Du musst dem Wind erlauben, dich zu deinem Ziel hinüberzutragen."

„Aber wie soll das zugehen?"

„Indem du dich von ihm aufnehmen lässt."

Dieser Gedanke war für den Fluss unannehmbar. Schließlich war er noch nie zuvor aufgesogen worden. Er wollte um keinen Preis seine Individualität verlieren. Denn wenn man sie einmal verloren hat, wie kann man da wissen, ob man sie je zurückgewinnt?

„Das ist genau die Aufgabe des Windes", sagte die Stimme, „er nimmt Wasser auf, trägt es über die Wüste und lässt es dort wieder fallen. Es fällt als Regen und wird wieder zum Fluss."

„Woher weiß ich, ob das stimmt?"

„Es ist so und wenn du es nicht glaubst, kann aus dir nicht mehr werden als ein Sumpf. Und auch das könnte viele, viele Jahre dauern und es ist gewiss nicht vergleichbar mit einem Fluss."

„Aber kann ich der gleiche Fluss bleiben, der ich heute bin?"

„In keinem Falle kannst du bleiben, was du bist. Was das wahrhaft Wesentliche an dir ist, wird fortgetragen und bildet wieder einen Strom. Heute trägst du deinen Namen nach dem, was du jetzt gerade bist, weil du noch nicht weißt, welcher Teil von dir das Wesentliche ist."

Als der Strom dies hörte, stieg in seinem Inneren langsam ein Widerhall auf. Dunkel erinnerte er sich an einen Zustand, in dem ein Luftstrom ihn auf seinen Schwingen getragen hatte. Er erinnerte sich auch daran, dass dies im Gegensatz zur sichtbaren seine wahre Aufgabe war.

Und der Strom ließ Dunst und Dampf aufsteigen und begab sich in die Arme des Windes, die ihn willkommen hießen und ihn sanft und leicht aufwärts trugen. Nach vielen, vielen Meilen, als sie den Gipfel des Gebirges erreicht hatten, ließ ihn der Wind wieder sachte herabfallen.

Und gerade weil er so voller Zweifel gewesen war, konnte sich der Strom umso deutlicher erinnern und die Erfahrungen in seinem Geist festhalten. Er dachte: „Ja, jetzt habe ich mein wahres Wesen erkannt." Der Strom lernte. */183/*

~ *Der Flug*

Auf dem Flug von Honolulu nach San Francisco fällt ein Triebwerk aus, wodurch sich die Flugzeit um zwei Stunden verlängert, was die Passagiere ohne Murren zur Kenntnis nehmen.

Eine Stunde später streikt das zweite der vier Triebwerke. Auch dies wird von den meisten mit Gelassenheit hingenommen, obwohl nun schon die doppelte Flugzeit in Kauf genommen werden muss.

Als dann noch das dritte Triebwerk den Dienst versagt, meint ein Fluggast: „Wenn das so weitergeht, werden wir überhaupt nicht mehr unten ankommen!" */184/*

~ *Aus dem Käfig befreit*

Es war einmal ein Zoo, in dem alle Tiere in engen Käfigen eingesperrt waren. Nur wenige Quadratmeter zum Hin- und Herlaufen. Tiere im Schaukasten. Ein alter Zoo – wie im letzten Jahrhundert. Eines Tages übernahm ein neuer, junger Zoodirektor die Leitung des Zoos, der voll des guten Willens und Bewunderung für alle Tiere war.

Bereits am ersten Tag, bei einem Rundgang durch seinen Zoo, sah er den Eisbären in seinem Käfig. Fünf mal vier Meter. Ein großer, kräftiger Eisbär. Offensichtlich noch mit ungebrochener Lebenskraft. Auf und ab. Hin fünf Meter. Wendung. Zurück fünf Meter. Auf und ab. In rhythmischer Gleichmäßigkeit. Bei jeder Wendung ein dröhnendes Grollen. Furchterregend schön. Doch der Zoodirektor hatte Mitleid mit diesem stolzen Tier. Diese prächtige Vitalität, eingesperrt auf zwanzig Quadratmetern.

Also beschloss er, ein großes Freigehege bauen zu lassen. Mit Felsen zum Klettern und Sonnen und mit Wassergräben zum Schwimmen und Tollen. Das Geld war nach anfänglichen Schwierigkeiten bald aufgebracht und die Bauarbeiten konnten beginnen. Der Zoodirektor fieberte mit wachsender Spannung auf den Tag, an dem der Eisbär aus seinem engen Verließ in das große Freigehege springen würde. Ihm schien es auch, dass der Eisbär von Zeit zu Zeit neugierig dem Schaffen und Treiben der Bauarbeiter von seinem Käfig aus zuschaute.

Dann kam endlich der monatelang heiß ersehnte Tag.

Viele waren eingeladen, beim großen Ereignis dabei zu sein. Die lokalen Politiker aller Parteien ließen es sich nicht nehmen, die Wichtigkeit des Ereignisses durch ihre Anwesenheit zu unterstreichen. Ebenso die Bischöfe beider großen Konfessionen. Die Journalisten der Lokalblätter und sogar zweier überregionaler Blätter warteten mit ihren Fotografen auf sensationelle Bilder. Zoodirektor, Bürgermeister und Bischöfe hielten ihre kurzen, aber besinnlich schönen Reden.

Dachten doch auch alle an die neue Attraktion der Stadt, die sicherlich viele Touristen anlocken würde – und damit auch Geld.

Dann, endlich, kam der große Augenblick.

Der Tierarzt des Zoos nahm ein Gewehr und schoss dem Eisbären eine Ampulle mit Betäubungsmittel in den Pelz. Nach einer halben Minute schlief der Eisbär fest. Die Bauarbeiter hatten genügend Zeit, die Gitterstäbe des alten Käfigs auszubauen und wegzutragen. Der Eisbär lag im Freien.

Alle warteten nun darauf, dass der Bär aufwacht, aufspringt und in das Gelände läuft, um es in Besitz zu nehmen. Der Bär wacht auf. Reckt sich. Schreit dröhnend, so dass jedermann erschrickt und das animalische Verhalten bewundert. Jetzt, jetzt wird er loslaufen! Alle halten gespannt ihre Hände zum Klatschen und ihre Münder zum Jubeln und Aufschreien bereit.

Der Bär steht auf und nimmt seinen Trott wieder auf: fünf mal vier Meter. Hin fünf Meter. Wendung. Zurück fünf Meter. Auf und ab. In rhythmischer Gleichmäßigkeit. Bei jeder Wendung ein dröhnendes Grollen. Furchterregend schön. */185/*

Makro- und Mikrokosmos

Zur Einweihung des berühmten Riesenteleskops des Mount-Wilson-Observatoriums in Kalifornien wurden Albert Einstein und seine Ehefrau eingeladen. „Wozu braucht man denn diese riesige und ungeheuer teure Maschine?", fragte sie.

Ihr wurde erklärt, man wolle damit die Dimensionen des Universums ergründen. „Ach so", murmelte Frau Einstein.

„Seltsam, mein Mann macht das immer auf den Rückseiten alter Briefumschläge!“ /186/

~ *Beim Wachsen geholfen*

Ein Mann hatte seinen kleinen Acker gut vorbereitet, gepflügt und gesät. Er wunderte sich nur nach ein paar Wochen, dass die Saat so langsam aufging. Bei seinem Nachbarn sah er schon kräftigen Wuchs. Von Tag zu Tag wurde seine Ungeduld größer. Er konnte vor Sorge nicht mehr schlafen. Schließlich kam ihm eine einzigartige Idee. Er lief zum Feld und begann, die kleinen zarten Halme etwas in die Höhe zu ziehen. Das war natürlich eine mühsame Arbeit, aber letztlich schaffte er es. Unterwegs nach Hause traf er seinen Nachbarn und erzählte ihm voll Stolz, dass er seinem Korn beim Wachsen geholfen habe. Neugierig geworden, liefen beide zu seinem Feld und sahen alles zerstört und verwelkt. Noch lange lachte man im Dorf über den Mann, der nicht warten konnte. /187/

~ *Gottvertrauen*

Eine Flutkatastrophe sucht die Stadt heim. Das Wasser steigt unaufhaltsam in den Straßen und die Menschen fliehen. Der Pastor des Ortes sitzt am Fenster seines Hauses und als ein Boot vorbeikommt, ruft er: „Fahrt ruhig weiter! Gott wird mich schon retten.“

Als das Wasser weiter steigt, wird ein Rettungsboot losgeschickt, um nach Überlebenden zu suchen. Der Pastor sitzt jetzt am Fenster des zweiten Stocks und ruft dem Boot zu: „Gott wird mich schon retten, fahrt weiter."

Das Wasser erreicht die Dächer der Häuser und man beschließt, einen Hubschrauber zu schicken, um den Pastor zu holen. Als der Hubschrauber auf das Haus zufliegt, steht er auf dem Dach, winkt und ruft: „Macht euch keine Sorgen, Gott wird mich schon retten!"

Das Wasser steigt weiter, der Pastor ertrinkt, kommt in den Himmel und beklagt sich bei Gott: „Warum hast du mich nicht gerettet, Herr?"

Gott sieht ihn verwundert an und fragt: „Sind die beiden Boote und der Hubschrauber nicht angekommen?" *|188|*

~ *Nichtstun*

Ein Hase hoppelt durch die Gegend, als er eine Eule erblickt, die völlig unbeweglich hoch oben im Baum sitzt. „Was machst du da?", fragt der Hase. „Ich übe mich im Nichtstun!", ist die kurze Antwort der Eule. Das findet der Hase sehr anregend. So legt er sich unter den Baum, spreizt die Beine von sich und tut nichts.

Nach einer kurzen Zeit kommt ein Hund vorbei, sieht die Eule hoch oben im Baum und fragt sie: „Was machst du da?" „Ich übe mich im Nichtstun!" So legt sich der Hund neben den Hasen, macht sich lang und tut nichts.

Wenig später taucht ein Wolf auf. Er sieht die unbewegliche Eule hoch im Baum und fragt neugierig: „Was machst du da?" „Ich übe mich im Nichtstun!", antwortet die Eule wiederum. Auch der Wolf gesellt sich zum Hasen und zum Hund, legt sich unter den Baum und tut nichts.

Es dauert nicht lange, da pirscht sich ein Jäger an. Er sieht die drei am Boden unter dem Baum aufgereiht liegen. „Paff, paff, paff", und er nimmt erfreut seine ihm leicht zugefallene Jagdbeute mit nach Hause.

Da öffnet die Eule ein Auge und sagt zu sich: „Vielleicht hätte ich ihnen sagen sollen, dass wirkliches Nichtstun nur der schafft, der oben sitzt!" *|189|*

~ *Himmel und Hölle*

Ein Rabbi bat Gott einmal darum, den Himmel und die Hölle sehen zu dürfen. Diese Frage beschäftigte ihn sehr, denn letztlich wollte er seinen Lebensweg danach ausrichten. Gott erlaubte es ihm und gab ihm den Propheten Elia als Führer mit. Elia führte den Rabbi zuerst durch dunkle Gassen in einen mächtigen Palast. Durch ein Portal betraten sie einen großen Saal. Dort drängten sich viele Menschen, arm und reich, in Lumpen gehüllt und mit Edelsteinen geschmückt. In der Mitte des Saales stand auf offenem Feuer ein großer Topf mit einem köstlichen Gericht. Der Eintopf verbreitete einen angenehmen Duft im Raum. Rund um den Topf jedoch drängten sich Menschen, hohlwangig und eingefallen, die alle versuchten, gierig ihren Teil der Suppe zu sichern. Der Rabbi wunderte sich, denn die Leute waren mit langen Löffeln ausgestattet, so dass sie das herrliche Essen nicht in den Mund bringen konnten. Sie stocherten in der Suppe herum und versuchten, aus dem Topf zu schöpfen, doch vergeblich. Dabei verbrannten sie sich Arme und Gesicht oder schütteten in ihrem Übereifer die heiße Suppe ihrem Nachbarn über die Schultern. Schimpfend gingen sie aufeinander los und schlugen sich mit den Löffeln, mit deren Hilfe sie ihren Hunger hätten stillen können. Als die beiden Besucher wieder draußen waren, fragte der Rabbi den Propheten, welch seltsamer Ort das gewesen sei. „Das ist die Hölle", antwortete Elia.

Darauf führte Elia den Rabbi nach längerer Wanderung durch Gänge und Fluchten in einen zweiten Saal, der genauso aussah wie der erste. Auch hier saßen viele Menschen. In der Mitte des Raumes brannte ein Feuer und brodelte ein Kessel mit köstlichem Essen. Auch hier saßen Leute herum mit langen Löffeln in der Hand. Aber sie waren alle wohlgenährt, gesund und glücklich. Sie unterhielten sich angeregt. Doch anders als in der Hölle versuchten sie hier nicht, sich selbst zu füttern, sondern benutzten die langen Löffel, um sich gegenseitig zu essen zu geben. Wurde einem der Löffel zu schwer, halfen zwei andere mit ihrem Esswerkzeug, so dass jeder in Ruhe essen konnte. War der eine gesättigt, kam der nächste an die Reihe. Es herrschte eine Atmosphäre von Zufriedenheit und Gemeinschaft und die Luft war erfüllt von Lachen. Der Prophet Elia wandte sich an seinen Begleiter und sagte: „Das ist der Himmel." *|190|*

Der Schmetterling

Auf seinem Spaziergang entdeckte ein Mann in den Zweigen eines Baumes einen Kokon. Neugierig trat er näher und sah, dass sich ein kleines Loch aufgetan hatte, eine winzige Öffnung. „Welch ein Glück", dachte er bei sich, „bei der Geburt eines Schmetterlings dabei sein zu können." Er vergaß die Zeit und alles um sich, während er dem faszinierenden

Schauspiel der Natur folgte. Stunde um Stunde mühte sich der kleine Schmetterling ab, aus dem Kokon zu schlüpfen, aber es schien nicht zu gelingen. Die Öffnung hatte sich trotz der übermäßigen Anstrengungen kaum vergrößert, obwohl dieser immer wieder einen neuen Versuch unternahm. Und dann schien es, als hätte der Schmetterling aufgegeben. Nichts rührte sich mehr. Der Mann hatte den Eindruck, dass der kleine Schmetterling alles versucht hatte, was in seinen Kräften lag, und nun völlig verausgabt war.

Er tat ihm zutiefst leid. „Das arme Ding", dachte der Mann bei sich, „es ist überfordert, es schafft es nicht!" Also entschied der Mann zu helfen. Er holte sein Taschenmesser heraus und machte ganz vorsichtig einen Schnitt in den Kokon, so dass nun die Öffnung groß genug war, dass der Schmetterling bequem und ohne Anstrengung herausschlüpfen konnte.

Da war er nun endlich, der neugeborene Schmetterling, befreit aus dem engen Kokon. Der Mann fühlte sich glücklich und irgendwie auch stolz, da er ja der Geburtshelfer gewesen war. Doch fiel ihm auf, dass der Körper des Schmetterlings klein und verkrampft war, auch die Flügel waren wenig entwickelt und bewegten sich kaum. Geduldig wartete der Mann darauf, dass der Schmetterling jeden Augenblick seine Flügel ausbreiten und losflattern würde. Doch nichts geschah, so lange er auch ausharrte. Die Flügel waren zu schwach, um den Körper zu tragen. Der Schmetterling war nicht fähig zu fliegen und würde den Rest seiner Tage mit dem verunstalteten Körper und den wenig entwickelten Flügeln kriechend verbringen müssen.

Was der Mann in seiner wohlmeinenden Hilfsbereitschaft nicht verstanden und bedacht hatte, war die Sinnhaftigkeit der Vorkehrung der Natur. Die Anstrengung, durch das kleine Loch im Kokon zu schlüpfen, war notwendig, damit sich die Körperflüssigkeit des Schmetterlings in die Flügel verteilte und diese kräftig genug würden, den Körper im Flug zu halten. Das war der Weg zu Wachstum und Entwicklung.

Ohne Beschwernisse und Anstrengungen im Leben können sich niemals jene Kräfte und Fähigkeiten entwickeln, die uns in die Lage versetzen, Begrenzungen zu überwinden und uns zu neuen Höhen emporzuschwingen. *|191|*

~ *Die goldenen Eier*

Es war einmal ein armer Bauer, der eines Tages im Nest seiner Lieblingsgans ein goldenes Ei entdeckte. Zunächst dachte er, es müsse sich um eine Täuschung handeln. Aber statt das Ei beiseitezulegen, beschloss er, es schätzen zu lassen.

Das Ei war aus reinem Gold. Der Bauer konnte sein Glück kaum fassen. Am nächsten Tag wiederholte sich das Ereignis und er staunte noch mehr. Tag für Tag lief er nach dem Erwachen zum Nest und fand dort ein goldenes Ei. Der Bauer wurde sagenhaft reich. Aber mit dem Reichtum kamen auch die Gier und die Ungeduld. Er wollte nicht mehr von einem Tag zum anderen warten, bis die Gans wieder ein goldenes Ei legte.

Er beschloss, die Gans zu schlachten, damit er alle Eier auf einmal bekäme. Doch als er den Bauch der Gans aufschnitt, war dieser leer. Nun hatte er nichts weiter als eine tote Gans, die keine goldenen Eier mehr legen konnte. *|192|*

~ Friedenserziehung

Der russische Schriftsteller Marschak beobachtete einmal sechs- bis siebenjährige Kinder beim Spiel. „Was spielt ihr?", fragte er sie. „Wir spielen Krieg", antworteten ihm die Kinder. Daraufhin erklärte ihnen der Schriftsteller: „Wie kann man nur Krieg spielen! Ihr wisst doch sicher, wie schlimm Krieg ist. Ihr solltet lieber Frieden spielen."

„Das ist eine gute Idee", sagten die Kinder. Dann Schweigen, Beratung, Tuscheln, wieder Schweigen. Da trat ein Kind vor und fragte: „Großväterchen, wie spielt man Frieden?" *|193|*

~ Der weise König

Alexander von Makedonien kam einst in eine entlegene, goldreiche Provinz von Afrika. Die Einwohner gingen ihm entgegen und brachten ihm Schalen voll goldener Äpfel und Früchte dar. „Esst ihr diese Früchte bei euch?", sprach Alexander. „Ich bin nicht gekommen, eure Reichtümer zu sehen, sondern von euren Sitten zu lernen." Da führten sie ihn auf den Markt, wo ihr König Gericht hielt.

Eben trat ein Bürger vor und sprach: „Ich kaufte, o König, von diesem Manne einen Sack voll Spreu und habe einen ansehnlichen Schatz in ihm gefunden. Die Spreu ist mein, aber nicht das Gold, und dieser Mann will es nicht wiedernehmen. Sprich zu ihm, o König, denn es ist das seine."

Und sein Gegner, auch ein Bürger des Ortes, antwortete: „Du fürchtest dich, etwas Unrechtes zu behalten, und ich sollte mich nicht fürchten, ein solches von dir anzunehmen?

Ich habe dir den Sack verkauft nebst allem, was darinnen ist, behalte das deine. Sprich ihm zu, o König."

Der König fragte den ersten, ob er einen Sohn habe. Er antwortete: „Ja." Er fragte den anderen, ob er eine Tochter habe, und bekam Ja zur Antwort.

„Wohlan", sprach der König, „ihr seid beide rechtschaffene Leute: Verheiratet eure Kinder miteinander und gebt ihnen den gefundenen Schatz zur Hochzeitsgabe. Das ist meine Entscheidung."

Alexander erstaunte, als er diesen Ausspruch hörte. „Habe ich unrecht gerichtet", sprach der König des fernen Landes, „dass du also erstaunest?" „Mitnichten", antwortete Alexander, „aber in unserem Lande würde man anders richten." „Und wie denn?", fragte der afrikanische König. „Beide Streitenden", sprach Alexander, „verlören ihre Häupter und der Schatz käme in die Hände des Königs."

Da schlug der König die Hände zusammen und sprach: „Scheint denn bei euch auch die Sonne? Und lässt der Himmel noch auf euch regnen?" *|194|*

~ Der Silberschmied

Eine Gruppe von Damen studierte gemeinsam die Bibel. Als sie beim Propheten Maleachi angelangt waren, stießen sie im dritten Kapitel auf folgenden Vers: „Denn er ist wie das Feuer eines Goldschmieds … Er wird sitzen und schmelzen und das Silber reinigen."

Diese Stelle beschäftigte die Runde sehr und sie fragten sich, welche Bedeutung diese Aussage hätte in Bezug auf das Wirken Gottes. So erklärte sich eine der Damen bereit, bis zum darauffolgenden Treffen etwas über den Prozess des Reinigens von Silber herauszufinden und der Runde zu berichten. Sie nahm also mit einem Silberschmied Kontakt auf und vereinbarte einen Termin, um ihm bei seiner Arbeit zuzusehen.

Den eigentlichen Grund für ihr Interesse erwähnte sie mit keinem Wort, nur dass sie neugierig wäre, den Prozess des Reinigens von Silber kennenzulernen. Sie beobachtete den Silberschmied, wie er ein Silbergefäß ins Feuer hielt und es aufheizen ließ. Er erklärte, dass es bei der Reinigung von Silber notwendig wäre, das Stück in die Mitte der Flamme zu halten, wo es am heißesten war, damit alle Verunreinigungen verbrannt würden. Der Dame ging wieder der Vers durch den Kopf: „Er wird sitzen und schmelzen und das Silber reinigen." Und sie stellte sich vor, wie Gott uns Menschen über so einen heißen Punkt hält.

Sie fragte den Silberschmied, ob es der Wahrheit entsprach, dass er während des ganzen Vorgangs der Reinigung des Silbers dabeibleiben müsste. Der Mann bejahte die Frage. Nicht nur, dass er danebensitzen und das Silber selber halten musste, er durfte auch während der ganzen Prozedur seinen Blick nicht vom Silberstück abwenden, während es im Feuer war. Denn wenn das Silber auch nur für einen Moment zu lange im Feuer blieb, wäre es zerstört.

Die Dame wurde nachdenklich und schwieg eine Weile. Dann fragte sie den Silberschmied: „Nun, woran erkennen Sie, wann das Silber gereinigt ist?" „Oh, das ist einfach", erwiderte dieser, „dann, wenn ich mein Spiegelbild darin erkennen kann." */195/*

Motiv des kosmischen Baumes, Iran

~ Weisheit der Indianer

Als ich ein Kind war, verstand ich zu geben und zu teilen. Seit ich zivilisiert wurde, habe ich diese Tugenden verlernt. Ich lebte ein natürliches Leben, jetzt lebe ich ein künstliches. Damals war jeder hübsche Kieselstein für mich kostbar und ich hatte Ehrfurcht vor jedem Baum.

Der Ureinwohner Amerikas verband seinen Stolz mit einer außergewöhnlichen Demut. Überheblichkeit war seinem Wesen und seiner Lehre fremd. Er erhob niemals den Anspruch, dass die Fähigkeit, sich durch Sprache auszudrücken, ein Beweis für die Überlegenheit des Menschen über die sprachlose Schöpfung sei; ganz im Gegenteil, er sah in dieser Gabe eine Gefahr. Er glaubte fest an das Schweigen – das Zeichen vollkommener Harmonie. Schweigen und Stille stellten für ihn das Gleichgewicht von Körper, Geist und Seele dar.

Wenn du den Indianer fragst: „Was ist die Stille?", wird er dir antworten: „Das große Geheimnis. Die heilige Stille ist seine Stimme." Und wenn du fragst: „Was sind die Früchte der Stille?", so wird er sagen: „Selbstbeherrschung, wahrer Mut und Ausdauer, Geduld, Würde und Ehrfurcht."

„Hüte deine Zunge in der Jugend", sagte der alte Häuptling Wabashaw, „dann wirst du vielleicht im Alter deinem Volk einen weisen Gedanken schenken." */196/*

~ Wird Krieg sein?

Man fragte einen Rabbiner: „Rebbe, sag, wird Krieg sein?"

„Ich werde es euch an einem Beispiel erklären. Stellt euch

vor, Baron Rothschild hat euch zum Essen eingeladen. Im großen Saal sind die Tische gedeckt, überall die feinsten Porzellanteller und die kostbarsten Bestecke. Die Köche haben die erlesensten Speisen zubereitet. Diener und Kellner stehen bereit. Die eleganten Herren und Damen sitzen schon an der Tafel und warten. Und ihr meint, wenn Rothschild die ganze Gesellschaft eingeladen hat, die Tische gedeckt sind, Diener und Kellner bereitstehen, ihr glaubt, man wird kein Essen servieren?" *|197|*

~ *Physikprüfung*

Folgende Frage wurde im Rahmen einer Physikprüfung an der Universität von Kopenhagen an einen Studenten gestellt: „Beschreiben Sie, wie man die Höhe eines Wolkenkratzers mit einem Barometer feststellt."

Der Prüfling antwortete: „Sie binden ein langes Stück Schnur an den Ansatz des Barometers, senken dann das Barometer vom Dach des Wolkenkratzers zum Boden. Die Länge der Schnur plus die Länge des Barometers entspricht der Höhe des Gebäudes."

Diese in hohem Grad originelle Antwort entrüstete den Prüfer so sehr, dass der Prüfling sofort entlassen wurde. Dieser berief sich auf seine Grundrechte mit der Begründung, dass seine Antwort unbestreitbar korrekt sei. Daraufhin ernannte die Universität einen unabhängigen Schiedsrichter, um den Fall zu entscheiden. Der Schiedsrichter urteilte, dass die Antwort in der Tat korrekt sei, aber kein wahrnehmbares Wissen von Physik zeige. Um das Problem zu lösen, wurde entschieden, den Prüfling nochmals zu testen und ihm sechs

Minuten zu gewähren, in denen er eine mündliche Antwort geben solle, die mindestens eine minimale Vertrautheit mit den Grundprinzipien der Physik zeige.

Fünf Minuten saß der Prüfling still da, den Kopf nach vorne gebeugt und in Gedanken versunken. Der Schiedsrichter erinnerte ihn, dass die Zeit lief, worauf der Prüfling antwortete, dass er einige extrem relevante Antworten habe, aber sich nicht entscheiden könne, welche er verwenden solle.

Als ihm geraten wurde, sich zu beeilen, antwortete er wie folgt: „Erstens könnten Sie das Barometer mit auf das Dach des Wolkenkratzers nehmen, es über den Rand fallen lassen und die Zeit messen, die es braucht, um den Boden zu erreichen. Die Höhe des Gebäudes kann mit der Formel H = 0,5 g x t im Quadrat berechnet werden. Das Barometer wäre allerdings dann kaputt!

Oder, falls die Sonne scheint, könnten Sie die Höhe des Barometers messen, es aufrecht hinstellen und die Länge seines Schattens messen. Dann messen Sie die Länge des Schattens des Wolkenkratzers, anschließend ist es eine einfache Sache, anhand der proportionalen Arithmetik die Höhe des Wolkenkratzers zu berechnen.

Wenn Sie aber in einem hohen Grade wissenschaftlich sein wollen, können Sie ein kurzes Stück Schnur an das Barometer binden und es schwingen lassen wie ein Pendel, zuerst auf dem Boden und dann auf dem Dach des Wolkenkratzers. Die Höhe entspricht der Abweichung der gravitationalen Wiederherstellungskraft T = 2 PI im Quadrat (l/g). Oder, wenn der Wolkenkratzer eine äußere Nottreppe besitzt, wäre es einfach hinaufzusteigen, die Höhe des Wolkenkratzers in Barometerlängen abzuhaken und oben zusammenzuzählen.

Wenn Sie aber bloß eine langweilige und orthodoxe Lösung wünschen, können Sie selbstverständlich das Barometer benutzen, um den Luftdruck auf dem Dach des Wolkenkratzers und auf dem Grund zu messen, den Unterschied in Millibar umzurechnen und so die Höhe des Gebäudes zu bestimmen.

Da wir aber ständig aufgefordert werden, die Unabhängigkeit des Verstandes zu üben und wissenschaftliche Methoden anzuwenden, wäre es ohne Zweifel viel einfacher, an die Tür des Hausmeisters zu klopfen und ihm zu sagen: ‚Wenn Sie ein neues Barometer haben möchten, gebe ich Ihnen dieses hier, vorausgesetzt, Sie sind ein netter Bursche und sagen mir die Höhe dieses Wolkenkratzers.'"

Angeblich handelte es sich bei dem Prüfling um den Dänen Niels Bohr, der später den Nobelpreis für Physik gewann. *[198]*

Bei Ähren wie bei Menschen

Zwei muntere Knaben, die Söhne eines Landmannes, gingen an einem Kornfeld ihres Vaters auf und ab. „Ei, sieh doch", rief der eine, „welcher Unterschied bei diesen Halmen hier sich zeigt! Sieh nur, wie hässlich diese sich neigen und wie schön und gerade dagegen jene stehen!" „Allerdings!", erwiderte altklug der andere. „Wenn ich wie unser Vater wäre, alle diese hier, die sich so beugen, risse ich aus und würfe sie weg."

„Eine herrliche Wirtschaft, wenn ich dies täte", belehrte sie der Vater, der unbemerkt ihnen zugehört hatte. „Wisst, junge Toren, eben die Ähren, die euch so missfallen, sind die besten. Sie neigen sich, weil sie schwer an Körnern sind. Jene geraden Ähren hingegen sind – leeres Stroh. Überhaupt merkt euch das: Auch unter den Menschen geht es oft zu wie auf dem Kornfeld. Der leere Kopf trägt immer höher als die übrigen."

An der Seite seines Vaters saß der junge Edmund in einer großen Gesellschaft. „Lieber Vater", fragte er beim Heimgehen, „der Mann zu Eurer rechten Hand, der so laut und viel sprach, der alle belehrte, alle übersah – Vater, wer war denn dieser große Mann?"

„Ein eitler Schwätzer und nichts mehr!"

„O weh, was soll ich dann erst von demjenigen denken, der zu meiner Linken saß? Der den Kopf so senkte, nur so wenig sprach und selbst demjenigen, den Ihr einen Schwätzer scheltet, einige Male seine Unwissenheit zugestand?"

„Der Himmel, mein Sohn, gebe dir einst die Wissenschaft dieses Mannes – nebst seiner Bescheidenheit." *|199|*

~ *Das Leid der Oase*

Es war einmal eine wundervolle Oase. Sie grünte in einer Pracht, die schöner kaum sein konnte.

Eines Tages blickte die Oase um sich, sah aber nichts anderes als die Wüste rings um sich. Vergebens suchte sie nach ihresgleichen und wurde ganz traurig.

Laut begann sie zu klagen: „Ich unglückliche, einsame Oase! Allein muss ich bleiben! Nirgends meinesgleichen. Nirgends jemand, der Freude an mir und meiner Pracht hat. Nichts als die traurige, sandige, felsige, leblose Wüste umgibt mich. Was helfen mir hier in meiner Verlassenheit all meine Vorzüge und Reichtümer?“

Da sprach die alte und weise Mutter Wüste: „Mein Kind, wenn es denn anders wäre und nicht ich – die traurige, dürre Wüste – dich umgäbe, sondern wenn alles um dich herum blühend, grün und prachtvoll wäre, dann wärst du keine Oase. Du wärst dann kein begünstigter Fleck, von dem noch in der Ferne die Wanderer rühmend erzählen. Du wärst dann nur ein kleiner Teil von mir und bliebst unbemerkt. Darum also ertrage in Geduld, was die Bedingung deiner Auszeichnung und deines Ruhmes ist!“ */200/*

~ *Leitbilder*

Der Mensch wechselt seine Leitbilder im Laufe seines Lebens.

Als Kleinkind beginnt er seine Sätze mit: „Meine Mutti sagt …“

Wenn er zur Schule geht, ist die Standardformel: „Die Lehrerin hat gesagt …“

Auf dem Gymnasium dann: „Meine Freunde sagen …“

Auf der Universität heißt es: „Ich sage …“

Und im Berufsleben schließlich: „Wer sagt das?“ */201/*

~ *Tägliches Wunder*

Ich dachte, ich würde sie kennen, bis ich eines Tages das Wunder sah. Sie standen mit ihren Füßen auf demselben Boden, erhoben ihren Kopf in dieselbe Luft, in dieselbe Sonne und denselben Regen. Und der Apfelbaum machte Äpfel und der Birnbaum, zehn Meter weiter, machte Birnen.

Ganz normal, sagten die Menschen. Aber ich konnte meinen Augen nicht glauben. Was sie aus demselben Boden holten, aus derselben Luft, aus derselben Sonne und demselben Regen, daraus machte der eine Baum Birnen und der andere, zehn Meter weiter, Äpfel. Und sie sind ganz verschieden in Form, Farbe, Geruch, Geschmack. So ein Wunder hatte ich noch nie gesehen. *|202|*

~ *Des Königs Suche*

Es gibt die Legende eines Königs, der es tief bedauerte, dass er sich das überwältigende Ausmaß menschlichen Wissens auf der Welt niemals aneignen konnte. Die Staatsgeschäfte vereinnahmten ihn derart, dass ihm dafür keine Zeit blieb. Je mehr er über diesen Verlust nachdachte, über die unermessliche Anzahl von Büchern und Abhandlungen in der Welt und darüber, dass es ihm unmöglich war, sie alle zu lesen, umso mehr bedrückte ihn seine Unwissenheit und beklagte er sein Los.

Schließlich ließ er die weisesten Männer des Königreichs zusammenrufen und sprach zu ihnen: „Ihr müsst mir einen großen Dienst erweisen. Sammelt alle Bücher in der Welt und fasst ihren Inhalt in einem Buch zusammen, damit ich es lese, bevor ich sterbe, und mir das Wissen der Welt aneigne."

Die Weisen beluden viele Kamele mit allen Büchern und Schriften der Welt und zogen sich in die Wüste zurück. Dort arbeiteten sie ein Jahr und einen Tag lang daran, das Wissen aller Bücher in einem Buch wiederzugeben. Dann kehrten sie zum König zurück. Dieser blickte auf den einen Band, der sehr dick und umfangreich war. Er erkannte, dass ihm auch dafür die Zeit und Muße fehlten. „Ihr müsst mir einen noch größeren Dienst erweisen“, sprach er zu den Weisen. „Ihr müsst daran arbeiten, das ganze menschliche Wissen, das in diesem Buch zum Ausdruck kommt, auf einen Satz zu reduzieren, damit ich diesen lesen und mir so das Wissen der Welt aneignen kann.“

Die weisen Männer arbeiteten wiederum ein Jahr und einen Tag lang in der Wüste und kehrten schließlich mit einem Satz, der alles Wissen der Welt zusammenfasste, zum König zurück. Dennoch war der König noch nicht zufrieden, denn der Satz war lang und kompliziert und die Geschäfte des Königreichs dringend und zeitraubend. „Geht wieder“, sprach er, „und erbringt mir den größten Dienst, indem ihr diesen Satz zu einem Wort reduziert, das den Umfang menschlichen Wissens wiedergibt.“

Und die Weisen zogen sich wieder in die Wüste zurück und erschienen nach einem Jahr und einem Tag vor dem König. Sie hatten hart daran gearbeitet, das Wort zu finden, das die Quintessenz des gesamten menschlichen Wissens zum Ausdruck brachte. Das Ergebnis, das nun der König zu lesen bekam, erfüllte ihn mit Bestürzung. Denn das Wort lautete: „VIELLEICHT.“ *|203|*

~ *Wahrnehmungsschärfe*

Eines Tages verließ ein Indianer das Reservat und besuchte seinen weißen Freund, der in der Großstadt lebte. In der Stadt zu sein, mit all dem Lärm, den Autos und den vielen

Menschen um sich – all dies war ganz neuartig und auch ein wenig verwirrend für den Indianer. Die beiden Männer gingen die Straße entlang, als plötzlich der Indianer seinem Freund auf die Schulter tippte und ruhig sagte: „Bleib einmal stehen. Hörst du auch, was ich höre?“

Der weiße Freund des roten Mannes horchte, lächelte und sagte dann: „Alles, was ich höre, ist das Hupen der Autos und das Rattern der Omnibusse. Und dann freilich auch die Stimmen und die Schritte der vielen Menschen. Was hörst du denn?“ „Ich höre ganz in der Nähe eine Grille zirpen“, antwortete der Indianer. Wieder horchte der weiße Mann. Er schüttelte den Kopf. „Du musst dich täuschen“, meinte er dann, „hier gibt es keine Grillen. Und selbst wenn es hier irgendwo eine Grille gäbe, würde man doch ihr Zirpen bei dem Lärm, den die Autos machen, nicht hören.“

Der Indianer ging ein paar Schritte. Vor einer Hauswand blieb er stehen. Wilder Wein rankte an der Mauer. Er schob die Blätter auseinander und da – sehr zum Erstaunen des weißen Mannes – saß tatsächlich eine Grille, die laut zirpte.

Nun, da der weiße Mann die Grille sehen konnte, fiel auch ihm das Geräusch auf, das sie von sich gab. Als sie weitergegangen waren, sagte der Weiße nach einer Weile zu seinem Freund: „Natürlich hast du die Grille hören können. Dein Gehör ist eben besser geschult als meines. Indianer können besser hören als Weiße.“ Der Indianer lächelte, schüttelte den Kopf und erwiderte: „Da täuschst du dich, mein Freund. Das Gehör eines Indianers ist nicht besser und nicht schlechter als das eines weißen Mannes. Pass auf, ich will es dir beweisen.“

Er griff in die Tasche, holte ein 50-Cent-Stück hervor und warf es auf das Pflaster. Es klimperte auf dem Asphalt und

Leute, die mehrere Meter von ihnen entfernt gingen, wurden auf das Geräusch aufmerksam und sahen sich um. Schließlich hob einer das Geldstück auf, steckte es ein und ging seines Weges. „Siehst du", sagte der Indianer zu seinem Freund, „das Geräusch, das das 50-Cent-Stück gemacht hat, war nicht lauter als das der Grille, und doch hörten es viele der weißen Männer und drehten sich danach um, während das Geräusch der Grille niemand hörte außer mir. Der Grund dafür liegt nicht darin, dass das Gehör der Indianer besser ist. Der Grund liegt darin, dass wir alle stets das gut hören, worauf wir zu achten gewohnt sind." */204/*

~ *Der verlorene Schlüssel*

Unter einer Straßenlaterne steht ein Betrunkener und sucht und sucht. Ein Polizist kommt daher, fragt ihn, was er verloren habe, und der Mann antwortet: „Meinen Schlüssel."

Nun suchen beide. Schließlich will der Polizist wissen, ob der Mann sicher ist, den Schlüssel gerade hier verloren zu haben, und jener antwortet: „Nein, nicht hier, sondern dort hinten – aber dort ist es viel zu finster." */205/*

~ *Die Schule der Tiere*

Eines schönen Tages vor vielen Jahren kamen die Tiere zusammen und entschieden, etwas wirklich Bahnbrechendes zu unternehmen, um den Anforderungen der „neuen Zeit" gerecht zu werden.

Sie beschlossen, eine Schulung zu organisieren, an deren

Ende sich alle Teilnehmer einer Prüfung unterziehen mussten.

Der Lehrplan bestand aus Laufen, Klettern, Schwimmen und Fliegen – und das waren auch die Prüfungsfächer für alle Teilnehmer.

Und so geschah es!

Die Ente war hervorragend im Schwimmen, besser sogar als ihr Lehrer. Im Fliegen war sie eher durchschnittlich und kam so gerade durch die Prüfung. Da sie nur sehr langsam lief, musste sie den Schwimmunterricht ausfallen lassen und nach der Schule dableiben, um zu üben.

Das ging aber nur so lange gut, bis ihre zarten Füße zu sehr schmerzten und sie dadurch auch nicht besser als „durchschnittlich" im Schwimmen war. (Außer der Ente störte das niemanden sonderlich, denn „durchschnittlich" war eine durchaus akzeptable Bewertung an dieser Schule.)

Der Hase erreichte die beste Position in seiner Klasse beim Laufen, bekam aber später einen Nervenzusammenbruch wegen der Anforderungen beim Schwimmunterricht, denen er nicht gewachsen war.

Das Eichhörnchen war ein ausgezeichneter Kletterer, entwickelte aber sehr schnell Frustrationen im Flugunterricht, weil der Lehrer darauf bestand, dass es vom Boden startete und nicht in der Spitze des Baumes, was es bevorzugt hätte.

Es bekam auch bald Muskelkater durch zu viel Üben, erreichte dadurch nur einen durchschnittlichen Wert im Klettern und war sehr schlecht im Laufen.

Der Adler war ein schwerer Problemfall. In der Kletterklasse erreichte zwar keiner schneller als er die Baumspitze, er bestand jedoch stur auf seiner eigenen Methode, dorthin zu gelangen.

Am Ende des Jahres erreichte der kleine, merkwürdige Aal den höchsten Notendurchschnittswert von allen: Er konnte ausgezeichnet schwimmen, er konnte einigermaßen laufen und klettern und etwas durch die Luft fliegen.

Und so wurde er schließlich Klassensprecher und machte anschließend Karriere! *|206|*

~ *Den Zuhörern gerecht werden*

Der Prediger, ein Mullah, kam in einen Saal, um zu den Menschen zu sprechen. Doch der Saal war leer bis auf einen jungen Stallburschen, der in der ersten Reihe saß. Der Mullah überlegte sich, ob es einen Sinn hatte zu sprechen, wenn nur einer gekommen war, und so fragte er den Stallburschen: „Es ist niemand außer dir da, soll ich deiner Meinung nach sprechen oder nicht?" Der Stallbursche antwortete: „Herr, ich bin ein einfacher Mann, davon verstehe ich nichts. Aber wenn ich in den Stall komme und sehe, dass alle Pferde weggelaufen sind und nur ein einziges dageblieben ist, werde ich es trotzdem füttern."

Der Mullah nahm sich das zu Herzen und begann seine Predigt. Er sprach über zwei Stunden lang. Danach fühlte er sich erleichtert und glücklich und wollte durch den Zuhörer bestätigt wissen, wie gut seine Rede war. Er fragte: „Wie hat dir meine Predigt gefallen?" Der Stallbursche antwortete: „Ich habe bereits gesagt, dass ich ein einfacher Mann bin und von so etwas nicht viel verstehe. Aber wenn ich in den Stall komme und sehe, dass alle Pferde außer einem weggelaufen sind, werde ich es trotzdem füttern. Ich würde ihm aber nicht das ganze Futter geben, das für alle Pferde gedacht war." |207|

~ Adler oder Muschel?

Nachdem Gott die Welt erschaffen hatte, begann er damit, die Lebewesen zu entwickeln. Als Erstes erschuf er die Muschel. Die Muschel hatte ein recht langweiliges Leben. Den ganzen Tag filterte sie Wasser. Den ganzen Tag hieß es für sie also: „Klappe auf, Klappe zu, Klappe auf, Klappe zu …"

Nach der Muschel erschuf Gott den Adler. Dem Adler gab Gott die Freiheit, mit seinen weiten Schwingen über Berge, Meere und Täler zu fliegen. Aber er übergab dem Adler auch die Verantwortung für seine Jungen.

Dann erschuf Gott den Menschen. Erst brachte er ihn zu der Muschel, die den ganzen Tag lang „Klappe auf, Klappe zu, Klappe auf, Klappe zu" machte, und dann zum Adler, der frei über den Klippen schwebte und für seine Jungen das Futter erjagen musste. Und der Mensch sollte sich entscheiden, welches Leben er führen will.

Auch heute noch stehen die Menschen vor der gleichen großen Entscheidung: Wählt man das Leben der Muschel oder wählt man das Leben des Adlers? |208|

~ Wert des Sprechens

Ein Schüler fragt seinen Lehrer: „Meister, hat es einen Wert, redselig zu sein?" „Was sollte es für einen Wert haben, viel zu sprechen", antwortet dieser. „Nimm zum Beispiel den Frosch im Tümpel. Er quakt den ganzen Tag und die ganze Nacht, bis sein Mund trocken ist. Aber niemand hört auf ihn. Der Hahn im Hühnerstall dagegen kräht nur zwei oder drei Mal beim Morgengrauen und jeder hört auf ihn, weil die Menschen wissen, dass der Tag bald anbrechen wird, wenn der Hahn kräht. Deshalb rede nur, wenn es einen Zweck hat." *|209|*

~ *Tue, was du tust*

Es war einmal ein Meister, der erschien seinen Schülern so gelassen, so konzentriert, und alles, was er tat, hatte höchste Qualität. So fragten sie ihn eines Tages nach seinem Geheimnis:

„Meister, du bist die Ruhe selbst, nichts scheint dich aus dem Gleichgewicht zu bringen. Dennoch vollbringst du mehr als andere und was du erledigst, wird höchsten Ansprüchen gerecht."

„Ganz einfach", antwortete der Meister, „wenn ich sitze, dann sitze ich, wenn ich stehe, dann stehe ich, und wenn ich laufe, dann laufe ich."

„Meister", riefen die Schüler, „das tun wir ja auch. Was machst du denn sonst, was wir nicht machen?"

„Ich kann mich nur wiederholen", gab er zur Antwort, „wenn ich sitze, dann sitze ich, wenn ich stehe, dann stehe ich, und wenn ich laufe, dann laufe ich. Das ist mein Geheimnis!"

„Aber Meister, das tun wir doch alles auch!", protestierten seine Schüler.

„Nein", entgegnete der Meister, „wenn ihr sitzt, dann steht ihr schon, wenn ihr steht, dann lauft ihr schon, und wenn ihr lauft – dann seid ihr schon am Ziel." *|210|*

~ Geheimnis des Lebens

Meister, kennst du das Geheimnis des Lebens?" „Ja." „Kannst du es mir sagen?" „Nein." „Warum nicht?" „Dann wäre es kein Geheimnis mehr!" *|211|*

~ Die volle Schale

Einmal wurde ein Meister nach dem Weg der Weisheit gefragt. Doch statt auf den Rat des Meisters zu hören, war der Besucher die ganze Zeit damit beschäftigt, von seinen Sorgen und Schwierigkeiten zu erzählen.

Schließlich kam die Teestunde und der Meister begann einzuschenken. Er goss die Schale des Besuchers bis zum Rand voll und wäre ihm sein Besucher nicht in den Arm gefallen, hätte er mit dem Einschenken nicht aufgehört.

„Was tut Ihr da, Meister", rief dieser verwundert, „seht Ihr nicht, dass die Schale schon voll ist?"

„Ja, sie ist voll", bestätigte der Meister, „und auch du bist bis zum Rand angefüllt mit eigenen Gedanken und Vorstellungen. Wie soll ich dir Weisheit vermitteln, wenn du mir keine leere Schale reichst?" *|212|*

~ Wohnstatt Gottes

Eine alte Geschichte aus Indien erzählt aus der Zeit, als Gott im Himmel alle seine Engel zusammenrief. Als sie versammelt waren, offenbarte er ihnen seinen Plan für die

Schöpfung und die Geschöpfe, die sie umfassen sollte. Er wandte sich dann an die weisesten Engel und stellte ihnen diese Frage: „Wo kann ich mich inmitten der Schöpfung verbergen, so dass der Mensch mich nicht so leicht finden kann?“

„Auf dem höchsten Bergesgipfel“, sprach der erste Engel, „wird kein Mensch dich jemals erreichen, denn der Mensch ist zu schwach und gebrechlich, eine solche Tat zu vollbringen.“ „Nein“, sprach Gott, „sicher wird der Mensch mit Entschlossenheit und Ausdauer irgendwann diesen Gipfel ersteigen und mich dort finden. Nein, kein Bergesgipfel ist zu hoch für den Menschen!“

Der zweite Engel sprach: „Verbirg dich tief im dunkelsten und wildesten Urwald. Nie wird der furchtsame Mensch sich getrauen, dich dort zu suchen.“ „Nein“, sprach Gott wiederum, „du unterschätzt den Menschen. Seine Tapferkeit und Abenteuerlust werden ihn in den tiefsten Urwald führen, wo er mich fände. Nein, nicht im Urwald werde ich mich verbergen.“

Der dritte weise Engel sprach, seiner Antwort sehr sicher: „Verbirg dich in den tiefsten Tiefen des Meeres. Kein Mensch kann jemals zu einem solch gefährlichen Ort gelangen.“ Nun sprach Gott zu seinen Engeln: „Ach, meine Gefährten, ihr begreift nicht die Möglichkeiten und Fähigkeiten des Geschöpfes Mensch. Denn der Mensch wird mit großem Bemühen Wissen und Kenntnisse erlangen, so dass er Maschinen bauen kann, die ihn sicher zum Meeresgrund tragen, wo er mich finden würde. Nein, nicht im Meer werde ich mich verbergen.“

Die Engel wussten nun keinen Rat mehr und gaben beschämt ihre Unfähigkeit zu, die Frage, die ihnen Gott gestellt hatte, zu beantworten. Und Gott erhob sich und sprach: „Nicht in den Tiefen des Meeres oder der Wildnis des Urwaldes oder der Höhe des höchsten Gipfels werde ich mich verbergen, denn der Mensch wird im Streben nach irdischem Gut alles auf sich nehmen, diese Orte zu entdecken. Einzig im Herzen des Menschen werde ich mit Gewissheit verborgen bleiben, denn sein eigenes Herz wird der geschäftige Mensch als Letztes ergründen."

Und so geschah es.

Bis auf den heutigen Tag ist Gott dort verborgen. *[213]*

~ *Die Süße der Datteln*

Eine Frau kam mit ihrem kleinen Sohn zum weisen Ali. „Meister", sprach sie, „mein Sohn ist von einem unangenehmen Übel befallen. Er isst von morgens bis abends Datteln. Wenn ich ihm keine Datteln gebe, schreit er, dass man es bis in den siebten Himmel hört. Was soll ich tun, bitte hilf mir!" Der weise Ali schaute das Kind freundlich an und sagte zur Mutter: „Gute Frau, geht nach Hause und kommt morgen zur gleichen Zeit wieder!" Am nächsten Tag stand die Frau mit ihrem Sohn wieder vor Ali. Der Imam setzte den Jungen auf seinen Schoß, sprach freundlich und eindringlich zu ihm. Dann nahm er ihm die Dattel aus der Hand und sagte: „Mein Sohn, erinnere dich der Mäßigkeit. Es gibt auch andere Dinge, die gut schmecken." Mit diesen Worten entließ er Mutter und Kind.

Etwas verwundert fragte die Frau: „Meister, warum hast du das nicht schon gestern gesagt, warum mussten wir den langen Weg zu dir noch einmal machen?" „Gute Frau", antwortete da Imam Ali, „gestern hätte ich deinem Sohn nicht überzeugend sagen können, was ich ihm heute sagte, denn gestern hatte ich selber die Süße der Datteln genossen!" *|214|*

~ *Kürze ist Würze*

Mark Twain erzählte: „Ich hörte eine anfangs aufrüttelnde Predigt über die Heidenmission. Der Prediger bat in bewegenden Worten um Hilfe für die armen Menschen. Nach fünf Minuten beschloss ich, vierzig Dollar für den guten Zweck zu spenden. Nach weiteren zehn Minuten dachte ich, dass zwanzig Dollar auch genug seien. Nach einer halben Stunde hatte ich ausgerechnet, dass es auch zehn Dollar tun würden. Als nach einer Stunde der Kollektenteller herumging – nahm ich mir fünf Dollar …" *|215|*

~ *Vergebliche Liebesmüh*

Eine Mutter bei der Schulanmeldung ihres Kindes zu der Lehrerin: „Schreiben wird mein Kind allerdings nicht lernen, geben Sie sich da gar keine Mühe. Denn das konnte es schon von Geburt an nicht!" *|216|*

~ *Licht des Tages*

Alle Dinge der Schöpfung sind heilig. Jeder Morgen ist heilig, jeder Tag ist heilig, denn das Licht des Tages wurde von Wakan Tanka, unserem Vater, gesandt. Bedenkt, dass alle

Geschöpfe dieser Welt heilig sind und darum entsprechend behandelt werden wollen. *|217|*

~ Zierde des langen Bartes

Ein Gelehrter, der wegen seines reichen Wissens und seines langen üppigen Bartes bekannt war, ging eines Abends durch die Gassen von Shiraz. In Gedanken versunken, kam er an einer Schar Wasserträger vorbei, die sich über ihn lustig machten. Der Keckste unter ihnen trat schließlich vor, verbeugte sich tief und fragte: „Großer Meister, meine Kameraden und ich, wir haben eine Wette abgeschlossen. Sag uns doch, wo liegt dein Bart, wenn du nachts schläfst, auf der Bettdecke oder unter ihr?" Der Gelehrte, aus seinen Gedanken aufgeschreckt, schaute verwundert auf und antwortete freundlich: „Wenn du mich so fragst, mein Freund, so weiß ich es selbst nicht. Daran habe ich noch gar nicht gedacht. Ich werde es aber erforschen. Morgen um die gleiche Zeit erwarte ich dich hier. Ich will es dir dann sagen."

Als die Nacht hereingebrochen war und der Gelehrte sich zur Ruhe gelegt hatte, wollte kein Schlummer über ihn kommen. Mit gerunzelter Stirn dachte er nach, wo denn immer sein Bart gelegen habe. Auf der Decke? Unter ihr? So sehr er nachdachte, seine Erinnerung gab ihm keine Antwort. Schließlich ließ er es auf einen Versuch ankommen, legte seinen Bart auf die Decke und wollte schlafen. Innere Unruhe ergriff sein Herz: War denn dies wirklich die richtige Lage? Wenn sie es war, wieso war er denn nicht wie immer schon längst eingeschlafen? Mit dieser Überlegung strich er seinen Bart unter die Decke. Doch das half ihm wenig.

Der Schlaf war seinen Augen ebenso entfernt wie zuvor. „So kann es auch nicht gewesen sein", kam es dem Gelehrten in den Sinn und er legte den Bart wieder auf die Decke. Auf diese Weise kämpfte er die ganze Nacht – den Bart auf die Decke, den Bart unter die Decke –, ohne dass auch nur einen Augenblick Schlaf ihm seine Frage beantwortet und Erholung gegönnt hätte.

Am nächsten Abend ging er dem jungen Wasserträger entgegen: „Mein Freund", sagte er, „bisher schlief ich mit der Zierde meines Bartes und ich konnte mich immer der Süße des Schlummers erfreuen. Seitdem du mich gefragt hast, kann ich nicht mehr schlafen. Eine Antwort auf deine Frage ist mir nicht möglich und mein Bart, die Zierde meiner Weisheit und das Zeichen meines erhabenen Alters, ist mir fremd geworden. Ich weiß nicht, wie ich mit ihm wieder vertraut werden kann." *[218]*

~ *Wer sucht, der findet*

*D*er alte Rabbi ist beim Talmudstudium unterbrochen worden. Als er ins Zimmer zurückkommt, will er sich wieder seiner Lektüre widmen. Nachdem er sich an den Schreibtisch gesetzt hat, tastet er nach seiner Brille, die aber nicht wie gewohnt im Buch liegt …

Er fängt an, nach den Regeln der talmudischen Lehre nachzudenken: Jeden Tag trage ich beim Lesen die Brille und wenn ich aufhöre, lege ich die Brille ins Buch. Wenn ich das täglich tue, habe ich es auch heute getan. Wenn ich es aber getan habe, muss die Brille im Buch liegen. Sie liegt aber nicht drin. Sie liegt nicht drin, das heißt, sie ist weg.

Textile Wachsbatik, Indonesien, 1920

Meine Brille ist weg. Von allein kann sie nicht weg sein. Also muss sie jemand genommen haben. Wer kann die Brille genommen haben? Wenn sie jemand weggenommen hat, dann entweder jemand, der eine Brille hat, oder jemand, der keine Brille hat. Wenn einer schon eine Brille hat, dann nimmt er doch keine Brille mehr. Wenn es also jemand gewesen ist, der keine Brille hat, dann ist es entweder jemand gewesen, der keine Brille hat und sieht, oder jemand, der keine Brille hat und nichts sieht. Wenn er keine Brille hat und sieht, dann braucht er auch keine Brille. Es ist also jemand gewesen, der keine Brille hat und nichts sieht. Aber wenn er keine Brille hat und nichts sieht, dann kann er die Brille ja gar nicht sehen.

Da sie keiner weggenommen hat, der eine Brille hat, weil der braucht keine mehr, und da aber der, der keine Brille hat, entweder sehen kann, und dann braucht er keine Brille, oder nicht sehen kann, dann kann er aber auch die Brille nicht sehen, und die Brille aber auch nicht weggelaufen sein kann, muss sie noch da sein! Ich sehe sie aber nirgends. Wo ist sie nur? Auf dem Tisch liegt sie nicht, auf der Kommode nicht, auf dem Bett … Moment mal, woher weiß ich eigentlich, dass sie nirgends liegt? Weil ich es sehe. Ich sehe? Ohne Brille kann ich doch gar nicht sehen! Also habe ich doch eine Brille auf. Entweder ist das jetzt eine fremde Brille oder meine eigene. Da es aber ausgeschlossen ist, dass ich eine fremde Brille auf der Nase habe, ist es meine Brille – richtig, da ist sie ja!

Der Rabbi beendet damit seine Analyse und sagt dankbar: „Gesegnet sei der Allmächtige, der mir die Möglichkeit gab, die Weisheit des Talmud zu beherrschen, durch die ich meine Brille wiederfinden konnte.“ *[219]*

~ Früher …

Ein Mann spricht einen anderen auf der Straße an: „Hübner, was ist los mit Ihnen? Früher waren Sie klein, nun sind Sie groß, früher waren Sie dick, jetzt sind Sie mager, früher hatten Sie eine Glatze, jetzt haben Sie lange Haare, früher …"

„Ich heiße doch gar nicht Hübner!", unterbricht ihn der Passant.

„Was? Hübner heißen Sie auch nicht mehr?" *|220|*

~ Ruhig

Ein junger Vater hält sein brüllendes Kind im Arm und sagt immerzu: „Ruhig, Moritz! Ruhig, Moritz!"

Ein Fremder schaut zu und meint: „Also, eine Geduld haben Sie mit Ihrem Moritz, allerhand! Was hat denn der kleine Moritz?"

„Er heißt nicht Moritz", antwortet der Vater, „Moritz bin ich!" *|221|*

~ Auf der Durchreise

Ein Besucher sah mit Erstaunen, dass der Rabbi in einem Zimmer mit nur einem Tisch, einem Stuhl, einem Bett und ein paar wenigen Büchern lebte. „Rabbi, wo sind denn deine Möbel?", fragte der Besucher.

„Wo sind deine?", erwiderte der Rabbi.

„Meine? Aber ich bin nur zu Besuch hier. Ich bin auf der Durchreise", entgegnete der Besucher.

„Genau wie ich", sagte der Rabbi. |222|

~ *Wisst ihr, worüber ich sprechen werde?*

Dem bekannten Mullah Nasrudin war sein Ruf vorausgeeilt. Berichte über seine Weisheit und Gelehrsamkeit waren in aller Munde. So nahm es nicht Wunder, dass ihn alle möglichen Leute treffen und seinen Worten lauschen wollten. Man bat ihn, für eine ausgewählte Gruppe von Interessierten zu sprechen. Nur widerwillig ließ der Mullah sich überreden.

Als er den bis zum letzten Platz gefüllten Saal betrat, herrschte gespannte Erwartung. Er trat zum Rednerpult, schaute ruhig ins Publikum und fragte dann: „Wisst ihr, worüber ich sprechen werde?" „Nein, erhabener Meister", antwortete das Publikum. „Nein? Nein? Und ich soll für ein so ignorantes Publikum sprechen? Wirklich nicht!" Und voller Entrüstung zog der Mullah ab. Die Veranstalter eilten ihm nach und bemühten sich, ihn wieder umzustimmen. Die Besucher waren von weither angereist, hatten viele Opfer auf sich genommen, nur um ihn zu hören. Der Mullah ließ sich breitschlagen und kehrte zurück.

Wieder schaute er längere Zeit ins Publikum und stellte seine Frage: „Wisst ihr, worüber ich sprechen werde?" Doch die Leute hatten gelernt. Ein zweites Mal würde er sie nicht hereinlegen. Wie im Chor riefen sie: „Ja!" „Ja? Na, dann brauche ich ja nichts mehr zu sagen!" Festen Schrittes verließ der Mullah den Saal und ließ ein völlig entnervtes Publikum zurück. Wieder eilten die Veranstalter ihm nach und setzten ihre ganze Überredungskunst ein, den Mullah dazu zu bewegen, noch einmal zurückzukehren und zu der versammelten Menge zu sprechen.

In der Zwischenzeit hatten sich die Leute abgesprochen. Als der Mullah erschien und seine obligate Frage stellte: „Wisst ihr, worüber ich sprechen werde?", antwortete die eine Hälfte mit JA und die andere Hälfte mit NEIN. Zufrieden blickte der Mullah ins Publikum: „Dann sollen diejenigen, die es wissen, es denen, die es nicht wissen, erzählen", sagte er dann lächelnd und verließ endgültig die Versammlung. *|223|*

~ *In Seenot*

Es sah so aus, als würde das Schiff jeden Moment sinken, und die Passagiere lagen auf den Knien, beteten und bereuten ihre Sünden. Sie gelobten, alle möglichen Dinge zu tun, wenn sie nur gerettet würden. Allein Nasrudin war ungerührt.

Plötzlich, auf dem Höhepunkt der Panik, sprang er auf und rief: „Sachte, sachte, Freunde! Versprecht nicht zu viel – ihr könnt die Alten bleiben. Ich glaube, ich sehe Land." *|224|*

~ *Stufen zur Weisheit*

Den großen Lehrer und Philosophen Abu Hamid Ghasali fragte einst ein Schüler: „Wie ist es dir gelungen, eine so hohe Stufe der Weisheit zu erreichen?"

„Indem ich es niemals für eine Schande hielt zu fragen, wenn ich etwas nicht wusste oder nicht begriffen hatte." /225/

~ *Nihilismus*

Der Nihilist leugnete radikal alles Übersinnliche ab.

„Also glauben Sie an nichts?"

„Ich glaube nur an das, was ich mit meinem Verstand begreifen kann."

„Nun ja, das kommt schließlich aufs Gleiche hinaus." /226/

~ *Der Suchende*

Ein Sufi saß eines Morgens an einer Kreuzung. Da kam ein junger Mann zu ihm und fragte, ob er bei ihm lernen dürfe.

„Ja, für einen Tag", sagte der Sufi.

Den ganzen Tag lang machte ein Reisender nach dem anderen halt und stellte Fragen über die Menschheit und das Leben, über Mystik und Mystiker, bat um Hilfe oder erwies nur seine Achtung und Ehrerbietung. Doch der Wandersufi saß die ganze Zeit über in der Haltung der Versenkung da, den Kopf auf den Knien, und reagierte überhaupt nicht. Die Leute gingen, einer nach dem anderen, wieder fort.

Gegen Abend trat ein ärmlicher Mann mit einem schweren Bündel an das Paar heran und fragte nach dem Weg zur nächstgelegenen Stadt. Der Sufi stand sogleich auf, lud sich die Last des Mannes auf die Schultern und führte ihn einen Teil des Weges auf der richtigen Straße. Dann kehrte er zur Kreuzung zurück.

Der junge Schüler erkundigte sich: „War der Mann, der doch nach einem armen Bauern aussah, ein Heiliger in Verkleidung, einer der geheimen Wanderer von hohem Rang?" Der Sufi seufzte und entgegnete: „Er war der Einzige von denen, die wir heute gesehen haben, der wirklich nach dem Ziel suchte, das er seiner Aussage nach wünschte." *|227|*

~ *Zeitsinn*

Im alten China hatte ein Bauer ein kleines Reisfeld oberhalb einer Schlucht. Täglich stieg er mehrmals in die Schlucht hinab, um Wasser für seine Felder heraufzutragen. Als im neuen Jahrhundert die Amerikaner ins Land kamen und den Bauern seine mühsame Arbeit verrichten sahen, boten sie ihm an, eine Pumpe zu bauen, die ihm die ganze Last des Wassertragens ersparen würde.

Der Bauer lehnte höflich ab. „Könnte ich nicht mehr Wasser tragen, so fehlte mir die Zeit zum Nachdenken." *|228|*

~ *Angewandte Relativitätstheorie*

Siehst du den kahlköpfigen Doktor dort am Ende der Tafel?" „Ja." „Du würdest doch auch sagen, dass er nur mehr wenige Haare auf dem Kopf hat, nicht wahr?" „Ja, sehr wenig!" „Aber wenn du fünf von diesen Haaren in deiner Suppe fändest, würdest du sagen: ‚Da sind verdammt viele Haare in der Suppe!' Richtig? Das ist Relativität!" *|229|*

~ Alles ist gut

Ein viel beschäftigter Kalif, den seine Regierungsgeschäfte im Palast festhielten, sehnte sich danach, alle Weisheiten der Welt zu erfahren. Wie gerne hätte er andere Länder bereist, um Neues kennenzulernen. Da er aber selber dazu nicht imstande war, beauftragte er seinen Großwesir damit, jedes Jahr eine Reise zu unternehmen und ihm eine neue Weisheit mitzubringen. Voller Ungeduld wartete er jedes Mal auf die Rückkehr seines Großwesirs und hing an seinen Lippen, wenn dieser von seinen Erlebnissen und Erkenntnissen erzählte.

Als dieser wieder einmal von einer ausgedehnten Reise zurückkam, fragte ihn der Kalif: „Erzähle mir, welche Weisheit hast du diesmal mitgebracht?" „Alles ist gut", war die knappe Antwort. „Na schön", sagte der Kalif, „aber welche Weisheit hast du gelernt, was hast du erfahren?" Doch wieder sagte der Großwesir nur: „Alles ist gut, so wie es ist!" „Das mag sein", erwiderte der Kalif jetzt schon ungeduldig, „aber das kann ja nicht alles sein. Welche Weisheit hast du noch mitgebracht?" Der Großwesir blieb jedoch bei seiner Aussage: „Alles ist gut, so wie es ist."

Der Kalif war mit dieser Antwort nicht zufrieden. Verärgert entließ er seinen Großwesir und ließ den Barbier kommen, damit er ihm den Bart stutze. Doch da er so wütend und unruhig war, schnitt ihm der Barbier versehentlich in die Wange. Jetzt war der Kalif außer sich vor Zorn und ließ den Barbier in den Kerker werfen. Er rief seinen Großwesir zu sich und stellte ihn auf die Probe: „Findest du auch das gut, dass mich der Barbier in die Wange geschnitten hat?" „Alles ist gut, so wie es ist", antwortete der Großwesir ganz ruhig. Diese Antwort brachte das Fass zum Überlaufen. Bebend vor Zorn befahl der Kalif, nun auch seinen Großwesir in den Kerker zu werfen.

Um wieder seine Ruhe zu finden, ließ er sein Pferd satteln und ritt aus. Gedankenverloren ritt er immer weiter und weiter. Er achtete weder auf Weg noch Steg. So bemerkte er auch nicht, dass er die Grenze seines Landes überschritt und in das Gebiet der Kannibalen gelangte.

Diese fingen ihn ein und brachten ihn in ihr Dorf. Doch als sie ihre Beute begutachteten, entdeckten sie den Schnitt auf seiner Wange. Angewidert setzten sie ihn wieder auf sein Pferd und jagten ihn fort. Denn sie fraßen nur makellose Menschen.

Überglücklich und dankbar ritt der Kalif zurück zum Palast und machte sich unterwegs Vorwürfe wegen seiner Ungerechtigkeit. Jetzt erst erkannte er die Weisheit und wie gut es gewesen war, dass der Barbier ihn geschnitten hatte. Im Palast angekommen, ließ er sofort den Barbier frei und öffnete persönlich seinem Großwesir die Kerkertür. Er entschuldigte sich wiederholt für seine große Ungerechtigkeit. Aber der Großwesir antwortete beruhigend: „Alles ist gut, so wie es ist." Der Kalif war verwirrt. „Wenn ich nicht so betroffen und traurig wäre über mein ungerechtes Verhalten, könnte ich jetzt wieder wütend werden über diese deine Worte. Was kann denn gut daran sein, dass ich dich in meinem Zorn in den Kerker werfen ließ, nur weil du mir eine Weisheit vermittelt hast, die ich nicht verstand?" Der Großwesir erklärte mit einem dankbaren Lächeln: „Alles ist gut, so wie es ist. Hättest du mich nicht in den Kerker werfen lassen, dann wäre ich selbstverständlich bei deinem Ritt wie immer an deiner Seite gewesen und wäre mit dir gefangen genommen worden. Mich aber hätten die Kannibalen gefressen, da ich keine Verletzung aufweise."

Nun erkannte der Kalif die umfassende Bedeutung der großen Weisheit: Alles ist gut, wie es ist. Und er wiederholte für sich: „Alles ist gut, so wie es ist." *[230]*

~ *Last der Einbildungen*

Es war einmal ein Waisenjunge. Er zog von Dorf zu Dorf, immer auf der Suche nach etwas Essbarem und einem Dach über dem Kopf.

Eines Tages traf der Junge auf einen alten Mann, der ebenfalls von Dorf zu Dorf wanderte. Sie beschlossen, gemeinsam weiterzugehen. Der alte Mann trug einen großen, zugedeckten Weidenkorb, der offenbar sehr schwer war, denn der Alte lief tief gebeugt und stöhnte hin und wieder unter der Last. Als sie Rast an einem Bach machten, stellte der alte Mann seinen Korb erschöpft auf den Boden.

Der Junge fragte: „Soll ich deinen Korb für dich tragen?"

„Nein", antwortete der Alte, „den Korb kannst du nicht für mich tragen. Ich muss ihn ganz allein tragen."

„Was ist denn in dem Korb?", fragte der Junge, doch er erhielt keine Antwort.

Viele Tage wanderten die beiden gemeinsam. Nachts, wenn der Alte glaubte, dass der Junge schlief, kramte er in seinem Korb herum und sprach leise mit sich selbst.

Es kam der Tag, an dem der alte Mann nicht mehr weitergehen konnte. Er legte sich nieder, um zu sterben. Ein letztes Mal sprach er zu dem Jungen: „Du wolltest immer wissen, was in meinem Korb ist, nicht wahr? In diesem Korb habe ich all die Dinge verwahrt, die ich von mir selbst geglaubt habe und die nicht stimmten. Es sind die Steine, die mir meine Reise erschwerten. Auf meinem Rücken habe ich alle Kieselsteine des Zweifels, alle Sandkörner der Unsicherheit und alle Mühlsteine des Irrwegs getragen, die ich im Laufe meines Lebens gesammelt habe. Aber ach – ohne sie hätte ich so viel weiter kommen können im Leben. Statt meine Träume zu verwirklichen, bin ich nur bis hierher gekommen."

Dann schloss er die Augen und starb.

Der Junge ging zu dem Korb und hob den Deckel ab. Zu seiner Verwunderung war der Korb, der den alten Mann so lange niedergedrückt hatte, leer. *|231|*

~ *Weisheit der Schöpfung*

An einem heißen Sommertag lag Mullah Nasrudin unter einem Maulbeerbaum und betrachtete die riesengroßen Wassermelonen, die nebenan in einem Feld wuchsen. Und seine Gedanken kreisten um höhere Dinge.

„Wie ist es", wunderte er sich, „dass ein so mächtiger, beeindruckender Baum wie dieser Maulbeerbaum so zarte kleine Früchte hervorbringt, während ein so schwaches, am Boden kriechendes Gewächs so große und erfrischende Melonen entstehen lässt …?"

Wie er so in seinen Gedanken versunken war über die Widersprüchlichkeit des Lebens, löste sich eine Maulbeere vom Baum und landete auf seinem kahlen Kopf.

„Jetzt verstehe ich!", sagte Nasrudin. „Das ist der Grund, nicht wahr? Daran hätte ich gleich denken können!" *|232|*

~ Es liegt in deiner Hand

Einst lebte ein König, der einem weisen Alten grollte, weil ihn das Volk grenzenlos verehrte und bei jeder Gelegenheit um seinen Rat fragte. So manche Nacht ließen ihn seine Gefühle von Neid und Eifersucht keinen Schlaf finden. Er saß wach da und grübelte, wie er den weisen Mann vor dem ganzen Volk in Verlegenheit bringen und damit seinem Ruf schaden könnte.

Endlich kam ihm eine Idee. Er rief sein ganzes Gefolge zusammen und ließ den weisen Mann zu sich kommen. Als dieser vor ihm stand, sagte der König zu ihm:

„Oh Weisester aller Sterblichen, ich will dir eine Frage stellen: Zwischen meinen Händen gefangen ist ein winzig kleiner Vogel. Sag mir, ist er tot oder lebendig?"

Der weise Mann durchschaute sofort die List des Königs. Er wusste, dass der König, würde er „lebendig" sagen, die Hände zusammenpressen und das Tier töten würde. Wenn er aber „tot" sagte, würde der König die Hand öffnen und den Vogel freilassen.

In beiden Fällen wäre sein Ruf verloren.

Der König bemerkte sein Überlegen und drängte: „Gib Antwort! Du weißt doch immer alles. Ist er tot oder lebendig?"

Da antwortete der weise Mann langsam: „Es liegt ganz in deiner Hand, König. Es liegt ganz in deiner Hand." *|233|*

Die Verwechslung

In einem Dorf in Italien lebte einst ein alter einfacher Mann, der noch nie die Hauptstadt des Landes besucht hatte. Er war sein ganzes Leben nicht aus seinem Dorf hinausgekommen. Immer wieder forderten seine Freunde ihn auf: „Alter Mann, dieses Dorf bietet nichts im Vergleich mit der großen Stadt. Gehe nach Rom, wo es prachtvolle Kirchen und mächtige Kathedralen gibt und wo du viel Neues sehen und erleben kannst." Doch seine Antwort war stets: „Nein, hier gibt es alles!"

Eines Tages schließlich entschloss er sich doch, dem Rat seiner Freunde zu folgen und nach Rom zu fahren. Das war ein großer Tag. Er nahm den Autobus, erreichte die Hauptstadt und suchte sogleich eine der imposanten Kirchen auf. Nach seiner Rückkehr in sein Dorf umringten ihn die Leute und wollten wissen, wie es ihm ergangen war. Der alte Mann berichtete voller Stolz: „Etwas Eigenartiges trug sich zu. Wie ich so in der großen Kirche weilte, beobachtete ich, wie die Menschen Schlange standen und einer nach dem anderen kam auf mich zu und verbeugte sich vor mir. Ich lüftete jedes Mal meinen Hut und bedankte mich höflich. Sobald einer gegangen war, trat schon der nächste vor mich und verhielt sich ebenso." Er legte eine Pause ein und überlegte ein wenig: „Ich glaube, der Grund für ihr respektvolles Verhalten war der, dass sie gehört hatten, dass dies nach all den Jahren mein erster Besuch in Rom war. Nun, da ich endlich erschienen war, waren sie derart glücklich darüber, dass sie kamen, mir zu danken."

Die Dorfbewohner erkannten, dass dies unmöglich der eigentliche Grund sein konnte, und forschten nach: „In Ordnung, aber sage uns, wo genau bist du denn gestanden?“ Er gab bereitwillig Antwort: „Nun, wenn man die Kirche durch das große Portal betritt, gibt es rechter Hand eine mächtige Säule, und ich stand genau davor.“

Das Geheimnis war nun für alle gelüftet! Denn an dieser Säule war eine Statue der Jungfrau Maria mit dem Jesuskind im Arm angebracht. Die Menschen waren gekommen, der Jungfrau und dem Jesuskind Reverenz zu erweisen, und der alte Mann hatte dies auf sich selbst bezogen.

„Du armer Tor“, lachten die Leute über den einfältigen Mann, „die andächtige Verbeugung galt nicht dir, sondern Jesus und seiner Mutter Maria!“ *|234|*

~ *Stressgedanken*

Zwei Gruppen von Versuchsteilnehmern sollten in einem Experiment schwierige Rätsel lösen und bestimmte Texte korrigieren. Um die Aufgabe zu erschweren, spielte man in den Versuchsraum die Geräuschkulisse von Büromaschinen und Straßenlärm ein. Die erste Gruppe musste ihre Aufgaben lösen, ohne auf diese störende Geräuschkulisse irgendeinen Einfluss ausüben zu können. Bei der zweiten Gruppe verfügte jeder Teilnehmer über einen Knopf, mit dem er den Lärm abstellen konnte. Die Arbeitsergebnisse waren dementsprechend: Die Gruppe, die über den Lärmabstellknopf verfügte, löste fünfmal so viele Rätsel und machte beim Korrekturlesen weitaus weniger Fehler als die Gruppe ohne diese Abstellmöglichkeit.

Aber das Faszinierende an diesem Ergebnis war die Tatsache, dass keiner in der besseren Gruppe diesen Lärmabstellknopf auch nur einmal benutzt hatte. Allein das Wissen um die Möglichkeit hatte genügt. Dieses Wissen hatte bewirkt, dass gar keine Stressgedanken aufkamen, die, wie wir wissen, das Denk- und Erinnerungsvermögen beeinträchtigen. *|235|*

~ *Die Liebe zum König*

Es lebte einmal ein sehr beliebter König in seinem Schloss auf einem Hügel. Von dort aus konnte er sein ganzes Reich überblicken. Die Leute liebten den König so sehr, dass sie ihm täglich Geschenke brachten. Seinen Geburtstag feierten sie jedes Jahr mit einem rauschenden Fest. Besonders liebten die Leute die Weisheit ihres Königs und sein gerechtes Urteilsvermögen.

Eines Tages brach ein schreckliches Unheil über das Königreich herein. Das Trinkwasser wurde verschmutzt und jeder Mann, jede Frau und jedes Kind wurde verrückt. Nur der König, der oben allein auf dem Hügel lebte, blieb von der Geisteskrankheit verschont.

Schon kurz nach der Tragödie begannen die Leute über ihren König zu reden. Sie fanden sein Verhalten seltsam. Seine Urteile erschienen ihnen lächerlich und seine Weisheit schien nicht mehr vorhanden zu sein. Schnell war der König überhaupt nicht mehr beliebt. Keiner brachte ihm mehr Geschenke oder feierte seinen Geburtstag.

Der König war plötzlich ganz allein dort oben auf seinem Hügel. Nach einer Weile entschied er, zu den Leuten hinunterzugehen. Es war ein heißer Tag und er trank aus einem Brunnen im Dorf. In dieser Nacht feierten die Leute ein großes Fest. Sie feierten begeistert, dass ihr König wieder zur Vernunft gekommen war. /236/

Die Schleier des Wissens

Ein gelehrter Geistlicher, vielgereist und belesen, suchte das Gespräch mit einem einfachen Karawanenführer, der sicher war, den Verheißenen, den neuen Propheten, erkannt zu haben. Stolz auf sein erworbenes Wissen, richtete der Gelehrte seine Worte an den einfachen Mann: „Du weißt wohl, dass der Ruf meiner Weisheit und meiner Gelehrsamkeit weit über die Grenzen unseres Landes hinaus gedrungen ist. Ich habe die halbe Welt bereist und viele Völker und Kulturen kennengelernt. Siebzig Kamele reichen nicht aus, den Schatz meiner Bücher zu transportieren, die ihrerseits nur einen Tropfen meines Wissens darstellen. Du hingegen bist ein einfacher Karawanenführer in zerlumptem Gewand, der die Grenzen seines Dorfes kaum verlassen hat noch der einfachen Kunst des Lesens und Schreibens kundig ist. Du hast keine Schule besucht, keine Wissenschaften studiert und dich nicht in die Theologie vertieft. Wie kommt es dann, dass du behauptest, den verheißenen Propheten erkannt zu haben, während ich mit all meinem Wissen dies nicht bestätigen kann?“

Bescheiden gab der Karawanenführer zur Antwort: „Herr, du bist fürwahr eine Leuchte des Wissens unter den Menschen und dein Ruf eilt dir voran. Alle schätzen dich und verneigen sich in Ehrfurcht vor den Schätzen deiner Gelehrsamkeit. Unter den Menschen gleichst du einem Kleinod, einem Edelstein von kostbarem Wert. Wenn nun jemand einen derart wertvollen Edelstein besitzt, dann hüllt er ihn in Samttücher und verschließt ihn sicher in einer Schatulle. Ich jedoch gleiche den Sandkörnern in der Wüste, auf die Menschen wie Tiere ihre Füße setzen und denen man keine Beachtung schenkt. Sag mir, Herr, wenn nun ein neuer Tag anbricht und die Sonne ihre ersten zarten Strahlen über die Welt ergießt, auf wen treffen diese zuerst? Sind es die Edelsteine, die in ihren Schleier gehüllt sind, oder die Sandkörner in der Wüste, die von ihrem Schein erstrahlen?" *|237|*

~ *Wie füllt man einen Krug?*

Ein Lehrer brachte eines Tages einen großen Wasserkrug mit in seine Klasse, worin drei große Steine waren. Er stellte den Krug auf den Tisch und fragte die Schüler, ob sie meinten, dass die großen Steine den Krug ausfüllten. Alle in der Klasse schauten auf den Behälter, sahen die Steine, die vom Boden bis zum Rand des Kruges reichten, und waren sich einig, dass der Krug voll war.

Der Lehrer zog wortlos einen Sack mit Kieselsteinen aus seiner Tasche und schüttete diese in den Krug. Sie verteilten sich gleichmäßig zwischen den großen Steinen. Dann fragte er die Schüler wiederum, ob sie dächten, dass jetzt der Krug voll wäre. Sie schauten auf den Wasserkrug, sahen, dass die Zwischenräume zwischen den großen Steinen restlos mit den Kieselsteinen aufgefüllt waren, und entschieden einhellig, dass der Krug jetzt voll war.

Wiederum griff der Lehrer in seine Tasche und zog einen Sack mit feinem Sand hervor, den er in den Krug schüttete. Mit leichtem Schütteln bewirkte er, dass der Sand sich auch in die feinsten Ritzen zwischen den Kieselsteinen verteilte und jeden sichtbaren Raum ausfüllte. Den Schülern war eindeutig klar, dass diesmal der Krug wirklich endgültig voll war.

Darauf nahm der Lehrer eine Flasche mit Wasser und schüttete den Inhalt über die großen Steine, die Kieselsteine und den Sand, bis das Wasser den Rand des Kruges erreichte. Die Schüler saßen mit großen Augen da und wunderten sich, wie viel Wasser noch hineinging. Sie starrten nachdenklich auf den vollen Krug.

„Welche Lehre können wir aus dem Ganzen ziehen?", fragte der Lehrer. Die Schüler dachten nach und einer meldete sich zu Wort: „Wir haben gelernt, dass, wie voll etwas auch erscheinen mag, immer noch Platz für etwas mehr ist."

„Nein", antwortete der Lehrer, „das ist keineswegs die Moral der Geschichte! Die Erkenntnis daraus ist, dass es zwar viel Platz gibt in einem Krug, aber wenn wir nicht mit den großen Dingen anfangen, werden wir niemals alles hineinbringen können." *[238]*

~ *Der Geruch des Essens*

Ein armer und hungriger Mann ging durch die Straßen und hatte ein Stück trockenes Brot in der Hand. Als er an einem Restaurant vorbeikam, sah er, wie gerade einige schmackhaft aussehende Fleischstücke in der Pfanne über dem Feuer gebraten wurden. Er hielt sein Stück Brot über die Pfanne und hoffte, etwas von dem schmackhaften Geruch einzufangen. Mit Genuss aß er darauf sein Brot.

Der Restaurantbesitzer, der ihn jedoch beobachtet hatte, ergriff ihn beim Nacken und schleifte ihn zum Richter. Er verlangte, dass der arme Mann ihm den Preis für das Fleischgericht bezahlen sollte.

Der Richter hörte aufmerksam zu und rief dann den Restaurantbesitzer zu sich: „Komm und stell dich her zu mir." Er griff darauf in seine Tasche und holte zwei Geldstücke heraus. Während er die Münzen in der Hand hielt, machte er einige Schüttelbewegungen, so dass ein rasselndes Geräusch entstand.

„Was soll das bedeuten?", fragte der Kläger.

„Ich habe dir soeben das Fleischgericht bezahlt", erklärte der Richter. „Für den Geruch des Essens ist der Klang des Geldes sicherlich eine gerechte Bezahlung." /239/

~ Die Rezession

Ein Mann lebte in einer großen amerikanischen Stadt. Er verdiente seinen Lebensunterhalt mit dem Verkauf von Hot Dogs am Straßenrand. Seine Ohren waren nicht besonders gut und deswegen hörte er nie Radio. Seine Augen waren nicht sehr gut und darum las er nie Zeitung und schaute nie fern.

Seine Hot Dogs waren wirklich gut und er stellte deshalb Schilder auf, um dies den Leuten mitzuteilen. Immer mehr Leute kauften bei ihm seine leckeren Hot Dogs. Deshalb bestellte er immer mehr Würstchen und kaufte bald einen größeren Herd. Schließlich brauchte er einen Helfer und fragte seinen Sohn, der an der Universität studierte.

Als der Sohn von den Plänen seines Vaters hörte, schlug er die Hände über dem Kopf zusammen und rief: „Vater, hast du denn nicht Radio gehört? Hast du nicht ferngesehen? Wir haben eine riesige Rezession! Alles geht vor die Hunde …"

Der Vater sagte daraufhin zu sich selbst: „Mein Sohn geht auf die Universität. Er liest Zeitung, er hört Radio, er schaut fern – er muss es ja wissen."

Also reduzierte er seine Bestellungen, nahm seine Reklameschilder herein und sparte sich die Mühe, seine Hot Dogs großartig anzupreisen.

Praktisch über Nacht brach sein Geschäft zusammen.

Einige Tage später sagte der Vater zu seinem Sohn: „Du hattest recht. Wir befinden uns wirklich in einer gewaltigen Rezession." *|240|*

~ *Wirklicher Glaube*

Es gab eine schreckliche Dürre. Nach langwierigen Überlegungen und Diskussionen entschlossen sich die Bauern, einen heiligen Mann aufzusuchen, der bekannt war dafür, dass er nach Bedarf Wunder wirken konnte, und ihn um Regen zu bitten. Die gesamte Dorfgemeinschaft machte sich auf den Weg und erreichte die bescheidene Hütte des Heiligen. Die Ältesten trugen ihre Bitte vor. Doch die Antwort war: „Es tut mir leid, aber es wird kein Wunder geben – euch fehlt der Glaube."

„Aber wie kannst du so etwas sagen?", drängten die Dorfbewohner. „Ist es schließlich nicht ein Beweis für unseren Glauben, dass wir vereint dich aufgesucht haben, um dich um Hilfe zu bitten?"

„Wenn ihr wirklich Glauben hättet", sagte der Heilige, „dann hättet ihr eure Schirme mitgebracht!" *|241|*

~ Der Axtdieb

Ein Mann fand eines Tages seine Axt nicht mehr. Er suchte und suchte, aber sie war verschwunden. Der Mann wurde ärgerlich und verdächtigte den Sohn seines Nachbarn, die Axt genommen zu haben.

An diesem Tag beobachtete er den Jungen ganz genau. Und tatsächlich: Der Gang des Jungen war der Gang eines Axtdiebs. Die Worte, die er sprach, waren die Worte eines Axtdiebs. Sein ganzes Wesen und sein Verhalten waren die eines Axtdiebs.

Am Abend fand der Mann seine Axt durch Zufall hinter einem großen Korb in seinem eigenen Schuppen. Als er am nächsten Morgen den Sohn seines Nachbars erneut betrachtete, fand er weder in dessen Gang noch in seinen Worten oder seinem Verhalten irgendetwas von einem Axtdieb. *|242|*

~ Der Problemlöser

Es war einmal ein Mann, der nach einer Lösung für sein Problem suchte. So sehr er sich auch bemühte, er konnte sie nicht finden. Er suchte immer heftiger, immer verbissener, immer schneller und fand sie doch nirgends.

Die Lösung ihrerseits war inzwischen schon ganz außer Atem. Es gelang ihr einfach nicht, den Suchenden einzuholen bei dem Tempo, mit dem er hin und her raste, ohne auch nur einmal zu verschnaufen oder sich umzusehen.

Eines Tages brach der Suchende mutlos zusammen, setzte

Leinenbordüre, Deutschland, 1400

sich auf einen Stein, legte den Kopf in die Hände und wollte sich eine Weile ausruhen.

Die Lösung, die schon gar nicht mehr daran geglaubt hatte, dass der Suchende einmal anhalten würde, stolperte mit voller Wucht über ihn. Und er fing auf, was da so plötzlich über ihn hereinbrach, und entdeckte erstaunt, dass er seine Lösung in Händen hielt. *|243|*

~ *Die kleine Schraube*

Es gab einmal in einem riesigen Schiff eine ganz kleine Schraube, die gemeinsam mit vielen anderen ebenso kleinen Schrauben zwei große Stahlplatten miteinander verband. Diese kleine Schraube fing an, während der Fahrt mitten im Ozean etwas lockerer zu werden, und drohte herauszufallen.

Da sagten die nächsten Schrauben zu ihr: „Wenn du gehst, dann gehen wir auch." Und die großen Nägel unten am Schiffskörper sagten: „Uns wird es auch zu eng, wir lockern uns auch ein wenig."

Als die großen Schiffsrippen das hörten, riefen sie: „Um Gottes willen, bleibt! Denn wenn ihr nicht mehr haltet, dann ist es auch um uns geschehen!"

Das Gerücht vom Vorhaben der kleinen Schraube verbreitete sich schnell durch den riesigen Körper des Schiffes. Es ächzte und erbebte in allen Fugen. Da beschlossen sämtliche Rippen, Platten, Nägel und Schrauben, eine gemeinsame Botschaft an die kleine Schraube zu senden, sie möge doch bleiben, denn sonst würde das ganze Schiff auseinanderfallen und niemand von ihnen jemals die Heimat erreichen.

Das baute die kleine Schraube auf. Mit einem gewissen

Stolz wurde ihr nun bewusst, welch große Bedeutung ihr im Gesamtgefüge zukam. Zufrieden ließ sie sagen, sie wolle an ihrem Platz bleiben. */244/*

5

Von Fremden und Freunden, Gemeinschaft und Begegnung und anderen verbindenden Dingen …

Betrachte den Menschen als ein Bergwerk,
reich an Edelsteinen von unschätzbarem Wert.

Bahá'u'lláh, Bahá'í-Schriften

Der Mensch ist ein soziales Wesen und nur in der Gemeinschaft kann er wachsen und seine innewohnenden Potenziale entfalten. Begegnungen erscheinen mitunter als zufällig, aber möglicherweise zeigen sie genau das auf, was wir zu lernen haben. Die Aborigines Australiens meinen, dass man bei jedem Treffen gerade von der Person etwas Besonderes zu lernen habe, die einem im Kreis gegenübersitzt.

Letzten Endes scheinen nicht die einzelnen Dinge und Personen für sich, sondern die Beziehungen, die wir mit ihnen aufbauen und erfahren, von Bedeutung zu sein. Wir schöpfen aus den reichen Schätzen dieser Begegnungen im Leben und wachsen daran.

Und wenn wir auf einen Fremden treffen, sollten wir genauer hinsehen, ob nicht gerade in dieser Person eine Botschaft des „Freundes“ verborgen liegt.

~ Mein Bruder

Wird dir die Last nicht zu schwer?", wurde in Asien ein kleiner Junge gefragt, der seinen kranken Bruder auf der Schulter trug. „Das ist keine Last, das ist mein Bruder", antwortete der Kleine. */245/*

~ Die drei Siebe

Zu Sokrates kam ein Mann und sagte:

„Höre, ich muss dir etwas Wichtiges über deinen Freund erzählen!"

„Warte ein wenig", unterbrach ihn der Weise, „hast du schon das, was du mir erzählen willst, durch die drei Siebe hindurchgehen lassen?"

„Welche drei Siebe?", fragte der Mann.

„So höre: Das erste Sieb ist das der Wahrheit. Hast du dich der Wahrheit der Sache vergewissert?"

„Nein, ich habe es von anderen gehört", erwiderte der Mann.

„Nun denn, das zweite Sieb ist das der Güte. Ist die Ursache dafür, dass du diese Nachricht weitergeben willst, einem gütigen Motiv deines Herzens entsprungen?" Der Mann musste schweigen.

„Das dritte Sieb schließlich ist das der Nützlichkeit. Glaubst du, dass diese Nachricht meinem Freund oder mir von Nutzen sein wird?"

Der Mann drehte sich wortlos um und ging. */246/*

~ Höflichkeit

Ein Mann erhält Besuch von seinem Freund. Die Freude über das Wiedersehen ist groß, doch Tage und Wochen vergehen und dieser macht keinerlei Anstalten, sich zu verabschieden. Der Gastgeber zermartert sein Gehirn, wie er es seinem Freund vermitteln könnte, ohne ihn zu verletzen. So spricht er ihn eines Tages in seiner Art von orientalischer Höflichkeit an: „Verzeih mir, mein geschätzter Freund, du weißt, wie sehr du mich mit deinem Besuch erfreut hast, und ich habe jede Stunde deiner Gegenwart genossen. Nun sind Wochen vergangen, seit du hier bist, und in all dieser Zeit hat deine Familie, haben deine Frau und deine Kinder nichts von dir gehört. Sicherlich machen sie sich Sorgen um dich und du wirst ihnen fehlen."

„O mein aufrichtiger Freund", antwortet der Gast mit feuchten Augen und es scheint ihm ein Stein vom Herzen zu fallen, „wie sehr schätze ich deine einfühlsame Art. Du hast recht und tatsächlich ist es so, dass ich meine Familie sehr vermisse. Ich habe mir in den letzten Tagen selber Gedanken darüber gemacht. Heute Morgen nun habe ich ihnen eine Nachricht geschickt, sie sollen mir alle hierher nachkommen!" /247/

~ Tagesanbruch

Ein Rabbi fragt seine Schüler: „Wann ist der Übergang von der Nacht zum Tag?"

Der erste Schüler antwortet: „Dann, wenn ich ein Haus von

einem Baum unterscheiden kann." „Nein", gibt der Rabbi zur Antwort.

„Dann, wenn ich einen Hund von einem Pferd unterscheiden kann", versucht der zweite Schüler eine Antwort. „Nein", antwortet der Rabbi.

Und es versuchen die Schüler nacheinander, eine Antwort auf die gestellte Frage zu finden. Schließlich sagt der Rabbi: „Wenn du das Gesicht eines Menschen siehst und darin das Gesicht deines Bruders oder deiner Schwester entdeckst, dann ist die Nacht zu Ende und der Tag ist angebrochen." */248/*

~ *Üble Nachrede*

Eine reiche Dame kam eines Tages zu einem weisen Mann um Rat. Sie sagte, ihr sehnlichster Wunsch wäre es, eine vergeistigte Frau zu werden, doch sie hätte einen Fehler, den sie nicht überwinden könnte. Der Weise entgegnete ihr, dass es keine Schwächen gäbe, die nicht überwunden werden könnten, sofern man nur den Willen dazu hätte.

Darauf klagte die Frau über ihre Angewohnheit der Klatschsucht. Sie sei stets gescheitert, sie abzulegen, obwohl sie sich sehr bemüht habe.

„Kannst du mir helfen?", fragte sie den Weisen. „Ich will auch alles tun, was du mir aufträgst."

„Gut", antwortete der Mann, „dann befolge, was ich dir sage: Gehe zum Markt und kaufe ein Huhn. Auf dem Heimweg rupfe die Federn des Huhnes aus und wirf sie im Gehen auf die Straße. Wenn du das erledigt hast, komm und suche mich wieder auf."

Die reiche Dame war sehr überrascht über den Vorschlag,

aber da sie den weisen Mann sehr verehrte, tat sie, was ihr aufgetragen war, und befolgte genau seine Anweisungen. Am nächsten Tag ging sie und erzählte dem Weisen, dass sie alles genau ausgeführt hätte.

„Sehr gut", antwortete der Weise. „Du hast den ersten Teil deiner Aufgabe sehr gut erfüllt. Nun kommt der zweite Teil. Gehe zum Markt zurück. Nimm den gleichen Weg und versuche nun, alle Federn, die du gestern ausgestreut hast, wieder einzusammeln."

„Das ist doch unmöglich!", erwiderte die reiche Dame. „Der Wind hat sie in alle Richtungen davongetragen. Wie soll ich da die Federn wieder einsammeln können?"

„Du hast recht", bestätigte der Weise. „Genau dasselbe geschieht, wenn du üble Nachrede über andere betreibst. Deine Worte wandern von Mund zu Mund und es ist unmöglich, die üble Verbreitung aufzuhalten. Das Beste ist, damit gar nicht zu beginnen."

Die Frau war derart beeindruckt von dieser praktischen Erfahrung, dass sie nach Hause ging mit dem festen Vorsatz, nie wieder über andere Übles zu reden. *[249]*

~ *Die uneinigen Brüder*

Vor langer Zeit lebte ein weiser Greis, der einen großen Bauernhof besaß und viele Söhne hatte. Sein größter Wunsch war, sie noch vor seinem Tod erfolgreich und glücklich zusammenarbeiten zu sehen, um die Felder fruchtbar und blühend zu machen. Aber leider stritten sie sich fortwährend. Deshalb wurden die Felder und die Weingärten, die früher einmal schön waren, sehr vernachlässigt. Tatsächlich schien es, als ob nichts erfolgreich zu Ende geführt werden könnte, nur weil sie nicht in Einigkeit zusammenarbeiten konnten.

Eines Tages rief der verzweifelte Vater seine Söhne zu sich mit der Bitte, dass jeder von ihnen einen Holzstab mitbringen sollte. Als sie kamen, nahm er die Holzstäbe und band sie zusammen. Dann gab er das Holzbündel seinen Söhnen und bat jeden, einmal zu versuchen, es zu zerbrechen. Alle kämpften vergeblich. Keiner von ihnen war stark genug, um die Aufgabe lösen zu können. Dann band der alte Mann die Stäbe auseinander und gab jedem seiner Söhne ein Stück Holz, welches sie ganz leicht zerbrechen konnten. Sie wunderten sich sehr über den Sinn dieser Aufgabe, bis der Vater ihnen die Bedeutung erklärte. Wenn sie einig wären, so würden sie wie das Holzbündel sein: stark und fähig, großem Druck zu widerstehen, besonders dem ihrer Feinde. Wenn sie weiter getrennt blieben, so wie die einzelnen Holzstäbe, würden sie genauso zerbrechen und versagen. */250/*

~ *Flug der Gänse*

Wenn ihr im nächsten Herbst wieder Gänse in V-Formation fliegen seht, seid ihr vielleicht an der wissenschaftlichen Erklärung dieser Flugformation interessiert:

Dadurch, dass jeder Vogel die Flügel schlägt, erzeugt er einen Auftrieb für das Tier direkt hinter sich. Durch die V-Formation kann die Schar mindestens 71 % weiter fliegen, als dies jedem Einzeltier für sich allein möglich wäre. Eine Gans, die aus der Formation ausbricht, erfährt plötzlich die Belastung und den Widerstand des Bemühens, allein weiterzukommen. Sofort reiht sie sich wieder in die

Formation ein, so dass sie aus der Kraft der Gruppe Nutzen ziehen kann.

Wenn die Führungsgans ermüdet, reiht sie sich hinten ein, und eine andere Gans nimmt ihren Platz ein. Es zahlt sich aus, schwierige Aufgaben abwechselnd zu übernehmen. Die Gänse am Ende der Formation geben Signallaute von sich, um die vorn fliegenden Tiere zu ermutigen, ihre Geschwindigkeit zu halten.

Wenn eine Gans krank wird oder verletzt ist und aus der Formation ausfällt, verlassen zwei weitere Gänse die Gruppe und folgen ihr, um ihr zu helfen und sie zu beschützen. Sie bleiben so lange bei ihr, bis sie entweder wieder fliegen kann oder stirbt. Dann setzen sie ihre Reise allein fort oder gesellen sich zu einer anderen Formation, bis sie ihre Gruppe wieder eingeholt haben. *|251|*

~ Der Direktor mit den sieben Buntstiften

Es war einmal ein Mann, der wurde als Direktor für eine sehr große Firma berufen. Die Firma hatte einige tausend Mitarbeiter und war bekannt für ihre wertvollen Produkte, die vielen Menschen und der Umwelt zugutekamen. Der Direktor freute sich schon auf seinen neuen Job, zumal er gehört hatte, dass in dieser Firma ein besonders gutes Arbeitsklima herrschte und die Mitarbeiter sich sehr mit ihrer Arbeit identifizierten.

Am ersten Arbeitstag wurden ihm sämtliche Abteilungsleiter vorgestellt und er fühlte sich von der ersten Minute an sehr wohl in dieser angenehmen Atmosphäre. Besonders freute er sich über sein Arbeitszimmer, das sehr geschmackvoll und freundlich eingerichtet war. Nachdem er sich mit seinen Aufgaben vertraut gemacht hatte, ging er gleich an die Arbeit. Der Direktor war bekannt für die Ausarbeitung intelligenter Pläne, er war bekannt dafür, dass er Probleme als große Zeichnungen skizzierte, wobei er wichtige Zusammenhänge mit unterschiedlichen Farben einzeichnete. Und so nahm der Direktor aus seiner Aktentasche sieben Buntstifte, legte sie auf seinen Schreibtisch und machte sich vergnügt an die Arbeit.

„Ich habe einen schönen Arbeitsplatz, ich habe sehr nette Mitarbeiter und wir stellen für die Menschen wichtige Produkte her", sagte er am Abend seiner Frau. „Und meine ersten Pläne habe ich heute auch schon gezeichnet. Ich freue mich schon auf morgen, wenn wir meine Vorschläge besprechen werden." Der Direktor wohnte mit seiner Frau in einer kleinen Wohnung am Rande der Stadt, die sie sich sehr gemütlich eingerichtet hatten. Die Freizeit verbrachten sie meist mit Freunden beim Bergwandern. Der Direktor liebte nämlich seine Freiheit und die Natur.

Mit Freude ging er am nächsten Tag wieder zur Arbeit. Er wunderte sich, dass seine Buntstifte nicht mehr auf dem Schreibtisch lagen, aber er hatte ja Reservestifte dabei und so machte er sich darüber keine großen Gedanken. Es war ein sehr erfolgreicher Tag und seine neuen Pläne wurden mit Begeisterung aufgenommen.

Merkwürdig kam es ihm schon vor, dass am nächsten Tag wieder seine Buntstifte verschwunden waren, und so beauftragte er seine Sekretärin, ihm sogleich neue Stifte zu besorgen, denn ohne seine Buntstifte konnte der Direktor nicht arbeiten. Aber ansonsten lief auch dieser Tag sehr angenehm für ihn. „Ich glaube, da will mich jemand ärgern", dachte der Direktor am nächsten Morgen. Wieder musste er seine Sekretärin wegschicken, um neue Stifte zu besorgen. „Vielleicht hat hier in der Firma jemand etwas gegen mich?" Vorsichtshalber kaufte der Direktor am Abend auf dem Nachhauseweg einige Buntstifte auf Vorrat.

Diesmal musste der Direktor seine Sekretärin am nächsten Tag nicht losschicken, denn er konnte die entwendeten Stifte selbst ersetzen. Sorgenfalten bildeten sich in seinem sonst so freundlichen Gesicht und ein Unbehagen begleitete ihn diesmal den ganzen Tag. „Ich verstehe das nicht", sagte er am Abend zu seiner Frau. „Die ganze Belegschaft ist so freundlich, aber langsam habe ich das Gefühl, da will mich jemand fertigmachen und aus der Firma ekeln." Die ganze Nacht konnte er nicht schlafen und er überlegte sich, wen er verärgert haben könnte. Aber ihm fiel beim besten Willen niemand ein. Am nächsten Morgen wurden seine Befürchtungen bestätigt. Die Buntstifte waren wieder gestohlen worden. Den ganzen Tag konnte er sich nicht mehr konzentrieren und Angstgefühle stiegen in ihm auf.

Am Abend aber kam ihm beim Abendessen, welches er fast nicht angerührt hatte, plötzlich eine Idee. „Ich werde mir einen Vorrat an Buntstiften anlegen", sagte er mit Erleichterung zu seiner Frau. „Wenn jeden Tag 7 Stifte fehlen, kann ich mir ja ausrechnen, wie viele ich brauchen werde. Und wenn ich gleich eine große Menge kaufe, so kann ich sicher einen günstigen Preis aushandeln. 7 Buntstifte pro Tag, das sind 7 x 365 ist gleich 2.555 im Jahr. Wenn ich 25 Jahre in der Firma bleibe, so brauche ich 2.555 x 25, also 63.875 Stifte." Gleich am nächsten Tag ging er in ein Schreibwarengeschäft und besorgte sich 63.875 Buntstifte. Er musste fünfmal mit seinem Auto fahren, um die vielen Pakete nach Hause zu bringen.

„Am Arbeiten kann ich jetzt nicht mehr gehindert werden“, dachte er am nächsten Tag. Dennoch machte es ihm große Sorgen, dass hier in seiner Firma jemand arbeitete, der ihn wahrscheinlich vertreiben wollte. Diese Gedanken ließen ihn nicht mehr los. Allen Mitarbeitern trat er langsam mit Misstrauen gegenüber und immer öfter gingen ihm die Nerven durch.

„Du lachst überhaupt nicht mehr“, warf ihm seine Frau vor. „Und überhaupt gehen mir die vielen Kisten hier in der Wohnung furchtbar auf die Nerven. Man hat ja überhaupt keinen Platz mehr.“ Das war auch dem Direktor aufgefallen. Ihm wurde es langsam auch zu eng hier und immer häufiger suchte er abends Vorwände, um das Haus zu verlassen, was ihm seine Frau auch immer öfter vorwarf. Der Direktor wurde immer unglücklicher. Schon am Abend dachte er an den Dieb, wie er sich in der Nacht in sein Büro schlich und mit hämischem Grinsen seine Stifte entwendete.

„Wahrscheinlich beobachtet er mich dann den ganzen Tag und freut sich daran, dass ich langsam die Nerven verliere“, dachte er vor dem Einschlafen.

Und wirklich ging es ihm von Tag zu Tag immer schlechter. „Auch unsere Freunde wollen gar nicht mehr mit uns zusammen sein, so wie du dich verhältst“, sagte seine Frau verbittert. „Dann sollen sie bleiben, wo der Pfeffer wächst“, sagte der Direktor und schlug die Tür hinter sich zu. „Dann gehe ich eben alleine wandern und meine Frau brauche ich auch nicht dabei. Ich brauche Zeit zum Nachdenken.“ Traurig bestieg er am nächsten Wochenende seinen Lieblingsberg. Aber nicht einmal die Natur konnte ihn erfreuen.

„Vielleicht sollte ich wirklich kündigen", dachte der Direktor in seiner Verzweiflung, „aber noch gebe ich nicht auf."

Am Montag rief er sämtliche Abteilungsleiter zu sich und berichtete ihnen von seinem Verdacht. Mit ungläubigen Augen schauten sie ihn an und versicherten immer wieder, dass sie sich so etwas wirklich nicht vorstellen könnten. In der Firma herrsche ein hervorragendes Klima unter der ganzen Belegschaft und so ein Fall sei auch noch nie vorgekommen. Der Direktor wusste nicht mehr, was er denken sollte. In seiner Verzweiflung wandte er sich an einen alten Freund und bat ihn um Rat. „Hast du schon gefragt, wer überhaupt nachts in dein Arbeitszimmer kommt?" Darüber hatte der Direktor sich noch nicht erkundigt. Und so ging er gleich am nächsten Tag mit dem Personalleiter alle in Frage kommenden Mitarbeiter durch. „Der Wachmann schaut jede Nacht zweimal vorbei, um zu sehen, ob alles in Ordnung ist. Der Elektriker überprüft immer wieder die Lampen. Unser EDV-Fachmann wartet jeden Abend Ihren Computer, so dass Sie ungestört arbeiten können. Der Florist bringt jeden Tag einen frischen Strauß Blumen in Ihr Zimmer und versorgt die Pflanzen, so dass Sie ein angenehmes Klima zum Arbeiten haben. Jede Nacht werden die Handtücher an Ihrem Waschbecken ausgetauscht und die Minibar wird mit frischen Getränken versorgt. Und natürlich kommt jede Nacht eine Putzfrau, um den Raum sauber zu machen. Sie sehen, Herr Direktor, alle sind bemüht, dass es Ihnen bei uns gut geht." Der Direktor machte ein nachdenkliches Gesicht. Ihm war gar nicht bewusst, wie viele Mitarbeiter sich um ihn sorgten, und eigentlich wurde es ihm bei diesen Gedanken warm ums Herz. Aber dennoch musste unter diesen Personen der Dieb zu finden sein, der ihm das Leben so schwer machte. Und so bestellte er sich alle diese Mitarbeiter am nächsten Tag nacheinander in sein Büro.

Der Wachmann schaute abends mit seinem Hund kurz herein und überprüfte die Fenster und Türen. Der Elektriker kam nur herein, wenn er sah, dass eine Lampe defekt war. Der EDV-Fachmann wartete seinen Computer meistens vom Zentralcomputer aus. Und auch die Frau, die Handtücher und Getränke brachte, und der Florist waren unauffällig.

„Dann muss es die Putzfrau sein!“, dachte der Direktor siegessicher und malte sich schon aus, wie er sie fertigmachen und ihr kündigen würde mit einem Zeugnis, dass sie nirgends in der Stadt mehr eine Stelle bekommen würde.

Als die Tür aufging, kam eine Italienerin mittleren Alters herein. Mit einem freudigen Lächeln sagte sie: „Herr Direktor, ich freue mich so, Sie kennenzulernen. Wissen Sie, es war eine große Ehre für mich, dass ich ausgewählt wurde, das Zimmer des Direktors zu putzen. Man hat gesagt, ich würde meine Arbeit mit so viel Liebe und Zuverlässigkeit ausführen, so dass ich für diese Aufgabe bestimmt wurde. Und es ist mir auch wirklich ein Herzensanliegen, dass Sie sich bei der Arbeit wohlfühlen und dass Sie mit Freude arbeiten. Ich putze jeden Winkel Ihres Büros, besonders natürlich Ihren Schreibtisch, und werfe auch immer die stumpfen Farbstifte weg. Ich hoffe, Herr Direktor, Sie sind mit meiner Arbeit zufrieden.“

Der Direktor war sichtlich verwirrt. War es möglich, dass sein ganzes Leid durch ein Missverständnis bedingt war? Hatte er wirklich nicht erkannt, dass hinter dem Entfernen seiner Buntstifte eine liebevolle Absicht stand? „Liebe Frau, ich glaube, ich könnte gar nicht besser umsorgt werden.

Noch nie habe ich mich in einem Büro so wohlgefühlt. Alles ist so sauber, gemütlich und riecht so frisch. Wissen Sie, die Buntstifte müssen nicht jeden Tag entfernt werden, denn manchmal brauche ich auch stumpfe Stifte, um dickere Linien zu zeichnen. Wenn es Ihnen nichts ausmacht, brauchen Sie die Stifte erst zu entfernen, wenn sie nur mehr die halbe Länge haben", sagte der Direktor und bekam dabei feuchte Augen. „Wenn Sie mir aber zeigen wollen, dass Sie sich um mich besonders kümmern, so lassen Sie doch immer wieder einmal ein italienisches Nudelrezept auf meinem Tisch liegen. Pasta ist nämlich meine Leibspeise." Die italienische Putzfrau fühlte sich geehrt und verließ mit einem stolzen Lächeln das Büro des Direktors.

„Die Putzfrau war es", sagte er am Abend seiner Frau. „Morgen werden wir die Kisten mit den Buntstiften der Caritas schenken, so können wir vielen Kindern eine Freude machen." Und wenn ich jeden Tag ein Pastarezept bekomme, so sind das in 10 Jahren 3.650 Rezepte, dachte er verschmitzt.

Mit so einem guten Gefühl wie am nächsten Morgen war der Direktor noch nie zur Arbeit gegangen. Innerlich bedankte er sich sogar bei der Putzfrau, denn sonst hätte er die vielen guten Geister in seiner Firma nie kennengelernt. Und an diesem Morgen lagen die 7 Buntstifte auf seinem Schreibtisch, und zwar auf einem Blatt Papier, auf dem ein köstliches Pastarezept beschrieben war. Seit dieser Zeit ertappte sich der Direktor öfter dabei, dass er sein Zimmer absuchte, ob es noch andere Hinweise für die Anwesenheit guter Geister gab. *|252|*

~ Onkel Georg

Ein Ehepaar kehrte von der Beerdigung Onkel Georgs zurück. Er hatte zwanzig Jahre bei ihnen gelebt und war eine solche Nervensäge gewesen, dass er beinahe ihre Ehe ruiniert hätte.

„Ich muss dir etwas sagen, mein Schatz", sagte der Mann. „Wenn nicht meine Liebe zu dir gewesen wäre, hätte ich mich nicht einen einzigen Tag mit deinem Onkel Georg abgefunden." „Mein Onkel Georg", rief sie entsetzt. „Ich dachte, es wäre dein Onkel Georg!" *|253|*

~ Dank für jede Kritik

Von einem Baum warf ein Affe einem Mann eine Kokosnuss an den Kopf. Der Mann hob die Nuss auf, trank die Milch, aß das Fruchtfleisch und machte sich eine Schüssel aus der Schale. *|254|*

~ Die neue Straße

Es war einmal ein König, der beschloss, für sein Volk eine neue Straße bauen zu lassen. Als sie fertig war, rief er alle Leute zusammen und forderte sie dazu auf, herauszufinden, wer am besten auf ihr reisen könne.

Schon bald kamen die Leute wieder zum König zurück und beschwerten sich über die vielen großen Steine und über den Schutt, der auf der Straße lag und das Reisen erschwerte.

Am späten Abend kam ein Mann zum König, müde, staubig und erschöpft. In seinen Händen hielt er einen Sack Gold, den er dem König überreichte.

„Diesen Sack habe ich gefunden, als ich Steine und Schutt auf der Straße aus dem Weg räumte."

Der König lachte glücklich und sagte zu dem Mann: „Behalte das Gold. Du hast es dir redlich verdient. Denn es reist der am besten auf einer Straße, der sie für die Nachfolgenden bequemer macht!" */255/*

Die drei Söhne

Drei Frauen wollten am Brunnen Wasser holen. Nicht weit davon saß ein alter Mann auf einer Bank und hörte zu, wie die Frauen ihre Söhne lobten.

„Mein Sohn", sagte die erste, „ist so geschickt, dass er alle hinter sich lässt …"

„Mein Sohn", sagte die zweite, „singt so schön wie die Nachtigall! Es gibt keinen, der eine so schöne Stimme hat wie er …"

„Und warum lobst du deinen Sohn nicht?", fragten sie die dritte, als diese schwieg. „Er hat nichts, das ich loben könnte", entgegnete sie. „Mein Sohn ist nur ein gewöhnlicher Knabe, er hat nichts Besonderes an sich und in sich …"

Die Frauen füllten ihre Eimer und gingen heim. Der alte Mann ging langsam hinter ihnen her. Die Eimer waren schwer und die abgearbeiteten Hände schwach. Deshalb machten die Frauen eine Ruhepause, denn ihr Rücken tat ihnen weh.

Da kamen ihnen die drei Jungen entgegen. Der erste stellte sich auf die Hände und schlug Rad um Rad. Die Frauen riefen: „Welch ein geschickter Junge!“ Der zweite sang so herrlich wie die Nachtigall und die Frauen lauschten andachtsvoll und mit Tränen in den Augen. Der dritte Junge lief zu seiner Mutter, hob die Eimer auf und trug sie heim. Da fragten die Frauen den alten Mann: „Was sagst du zu unseren Söhnen?“

„Wo sind eure Söhne?“, fragte der alte Mann verwundert, „ich sehe nur einen einzigen Sohn!“ *|256|*

~ *Die Streitenden*

Eines Tages ging Rumi durch die Straßen von Konya, als er zwei Männern begegnete, die einen heftigen Streit austrugen. Der eine schrie den anderen an: „Du kannst mich beschimpfen, so viel du willst, und du wirst sehen, dass du jedes Schimpfwort tausendfach zurückbekommst.“

Daraufhin wandte sich Rumi an ihn: „Was du auch zu sagen hast, sage es mir, denn wie viele Schimpfworte du auch an mich richtest, du wirst keines zurückbekommen.“ Tief beschämt versöhnten sich die Streitenden und schieden friedlich voneinander. *|257|*

~ *Der Blinde und der Lahme*

Ein Blinder irrt orientierungslos durch den Wald. Plötzlich stolpert er über etwas am Boden und fällt der Länge nach hin. Als der Blinde auf dem Waldboden herumtastet, entdeckt er, dass er über einen Mann gefallen ist, der am Boden kauert. Dieser Mann ist ein Lahmer, der nicht laufen kann.

Die beiden Männer beginnen ein Gespräch miteinander und klagen sich gegenseitig ihr Schicksal.

„Ich irre schon in diesem Wald herum, seit ich denken kann, und finde nicht wieder heraus, weil ich nicht sehen kann“, ruft der Blinde aus.

Der Lahme sagt: „Ich liege schon am Boden, seit ich denken kann, und komme nicht aus dem Wald heraus, weil ich nicht aufstehen kann.“

Und während sie sich so unterhalten, ruft der Lahme plötzlich aus: „Ich hab's! Du nimmst mich auf den Rücken und ich werde dir sagen, in welche Richtung du gehen musst. Zusammen können wir aus dem Wald herausfinden.“

Laut Aussage des alten Geschichtenerzählers symbolisiert der Blinde die Rationalität, der Lahme die Intuition. Auch wir werden aus dem Wald nur herausfinden, wenn wir lernen, beide zusammenzubringen. *[258]*

Der Bettler und der Minister

Es war einmal ein Minister in einem indischen Königreich.

Jeden Tag ritt er reich geschmückt auf einem edlen Pferd zum Palast und wieder zurück. Er selbst war prächtig gekleidet und mit Diamanten und Juwelen herausgeputzt.

Ein alter Bettler stand jeden Tag am Straßenrand und sah den Minister vorbeikommen.

Nachdem er Jahr für Jahr den Minister nur angeschaut hatte, sprach er eines Tages zu ihm: „Ich danke dir sehr.“

Der Minister hielt inne und fragte: „Warum dankst du mir denn?“

Der alte Mann sprach: „Weil du mich so reich beschenkt hast mit deinen Juwelen."

Der Minister zuckte zusammen aus Angst, er hätte vielleicht einige Juwelen verloren, die der Bettler dann aufgelesen hatte. Und er fragte: „Habe ich dir denn welche von meinen Juwelen gegeben?"

„Nein", antwortete der Bettler, „aber jeden Morgen und jeden Abend sehe ich dich so wundervoll geschmückt mit all diesen Juwelen und das hat mir immer große Freude bereitet." */259/*

~ *In Stein gemeißelt*

Zwei Freunde gehen gemeinsam am Meer entlang. Irgendwann beginnen sie zu diskutieren und im Laufe der hitzigen Debatte kommt dem einen eine Bemerkung über die Lippen, die den Freund tief verletzt. Betrübt, aber ohne ein weiteres Wort zu sagen, nimmt dieser einen Stock und schreibt damit in den Sand: „Mein bester Freund hat mich heute verletzt."

Eine Zeit lang sitzen sie so da und blicken auf das Wasser. Dann beschließen sie, schwimmen zu gehen. Plötzlich wird der eine von ihnen, der vorher verletzt worden war, von einer Strömung erfasst und droht zu ertrinken. Sein Freund kann ihn mit letzter Kraft retten. Kaum hat er sich etwas erholt, beginnt er in einen Felsen zu meißeln: „Heute hat mein bester Freund mir das Leben gerettet."

Der Freund schaut ihm zu und fragt verwundert: „Als ich dich verletzt habe, hast du es in den Sand geschrieben, und nun schreibst du es auf Stein, wie kommt das?" „Wenn wir

Schlechtes erfahren", kommt die Antwort, „sollten wir dies in den Sand schreiben, damit die Winde der Vergebung und die Wogen des Vergessens die Erinnerung daran austilgen können. Doch wenn wir Gutes erfahren, müssen wir es in Stein gravieren, damit kein Wind und kein Wasser es jemals auslöschen können." *|260|*

~ *Der Umschlag*

Ein wohlbekannter Sprecher startete sein Seminar, indem er eine 100-Euro-Banknote hochhielt und die etwa fünfhundert Teilnehmer im großen Saal fragte: „Wer möchte diese 100 Euro haben?" Alle Hände gingen hoch.

„Ich werde diesen Geldschein einer Person in diesem Raum geben, aber zuerst lasst mich eines tun."

Er nahm ein Kuvert, gab das Geld hinein und verschloss es. Dann fragte er wiederum das Publikum: „Möchte ihn immer noch jemand haben?"

Die Hände blieben oben.

Nun zerknüllte er das Kuvert mit dem Geldschein in seiner Faust und wandte sich an die Menschen im Saal: „Wer will ihn noch haben?"

Die Hände waren immer noch oben.

Er schaute in die Menschenmenge und warf dann den Umschlag auf den Boden, trat mit seinen Schuhen darauf herum, bis er zerknittert und voller Schmutz war. Er hob den zerschlissenen Umschlag an einer Ecke auf. Unansehnlich, wie er nun war, zeigte ihn der Mann den Seminarteilnehmern: „Hat es sich jemand anders überlegt? Möchte ihn immer noch jemand haben?"

Keine Hand ging nach unten. Alle Arme blieben unbeirrt in der Höhe.

„Nun, liebe Freunde, soeben haben wir eine wertvolle Lektion gelernt. Was auch immer mit dem Geldschein geschah, ihr wolltet ihn immer noch haben, weil ihr wusstet, dass das Geld seinen Wert nie verloren hatte. Ob verborgen im Umschlag, ob zerknittert oder äußerlich schmutzig und schäbig, es behielt seinen Wert von 100 Euro."

Die Menschenmenge wurde nachdenklich.

„Menschen werden manchmal vom Leben gezeichnet, fallen gelassen, sind am Boden zerstört, fühlen sich vielleicht selbst wertlos und ausgestoßen. Das sind Tatsachen aus dem alltäglichen Leben. Der Umschlag mag schmutzig erscheinen, den Glanz verlieren oder die Aufschrift darauf unleserlich werden. Aber gleichgültig, was mit jemandem passiert, schmutzig oder sauber, zerknittert oder fein gebügelt, strahlend oder unansehnlich, der Wert des Menschen bleibt unangetastet.

Der Kundige lässt seinen Blick vom Umschlag und dessen Beschaffenheit nicht verschleiern, noch kann ihn der Schein vom Sein ablenken. Auch hinter der Fassade kann er unbeirrt die Einzigartigkeit und den unschätzbaren Wert der Menschen erkennen." */261/*

~ *Die Steinsuppe*

Es ist Krieg. Ein sehr hungriger Soldat kommt in ein kleines Dorf in den Bergen. Da er nichts zu essen hat, bittet er die Leute, ihm etwas zu geben. Aber niemand ist bereit, ihm zu helfen. Sie alle haben selbst nicht genug für sich und ihre Familien.

Da geht der Soldat auf den Marktplatz und entfacht ein Feuer. Von einem der Dorfbewohner leiht er sich einen großen Topf, füllt ihn mit Wasser und setzt ihn auf das Feuer.

Unter den misstrauischen und neugierigen Augen der Dorfbewohner holt er einen Stein aus der Tasche hervor und riecht entzückt an ihm. Dann wirft er ihn zum Erstaunen aller in das kochende Wasser. Er rührt in dem Topf und ab und zu probiert er einen Löffel.

Den verwunderten Dorfbewohnern erklärt er: „Ich koche eine köstliche Steinsuppe. Aber leider fehlt noch ein klein wenig Salz."

Einer der Dorfbewohner bringt ihm ein bisschen Salz. Dann schmeckt der Soldat erneut seine Suppe ab und sagt: „Mmmh, das ist schon nicht schlecht. Wenn ich nur noch ein klitzekleines Stück Karotte hätte, dann wäre die Suppe wohl perfekt."

Und ein anderer Dorfbewohner bringt ihm ein Stück Karotte.

Auf dieselbe Weise bittet der Soldat auch um Petersilie und ein Stück Speck und um allerhand Zutaten für eine köstliche Suppe. So trägt nach und nach jeder etwas bei. Und am Ende können alle eine leckere Suppe miteinander teilen. *|262|*

~ *Die Reise nach Jerusalem*

In Jericho war eine große Arbeitslosigkeit ausgebrochen. Viele Menschen mussten auswandern und woanders nach ihrem Glück suchen.

Unter ihnen war auch ein junger Mann, der sich auf die Reise nach Jerusalem machte, um dort eine neue Anstellung zu finden. Er verließ Jericho zum ersten Mal und er fühlte sich etwas unsicher und ängstlich. Da er vorher schon etwas über die Menschen in Jerusalem erfahren wollte, fragte er unterwegs jemanden: „Kannst du mir sagen, wie die Leute in Jerusalem sind?"

Der so Angesprochene fragte zurück: „Wie sind denn die Leute in Jericho?" Der arbeitslose Mann antwortete: „Ach, sie sind böse, hinterlistig und unsympathisch."

„Ja, genauso sind auch die Leute in Jerusalem", war darauf die Antwort.

Sehr besorgt reiste der Mann weiter und traf wenig später einen anderen Mann. Wieder fragte er: „Kannst du mir sagen, wie die Leute in Jerusalem sind?" Und wieder stellte der andere die Frage zurück: „Wie sind denn die Leute in Jericho?"

Diesmal antwortete der junge Mann: „Die Leute in Jericho sind nett, freundlich und sehr liebenswert." Darauf bekam er zur Antwort: „Ja, genauso sind auch die Leute in Jerusalem." *|263|*

~ *Ein Gebet*

Großer Geist, bewahre mich davor, über einen Menschen zu urteilen, ehe ich nicht eine Meile in seinen Mokassins gelaufen bin. *|264|*

~ Hoagascht

„Is eppas?"
„Woas moast?"
„Hast eppas gsagg?"
„Na, nix."
„Gar nix?"
„Nix, na."
„Is ma decht virkemma …"
„Wos denn?"
„Dassd eppas gsagg hast …"
„Na, nix."
„Warum nix?"
„Hoit nid."
„Bist sektisch?"
„Na, nid …"
„Gwieß nid?"
„Na, gor nid."
„Warum redst nacha nix?"
„Red eh …"
„Ja, ja, mir redn eh!" */265/*

~ Die Kupfermünze

Ich habe einmal eine Zeit lang in China gelebt. Obwohl es Frühling war in Shanghai, war die Hitze mörderisch. Die Kanäle stanken zum Himmel und immer war der ranzige, üble Geruch von Sojabohnenöl in der Luft. Ich konnte mich nicht eingewöhnen. Neben Wolkenkratzern lagen Lehmhütten, vor denen nackte Kinder im Schmutz spielten. Im Herbst kam der Taifun. Der Regen stand wie eine gläserne Wand vor den Fenstern und ich – ich hatte Heimweh. Heimweh nach Europa! Da war niemand, mit dem ich befreundet war und der sich darum kümmerte, wie mir zumute war. Ich kam mir ganz verloren vor in diesem Meer von fremden gelben Gesichtern.

Und dann kam Weihnachten. Ich wohnte bei Europäern, die chinesische Diener hatten. Der oberste von ihnen war der Koch, Ta-Tse-Fu, der große Herr der Küche. Er sprach etwas Deutsch und war der Dolmetscher zwischen mir und dem Zimmerkuli, dem Ofenkuli, dem Wäschekuli, dem Gartenkuli und was es da eben sonst noch an dienstbaren Geistern gab.

Am Heiligen Abend, als ich wieder einmal verdrossen und verheult in meinem Zimmer saß, überreichte mir Ta-Tse-Fu ein Geschenk. Es war eine chinesische Kupfermünze. In der Mitte hatte sie ein Loch und viele bunte Wollfäden waren hindurchgezogen und zu einem Zopf zusammengeflochten. „Eine sehr alte Münze“, sagte der Koch feierlich. „Und die Wollfäden gehören auch dir. Die Wollfäden sind von mir und meiner Frau und vom Zimmerkuli und seiner Schwester und von den Eltern und Brüdern vom Ofenkuli – von uns allen sind diese Wollfäden.“

Ich bedankte mich sehr. Es war ein merkwürdiges Geschenk – und noch viel merkwürdiger, als ich zunächst dachte. Denn als ich die Münze mit dem bunten Wollzopf einem Bekannten zeigte, der seit Jahrzehnten in China lebte, erklärte er mir, was es damit für eine Bewandtnis hatte: Jeder Wollfaden stand für eine Stunde des Glücks!

Der Koch war zu seinen Freunden gegangen und hatte sie

gefragt: „Willst du von dem Glück, das dir für dein Leben vorausbestimmt ist, eine Stunde des Glücks abtreten?“ Und Ofenkuli, Zimmerkuli und Wäschekuli und ihre Verwandten hatten für mich, für die fremde Europäerin, einen Wollfaden gegeben als Zeichen, dass sie mir von ihrem eigenen Glück eine Stunde des Glücks schenkten. Welch ein großes Opfer, das sie brachten! Denn wiewohl sie auf eine Stunde ihres Glücks verzichten konnten, wussten sie doch nicht, welche Stunde ihres Lebens es sein würde. Das Schicksal würde entscheiden.

Vertrauensvoll – mit offenem Herzen – machten sie mir, einer Fremden, einen Teil ihres Lebens zum Geschenk.

Nun ja, die Chinesen sind anders. Aber ich habe nie wieder ein Geschenk bekommen, das sich mit diesem hätte vergleichen lassen. Von diesem Tag an habe ich mich in China zu Hause gefühlt. Und die Münze mit dem bunten Wollzopf hat mich jahrelang begleitet.

Eines Tages lernte ich jemanden kennen, der war noch übler dran als ich damals in Shanghai. Und da habe ich einen Wollfaden genommen, ihn zu den anderen Fäden dazugeknüpft – und die Münze weitergegeben. *|266|*

Zuhören

Was die kleine Momo konnte wie kein anderer, das war: zuhören. Das ist doch nichts Besonderes, wird nun vielleicht mancher Leser sagen, zuhören kann doch jeder.

Aber das ist ein Irrtum. Wirklich zuhören können nur ganz wenige Menschen. Und so wie Momo sich aufs Zuhören verstand, war es ganz und gar einmalig.

Momo konnte so zuhören, dass dummen Leuten plötzlich sehr gescheite Gedanken kamen. Nicht etwa, weil sie etwas sagte oder fragte, was den anderen auf solche Gedanken brachte, nein, sie saß nur da und hörte einfach zu, mit aller Aufmerksamkeit und aller Anteilnahme. Dabei schaute sie den anderen mit ihren großen, dunklen Augen an und der Betreffende fühlte, wie in ihm auf einmal Gedanken auftauchten, von denen er nie geahnt hatte, dass sie in ihm steckten.

Sie konnte so zuhören, dass ratlose oder unentschlossene Leute auf einmal ganz genau wussten, was sie wollten. Oder dass Schüchterne sich plötzlich frei und mutig fühlten. Oder dass Unglückliche und Bedrückte zuversichtlich und froh wurden. Und wenn jemand meinte, sein Leben sei ganz verfehlt und bedeutungslos und er selbst nur irgendeiner unter Millionen, einer, auf den es überhaupt nicht ankommt und der ebenso schnell ersetzt werden kann wie ein kaputter Topf – und er ging hin und erzählte alles das der kleinen Momo, dann wurde ihm, noch während er redete, auf geheimnisvolle Weise klar, dass er sich gründlich irrte, dass es ihn, genauso wie er war, unter allen Menschen nur ein einziges Mal gab und dass er deshalb auf seine besondere Weise für die Welt wichtig war.

So konnte Momo zuhören! */267/*

~ Die beiden Brüder

Zwei Brüder wohnten einst auf dem Berg Morija. Der jüngere Bruder war verheiratet und hatte Kinder, der ältere war unverheiratet und allein. Die beiden Brüder arbeiteten zusammen, sie pflügten das Feld zusammen und streuten zusammen Samen aus. Zur Zeit der Ernte brachten sie das Getreide ein und teilten die Garben in zwei gleich große Stöße, für jeden einen Stoß Garben. Als es Nacht geworden war, legte sich jeder der beiden Brüder bei seinen Garben nieder, um zu schlafen. Der ältere Bruder aber konnte keine Ruhe finden und sprach in seinem Herzen: „Mein Bruder hat eine Familie, ich dagegen bin allein und ohne Kinder, und doch habe ich gleich viele Garben genommen wie er. Das ist nicht recht." Er stand auf, nahm von seinen Garben und schichtete sie heimlich und leise zu den Garben seines Bruders. Dann legte er sich wieder hin und schlief ein.

In der gleichen Nacht nun, geraume Zeit später, erwachte der Jüngere. Auch er musste an seinen Bruder denken und sprach im Herzen: „Mein Bruder ist allein und hat keine Kinder. Wer wird in seinen alten Tagen für ihn sorgen?" Und er stand auf, nahm von seinen Garben und trug sie heimlich und leise hinüber zum Stoß des Älteren.

Als es Tag wurde, erhoben sich die beiden Brüder, und wie war jeder erstaunt, dass ihre Garbenstöße gleich groß waren wie am Abend zuvor. Aber keiner sagte dem anderen ein Wort. In der zweiten Nacht wartete jeder ein Weilchen, bis er den anderen schlafend wähnte. Dann erhoben sie sich und jeder nahm von seinen Garben, um sie zum Stoß des anderen zu tragen. Auf halbem Weg trafen sie plötzlich aufeinander und jeder erkannte, wie gut es der andere mit ihm meinte. Da ließen sie ihre Garben fallen und umarmten einander in brüderlicher Liebe. Gott im Himmel aber schaute auf sie hernieder und sprach: „Heilig, heilig sei mir dieser Ort. Hier will ich unter Menschen wohnen." *|268|*

~ *Ein Chinese*

Paul Zifferer erzählte, ihm habe ein deutscher Offizier, der die „Strafexpedition" durch China nach dem Boxeraufstand mitmachte, das Folgende erzählt: Der Offizier sieht eine Reihe von Männern, die zum Tode verurteilt sind, auf einem Feld aufgestellt. Der Henker mit dem Schwert verrichtet seine Arbeit an einem nach dem anderen. Keinen brauchen die Gehilfen des Henkers zu binden oder auch nur zu halten; wie es an ihn kommt, stellt sich jeder mit gespreizten Beinen, die Hände über dem Knie aufgestemmt, und neigt den Nacken nach vorne, ihn dem Schwert anbietend. Einer der letzten Männer in der Reihe, an den es noch lange nicht kommt, liest mit tiefer Aufmerksamkeit in einem Buch. Der Offizier reitet zu ihm, fragt ihn: „Was liest du?" Der Mann sieht auf, fragt zurück: „Warum störst du mich?" Der Offizier fragt: „Wie kannst du jetzt lesen?" Der Mann sagt: „Ich weiß, jede gelesene Zeile ist ein Gewinn."

Der Offizier reitet zu dem General, der die Exekution befohlen hat, und bittet so lange, bis er den Mann freibekommt, reitet zurück mit dem schriftlichen Freilassungsbefehl, weist ihn dem, der die Exekution kommandiert, vor und darf hin und den Mann aus der Reihe austreten lassen. Sagt ihm: „Du bist begnadigt, kannst gehen." Der Mann klappt das Buch zu, sieht ihm scharf in die Augen und sagt: „Du hast recht getan. Deine Seele wird von dieser Stunde großen Gewinn haben." Nickt ihm zu und geht querfeldein. /269/

~ *Der Palast*

Ein sehr armer Mann kam zum Rabbiner: „Es ist schrecklich, Rebbe, ich bin unglücklich wie Hiob. Ich, mein Weib, meine vier Kinder und meine Schwiegermutter leben in einem Zimmer."

Fragte der Rabbi: „Hast du Hühner?"

„Ja, vier."

„Nimm sie herein ins Zimmer."

Der Mann wagte nicht zu widersprechen. Nach einer Woche kam er zum Rabbi und sagte: „Es ist noch schrecklicher. Die Hühner machen alles dreckig. Eins hat gepickt den Säugling, mein Weib hat sie gejagt über die Betten."

Der Rabbi fragte: „Hast du ein Kalb?"

Und als der Mann ängstlich nickte, sagte er: „Nimm das Kalb herein ins Zimmer."

Nach vier Tagen kam der Mann gerannt: „Rebbe, ich kann's nicht aushalten. Das Kalb brüllt und trampelt auf den Kindern herum, die Hühner fliegen durchs Zimmer und legen Eier ins Bett."

Der Rabbi dachte lange nach, dann fragte er: „Hast du ein Pferd?"

„Ja, ich hab ein kleines Pferd – aber Ihr werdet doch nicht wirklich wollen, dass …"

„Nimm herein den Gaul sofort", verlangte der Rabbi.

Schon am folgenden Morgen kam der Mann schreiend

Jugendstil, Österreich, 1912

angelaufen: „Das ist zu viel! Keine Minute länger will ich aushalten diese Hölle. Wir werden alle völlig meschugge."

„Nun", sagte der Rabbi, „wenn du es kannst wirklich nicht aushalten länger, dann nimm heraus die Hühner, heraus das Kalb, heraus den Gaul."

Der Mann rannte heim. Schon nach einer Stunde kam er wieder und lachte und klatschte in die Hände und schlug sich die Schenkel: „Rebbe, ich bin der glücklichste Mensch auf der Welt. Uns ist, als säßen wir in einem Palast!" *|270|*

~ *Wer verändert die Welt?*

Der Sufi Bayazid erzählt folgende Geschichte:

„In meiner Jugend war ich Revolutionär und mein einziges Gebet zu Gott lautete: ‚Herr, gib mir die Kraft, die Welt zu verändern.'

Als ich die mittleren Jahre erreichte und merkte, dass die Hälfte meines Lebens vertan war, ohne dass ich eine einzige Seele geändert hatte, wandelte ich mein Gebet ab und bat: ‚Herr, gib mir die Gnade, all jene zu verändern, die mit mir in Berührung kommen. Nur meine Familie und Freunde, dann bin ich schon zufrieden.'

Nun, da ich ein alter Mann bin und meine Tage gezählt sind, beginne ich einzusehen, wie töricht ich war. Mein einziges Gebet lautet nun: ‚Herr, gib mir die Gnade, mich selbst zu ändern.'" *|271|*

~ Der heilige Baum

Dann aber stand ich auf dem höchsten von allen diesen Bergen und ringsum unter mir in der Tiefe lag der ganze Erdkreis. Und während ich dort stand, sah ich mehr, als ich sagen kann, und ich verstand mehr, als ich sah; denn ich schaute auf heilige Weise die Gestalten aller Dinge im Geiste und die Gestalt aller Gestalten, wie sie zusammenleben müssen, gleich wie ein Wesen. Da sah ich, dass der heilige Ring meines Volkes einer von vielen Ringen war, die einen Kreis bildeten, weit wie Tageslicht und wie Sternenlicht. In der Mitte aber wuchs ein üppig blühender Baum zum Schutze all der Kinder einer Mutter und eines Vaters. Und ich erkannte all dies als heilig. /272/

~ Zeichen auf dem Weg

Ein Mann schickte seine beiden Söhne, Tambu und Rafiki, hinaus ins Grasland, um sich in den Dörfern umzusehen. Er gab ihnen den Auftrag: „Hinterlasst Zeichen auf eurem Weg!"

Die beiden Söhne gehorchten dem Vater und gingen hinaus ins Grasland. Nach wenigen Schritten schon begann Tambu, Zeichen auf seinem Weg zu machen. Er knüpfte einen Knoten ins hohe Grasbüschel, dann ging er ein Stück weiter und knickte einen Zweig eines Busches. Dann knüpfte er wieder Knoten ins Grasbüschel. So war der ganze Weg, den er ging, voller Zeichen. Er war damit derart beschäftigt, dass er keine Zeit fand für die Menschen, und auch sprach er kaum mit irgendeinem.

Ganz anders verhielt sich sein Bruder Rafiki. Er machte keine Zeichen am Weg. Aber im ersten Dorf setzte er sich zu den Männern im großen Palaverhaus, hörte zu, aß und trank mit ihnen und erzählte aus seinem Leben.

Im nächsten Dorf schloss Rafiki Kontakt zu einem Jungen, der ihn in seine Familie mitnahm und in die Dorfgemeinschaft einführte. Im dritten Dorf bekam er von einem Mädchen bei der sengenden Hitze einen kühlen Trunk angeboten und durfte das Dorffest mitfeiern.

Tambu bekam von alledem nichts mit. Er hatte genug zu tun mit seinen Grasbüscheln und geknickten Zweigen. Als die beiden Brüder nach ihrer Heimkehr dem Vater von ihren Erlebnissen erzählten, machte er sich mit ihnen auf denselben Weg. Überall wurde Rafiki mit seinem Vater herzlich aufgenommen – Tambu jedoch kannte kein Mensch.

„Ich verstehe nicht, warum mich keiner kennt", sagte Tambu, „alle sind zu Rafiki freundlich, der nichts anderes getan hat, als zugeschaut. Kein einziges Grasbüschel hat er geknüpft und wird von allen geschätzt und geehrt."

Da sagte der Vater: „Es gibt noch andere Zeichen als Grasbüschel, mein Sohn. Das sind die Zeichen, die ein Mensch in den Herzen der Menschen hinterlässt, wenn er zu ihnen geht, mit ihnen spricht und ihnen seine Freundschaft zeigt. Solche Zeichen in den Herzen der Menschen bleiben, wenn die Grasbüschel längst von Tieren gefressen oder vom Wind weggetragen sind."

Da sagte Tambu: „Ich will auch lernen, solche Zeichen auf meinem Weg zu hinterlassen." /273/

Zwei Träume

Lasst euch heute die Geschichte eines alten Mannes erzählen. Er lebt in einem kleinen Bergdorf, weitab von den lauten Straßen. Alle Menschen, die ihn kennen, ob groß oder klein, verehren ihn. Wenn man sie fragt, warum sie ihn so lieben, antworten sie nur: „Das ist ein alter Mann, der sieht." Mehr kann man aus ihnen nicht hervorlocken. Was noch eigenartiger anmutet: Dieselben Leute sind davon überzeugt, dass der alte Mann auf beiden Augen erblindet ist.

So suchte ich ihn selber auf. Er sieht aus, wie man sich einen alten Mann eben vorstellt. Seine Augen gleichen denen eines Blinden. Und doch, blind nur für das Außen der Dinge der Menschen. Aber scharf wie Adleraugen für das, was dahinter, in der Tiefe, verborgen liegt. Als ich ihn bat, erzählte er mir seine Geschichte:

„Gott, der Allmächtige, mein Schöpfer, hatte mich mit einer Sehkraft ausgestattet wie jeden anderen auch. Ich lebte mein Leben, ging meiner Arbeit und meinem Vergnügen nach und kümmerte mich sonst um wenig. Mein Gewissen war ruhig, denn ich vermeinte, nichts Böses zu tun. Schließlich waren ich und mein Leben nicht besser, aber sicher auch nicht schlechter als das der anderen. Doch zwei Träume, zwei sonderbare Träume, veränderten meine Sicht und mein Leben.

Eines Nachts sank ich erschöpft auf mein Lager, fiel sofort in tiefen Schlaf und sah vor meinen Augen unsere Erde kreisen. Ich erfreute mich an diesem Anblick, denn nie hatte ich mein Heimatdorf verlassen. Und nun tauchte ein Land nach dem anderen, eines schöner als das andere, vor mir auf und entschwand. Mit der Zeit bemerkte ich auch die Bewohner dieser Länder. Immer deutlicher hoben sie sich ab, bis ich jeden Einzelnen von ihnen erkennen konnte. Eine Weile schaute ich mir belustigt ihr Treiben an und fand, es ging auf der ganzen Welt genauso zu wie in unserem kleinen Dorf. Überall arbeiten die Menschen, vergnügen sich, tun Gutes und Schlechtes, zeigen Liebe und Hass.

Doch etwas begann mich zu beunruhigen. Bisher war mir alles bekannt und gewohnt vorgekommen. Und nun entdeckte ich etwas Eigenartiges, undeutlich zuerst, doch dann immer klarer und erschreckender. Alle Menschen, die da vor meinen Augen wimmelten, jeder einzelne war mit den anderen durch schwarze schwere Seile verbunden. Ja, die ganze Menschheit rund um den Erdball war aneinandergefesselt und -gekettet. Und so schrecklich das auch aussah, das Schauerlichste war, dass sie sich dessen nicht bewusst waren. Sie sahen das schwarze, hässliche Band nicht, das sie an den nächsten wie den fernsten Menschen heftete. Und sie benahmen sich, als wären sie allein und von niemandem abhängig. Je heftiger aber einer an seiner Fessel riss und zerrte, ohne an die anderen zu denken, umso stärker schnürte er sich ein, drosselte seinen Nachbarn und jeden Menschen dieser Welt. Denn sie hingen alle unauflöslich aneinander. Die Fesseln wurden unaufhörlich dicker, wanden sich Schlangen gleich um die unwissenden Menschen, drohten sie darin zu ersticken – und mit einem Schrei der Verzweiflung riss ich mich selbst aus dem Schlaf. Zitternd flüsterte ich vor mich hin: ‚Sie sehen es nicht, sie sehen es nicht.‘

Doch die Erschöpfung war groß und der Schlaf überfiel mich abermals, so sehr ich mich auch wehrte. Wieder sah ich die Erde vor mir kreisen, die Menschen darauf deutlicher hervortreten. Auch diesmal sah ich sie arbeiten und schlafen, lachen und weinen. Mit bangem Herzen erwartete ich, die mörderischen Fesseln zu erblicken. Aber sie erschienen nicht. Ich beruhigte mich, der Alb war gewichen. Und bei näherem Hinschauen gewahrte ich, was mich zuerst mit zaghafter, dann mit jubelnder Freude erfüllte: Die Menschen waren immer noch verbunden, ein jeder mit allen anderen, über die ganze Erde hin. Doch diesmal war das Band eine zierliche goldene Kette, die von Herz zu Herz führte. Die Menschheit hing an einer Kette, so zart wie ein Hauch, so strahlend wie Licht. Und regte sich einer, so schwang die Kette aus goldenem Licht und klang wie die Zimbel, wie ein himmlisches Lied.

Diese Träume veränderten meine Augen. Seitdem kann ich keinen Menschen sehen, ohne zugleich auch das Band zu entdecken. Ja, eigentlich sehe ich nur noch die Herzen und die Bänder, die sie verknüpfen. Weiß ein Mensch nicht, dass er an dem anderen hängt und er an ihm, glaubt er sich allein und frei, sehe ich die schwarzen Fesseln ihn umklammern. Erkennt der Mensch, dass er und die anderen unlösbar verbunden sind, und handelt danach, so erblicke ich, wie die schweren Seile von ihm abgleiten.

Und siehe – es tritt mit mächtigem Strahlen die zarte Kette aus seinem Herzen hervor.“ *|274|*

~ Innerer Dialog

Ein Mann will ein Bild aufhängen. Den Nagel hat er, nicht aber den Hammer. Der Nachbar hat einen. Also beschließt unser Mann, hinüberzugehen und ihn auszuborgen. Doch da kommt ihm ein Zweifel: Was, wenn der Nachbar mir den Hammer nicht leihen will? Gestern schon grüßte er mich nur so flüchtig. Vielleicht war er in Eile. Aber vielleicht war die Eile nur vorgeschützt und er hat etwas gegen mich.

Und was? Ich habe ihm nichts angetan. Er bildet sich da was ein. Wenn jemand von mir ein Werkzeug borgen wollte, ich gäbe es ihm sofort. Und warum er nicht? Wie kann man einem Mitmenschen einen so einfachen Gefallen abschlagen?

Leute wie dieser Kerl vergiften einem das Leben. Und dann bildet er sich noch ein, ich sei auf ihn angewiesen. Bloß weil er einen Hammer hat. Jetzt reicht's mir wirklich. Und so stürmt er hinüber, läutet, der Nachbar öffnet, doch noch bevor er „Guten Tag" sagen kann, schreit ihn unser Mann an: „Behalten Sie doch Ihren Hammer, Sie Rüpel!" */275/*

~ Was ist das Leben?

An einem schönen Sommertag um die Mittagszeit war im Wald Stille eingetreten. Die Vögel steckten ihre Köpfe unter die Flügel. Alles ruhte.

Da steckte der Buchfink sein Köpfchen hervor und fragte: „Was ist eigentlich Leben?" Alle waren betroffen über diese schwierige Frage.

Die Rose entfaltete gerade ihre Knospe und schob behutsam ein Blatt ums andere heraus. Sie sprach: „Das Leben ist eine Entwicklung." Weniger tiefsinnig veranlagt war der Schmetterling. Lustig flog er von einer Blume zur anderen, naschte da und dort und sagte: „Das Leben ist lauter Freude und Sonnenschein." Drunten am Boden schleppte sich eine Ameise mit einem Strohhalm ab, zehnmal länger als sie selbst, und sagte: „Das Leben ist nichts anderes als Mühe und Arbeit." Geschäftig kam eine Biene von einer honighaltigen Blume zurück und meinte dazu: „Das Leben ist ein Wechsel von Arbeit und Vergnügen." Wo so weise Reden geführt wurden, streckte der Maulwurf seinen Kopf aus der Erde und sagte: „Das Leben ist ein Kampf im Dunkel."

Es hätte nun fast einen Streit gegeben, wenn nicht ein feiner Regen eingesetzt hätte, der sagte: „Das Leben besteht nur aus Tränen, nichts als Tränen." Dann zog er weiter zum Meer. Dort brandeten die Wogen und warfen sich mit aller Gewalt gegen die Felsen und stöhnten: „Das Leben ist ein stets vergebliches Ringen nach Freiheit." Hoch über ihnen zog majestätisch ein Adler seine Kreise, der frohlockte: „Das Leben, das Leben ist ein Streben nach oben!" Unten auf der Erde stand eine Weide, die hatte der Sturm schon zur Seite gebogen. Sie sagte: „Das Leben ist ein Sich-Neigen unter einer höheren Macht."

Dann kam die Nacht. Mit lautlosem Flug glitt ein Uhu durch das Geäst des Waldes und krächzte: „Leben bedeutet, die Gelegenheit zu nutzen, wenn andere schlafen." Schließlich wurde es ganz still. Es schwieg der Wald, es ruhte die Wiese, es schlief die Stadt. Dort ging ein junger Mann durch menschenleere Straßen nach Hause. Er kam von einer Feier und sagte: „Das Leben ist ein ständiges Suchen nach Glück und eine Kette von Enttäuschungen.“ Auf einmal stand die Morgenröte in ihrer vollen Pracht auf und sprach: „Wie ich, die Morgenröte, der Beginn des neuen Tages bin, so ist das Leben der Anbruch der Ewigkeit.“ *|276|*

~ Jeder hat seinen Platz

Einst gab es in Persien eine Gemeinschaft von Männern, deren Mitglieder untereinander kein Wort sprachen. Wenn sie etwas zu vermitteln hatten, pflegten sie sich stattdessen mit Gesten und Zeichen auszudrücken. Sie erreichten eine derartige Perfektion darin, dass sie die schwierigsten Themen in dieser Art verständlich machen konnten, und waren in der Lage, aus dem Gesichtsausdruck der Menschen und ihren Augen zu entschlüsseln, was diese dachten.

Jeder, der dieser Gemeinschaft beitreten wollte, musste am Tor des Versammlungshauses stehen bleiben, während die Mitglieder miteinander durch Zeichen berieten, ob diese Person beitreten durfte.

Eines Tages erschien ein Mann mit einem hässlichen Gesicht, niedergebeugter Haltung und ärmlicher und zerschlissener Kleidung am Tor des Versammlungshauses. Die Mitglieder der Gemeinschaft betrachteten ihn eingehend und fanden ihn sehr abstoßend. Sie berieten sich nur kurz und dann nahm der Präsident der Gemeinschaft einen Becher und füllte ihn bis zum Rand mit Wasser. Dies war das Zeichen, dass es keinen Platz gab für ein neues Mitglied. Es bedeutete, dass die Gemeinschaft voll war.

Doch der Mann mit dem abstoßenden Äußeren war klug. Er bückte sich und hob ein kleines Blütenblatt vom Boden auf. Mit größter Ehrerbietung betrat er den Versammlungsraum und sachte und sehr behutsam legte er das Blütenblatt auf die Wasseroberfläche, ohne dass sich diese bewegte oder das Wasser überlief. Damit zeigte er, dass er nicht viel Platz brauchte und dass, wie voll die Gemeinschaft auch sei, für ihn ein Platz vorhanden wäre.

Die Mitglieder waren beeindruckt und klatschten ihm Beifall für seine Klugheit. Sie änderten ihre Meinung und nahmen ihn als Mitglied in ihrem Kreise auf. Als die Zeit verging, erkannte man auch den wahren Wert dieses Mannes und er wurde sehr verehrt und war bei allen sehr beliebt. */277/*

~ *Krieger des Regenbogens*

Als sie aufhörte zu reden, schauten die alte Frau und der Junge in Richtung Osten und sahen dort einen großen Regenbogen am Himmel aufflammen, wo gerade ein Gewitter vorübergegangen war.

„Der Regenbogen ist ein Zeichen von Ihm, der in allen Dingen lebt", sagte die alte, weise Frau. „Er ist das Zeichen für die Einheit aller Völker wie in einer großen Familie. Geh auf die Bergspitze, Kind meines Blutes, und lerne, ein Krieger des Regenbogens zu sein, denn nur, wenn wir Liebe und Freude an andere weitergeben, kann Hass in dieser Welt in Verständnis und Freundschaft verwandelt werden und Krieg und Zerstörung werden ein Ende haben!" */278/*

6

Weisheiten und Aussprüche, Gedichte und Gedankensplitter und andere besinnliche Dinge …

Das Wort

Jedes Wort ist mit einem Geist versehen. Deshalb sollte der Redner oder Erklärer seine Worte zur rechten Zeit am rechten Ort äußern, denn der Eindruck, den jedes Wort hinterlässt, liegt klar und spürbar zutage ...

Ein bestimmtes Wort mag mit dem Feuer zu vergleichen sein, ein anderes mit dem Lichte, und der Einfluss, den beide üben, ist in der Welt offenbar. Darum sollte ein aufgeklärter, weiser Mensch vornehmlich in Worten reden, die sanft wie Milch sind, damit seine Worte die Menschenkinder nähren und erbauen, so dass sie das höchste Ziel menschlichen Daseins erreichen: die Stufe wahren Verstehens und geistigen Adels ...

Ein bestimmtes Wort ist wie der Frühling, der die zarten Schösslinge im Rosengarten der Erkenntnis grünen und blühen lässt, während ein anderes Wort wie tödliches Gift ist. Ein umsichtiger, weiser Mensch sollte deshalb voll Milde und Geduld reden, damit die Süße seiner Worte einen jeden das erlangen lässt, was der Stufe des Menschen angemessen ist.

Bahá'u'lláh, Bahá'í-Schriften

Menschen des Friedens

Es ist die Macht der wahren Hopi, die Gedanken und Seelen all jener Menschen auf der Erde zu vereinen, die den Frieden suchen. Hopi bedeutet Menschen des Friedens und die gewaltigste, größte Kraft ist die Kraft des Friedens, denn Friede ist der Wille des Großen Geistes. Aber denkt nicht, dass, nur weil die wahren Hopi vom Großen Geist die Weisung haben, keine Waffen zu erheben, die wahren Hopi nicht kämpfen würden. Für den Lebensweg, von dem wir wissen, dass er der richtige ist, würden wir sogar sterben. Die wahren Hopi wissen zu kämpfen, ohne zu töten oder zu verletzen. Die wahren Hopi wissen zu kämpfen mit Wahrheit und positiver Kraft im Licht des Großen Geistes. Die wahren Hopi wissen zu lehren mit klaren Gedanken, guten Bildern und sorgfältig gewählten Worten. Die wahren Hopi wissen den Kindern der Welt den wahren Lebensweg durch ihr Vorbild zu zeigen. Durch Arbeit und Verständigung in einer Art, die das Denken und Fühlen all jener Menschen erreicht, die aufrichtig nach einem einfachen und spirituellen Leben suchen. Dem einzigen Leben, das fortdauern wird. Die wahren Hopi bewahren das heilige Wissen über das Leben der Erde. Die Hopi wissen, dass die Erde ein lebendes und wachsendes Geschöpf ist, alle Dinge auf ihr sind ihre Kinder. Die wahren Hopi wissen den richtigen Lebensweg all jenen Menschen auf dieser Erde zu zeigen, die Ohren haben zu hören, die Augen haben zu sehen und die Herzen haben, diese Dinge zu verstehen.

Die wahren Hopi wissen genügend Macht zu schaffen, um die Geisteskräfte aller wahren Kinder der Erde miteinander zu verbinden und sie mit der positiven Kraft des Großen Geistes zu vereinen, auf dass sie der Zerstörung und der Verfolgung auf der ganzen Welt ein Ende setzen. Die wahren Hopi erklären, dass die Kraft der Hopi eine Macht ist, die die Welt verändern wird.

Hopi-Erklärung für den Frieden

Lichtspender

Menschen sind wie der Mond. Der Mond besitzt kein eigenes Licht. Er empfängt alles von der Sonne. Wenn der Mond der Erde zugewandt ist, ist er der dunkle Mond. Er gibt kein Licht. Aber wenn er sich von der Erde abkehrt und der Sonne zuwendet, nimmt er allmählich an Schönheit zu. Zuerst ist es ein Silberstreif, dann ein Viertelmond, dann ein halber, dann ein Dreiviertelmond, bis schließlich, wenn er der Erde zur Gänze den Rücken zukehrt und sich nach der Sonne richtet, er zu einem großen, runden, strahlenden Vollmond wird. Das ist der Zeitpunkt, da er der dunklen Erde das meiste Licht spendet.

William Sears, Gott liebt das Lachen

Tag der Erkenntnis

Der Tag, an dem du erkennst, dass du verantwortlich bist, dass die Welt mit dir steigt und fällt, sündigt oder rein ist – der Tag ist dein Geburtstag.

Max Hayek

Psalm

Ergründe sorgfältig dein eigenes Herz,
denn ihm entspringen alle Fragen des Lebens.

Ordnung in der Welt

Willst du das Land in Ordnung bringen,
musst du erst die Provinzen in Ordnung bringen.
Willst du die Provinzen in Ordnung bringen,
musst du die Städte in Ordnung bringen.
Willst du die Städte in Ordnung bringen,

musst du die Familien in Ordnung bringen.
Willst du die Familien in Ordnung bringen,
musst du die eigene Familie in Ordnung bringen.
Willst du die eigene Familie in Ordnung bringen,
musst du dich in Ordnung bringen.
Chinesische Weisheit

Das Paradies

Wenn du dir einen Palast im Paradies wünschst,
mache dein Heim zu einem Versammlungsort für Freunde.
Bahá'í-Schriften

Die Stimme des Herzens

Viele Menschen reden,
um die Stimme ihres Herzens
nicht zu hören.
Schweigen sie endlich,
schweigt auch ihr Herz.
Alex Käfer

Stufen

Wie jede Blüte welkt und jede Jugend
Dem Alter weicht, blüht jede Lebensstufe,
Blüht jede Weisheit auch und jede Tugend
Zu ihrer Zeit und darf nicht ewig dauern.

Es muss das Herz bei jedem Lebensrufe
Bereit zum Abschied sein und Neubeginne,
Um sich in Tapferkeit und ohne Trauern
In andre, neue Bindungen zu geben.
Und jedem Anfang wohnt ein Zauber inne,
Der uns beschützt und der uns hilft zu leben.
Wir sollen heiter Raum um Raum durchschreiten,
An keinem wie an einer Heimat hängen,
Der Weltgeist will nicht fesseln uns und engen,
Er will uns Stuf' um Stufe heben, weiten.
Kaum sind wir heimisch einem Lebenskreise
Und traulich eingewohnt, so droht Erschlaffen.
Nur wer bereit zu Aufbruch ist und Reise,
Mag lähmender Gewöhnung sich entraffen.
Es wird vielleicht auch noch die Todesstunde
Uns neuen Räumen jung entgegensenden,
Des Lebens Ruf an uns wird niemals enden ...
Wohlan denn, Herz, nimm Abschied und gesunde!

Hermann Hesse

Drei Wege

Es gibt drei Wege zu richtigem Handeln:
Der erste – durch Nachahmung. Das ist der einfachste.
Der zweite – durch Erfahrung. Das ist der bitterste.
Der dritte – durch Erkenntnis. Das ist der edelste.

Chinesische Weisheit

Der Unterschied

Gott gebe mir die Gelassenheit, die Dinge hinzunehmen,
die ich nicht ändern kann, den Mut, die Dinge zu ändern,
die ich ändern kann, und die Weisheit,
das eine vom anderen zu unterscheiden.

Friedrich Oetinger

Vom Rauschen der Stille

Und siehe, der Herr ging vorüber,
und es kam ein gewaltiger Sturm,
der die Berge stürzte und die Felsen zerbrach.
Aber Gott sprach nicht im Wind.
Nach dem Wind aber kam ein Erdbeben,
und es wütete im ganzen Land.
Aber Gott sprach nicht im Erdbeben.
Und nach dem Erdbeben kam ein Feuer,
das alles von Menschen Gebaute verbrannte.
Aber Gott sprach nicht im Feuer.
Und nach dem Feuer kam die Stille.
Und im Rauschen der Stille – da sprach Gott.

Buch der Könige, Übersetzung nach Martin Buber

Nimm dir Zeit

Nimm dir Zeit, um zu arbeiten, es ist der Preis des Erfolges.
Nimm dir Zeit, um nachzudenken, es ist die Quelle der Kraft.

Nimm dir Zeit, um zu spielen, es ist das Geheimnis der Jugend.
Nimm dir Zeit, um zu lesen, es ist die Grundlage des Wissens.
Nimm dir Zeit, um zu träumen, es ist der Weg zu den Sternen.
Nimm dir Zeit, um zu lieben, es ist die wahre Lebensfreude.
Nimm dir Zeit, um froh zu sein, es ist die Musik der Seele.

Persische Weisheit

Visionen vermitteln

Wenn du ein Schiff bauen willst,
so trommle nicht Männer zusammen,
um Holz zu beschaffen,
Werkzeuge vorzubereiten,
Aufgaben zu vergeben
und die Arbeit einzuteilen, sondern
lehre die Männer die Sehnsucht
nach der weiten endlosen Welt!

Antoine de Saint-Exupéry

Licht im Herzen

Die Liebe ist ein Licht,
das niemals in einem furchtsamen Herzen wohnt.

Bahá'u'lláh

Das Geheimnis

Hier ist mein Geheimnis. Es ist ganz einfach:
Man sieht nur mit dem Herzen gut.
Das Wesentliche ist für die Augen unsichtbar.

Antoine de Saint-Exupéry

Zur Nachahmung

Ein Mensch
fiel aus der Rolle.
Anstatt sich das Genick zu brechen,
landete er weich im Eigentlichen.

Jörn Pfennig

Grenzgänge

Das Auge sagte eines Tages:
„Ich sehe hinter diesen Tälern im blauen Dunst einen Berg.
Ist er nicht wunderschön?"
Das Ohr lauschte und sagte nach einer Weile:
„Wo ist ein Berg? Ich höre keinen."

Khalil Gibran

Vom Schicksal

Beobachte deine Gedanken,
denn sie werden zu deinen Worten.
Beobachte deine Worte,
denn sie werden zu deinen Taten.
Beobachte deine Taten,
denn sie werden zu deinen Gewohnheiten.
Beobachte deine Gewohnheiten,
denn sie werden zu deinem Charakter.
Beobachte deinen Charakter,
denn er wird zu deinem Schicksal.

Orientalische Weisheit

Der Sucher

Gehe, wandre, eile nur,
immer vorwärts ohne Zagen,
mögen Leute lachen, klagen,
eile weiter, suche nur,
denn des Lebens Sinn ist Suchen.
Gehe, wandre, eile nur,
such die Erd, das Himmelsschiff,
tauche in des Meeres Tief,
eile weiter, suche nur,
denn des Lebens Sinn ist Suchen.
Gehe, wandre, eile nur,
lies die Weisen, Philosophen,
lerne aus des Dichters Strophen,

eile weiter, suche nur,
denn des Lebens Sinn ist Suchen.
Viel Geduld war dir beschieden
und ein freier reiner Sinn.
Willst du finden wahren Frieden,
schaue in dich, ganz tief drin.
Siehst die Flamme in dem Spiegel?
Leuchtet sie nicht hell und klar?
Eile vorwärts, schwing die Flügel,
was du hier siehst, das ist wahr!

Kambiz Poostchi, vertont von Bijan Khadem-Missagh für die Musikgruppe Dawnbreakers

Denkmodelle

Ich und Somalia gegen den Rest der Welt;
ich und mein Clan gegen Somalia;
ich und meine Familie gegen meinen Clan;
ich und mein Bruder gegen meine Familie;
ich gegen meinen Bruder?

Somalisches Sprichwort

Lebensart

Als du geboren wurdest,
freuten sich alle, nur du selbst weintest.
Lebe so, dass, wenn du stirbst,
alle weinen und nur du lächelst.

Schwedisches Sprichwort

Vom Ziel …

Wer vom Ziel nicht weiß,
kann den Weg nicht haben,
wird im selben Kreis
all sein Leben traben,
kommt am Ende hin,
wo er hergerückt,
hat der Menge Sinn
nur noch mehr zerstückt.

Christian Morgenstern

Glück und Freude

Pflicht ohne Liebe macht verdrießlich.
Verantwortung ohne Liebe macht rücksichtslos.
Gerechtigkeit ohne Liebe macht hart.
Klugheit ohne Liebe macht grausam.
Freundlichkeit ohne Liebe macht heuchlerisch.
Ordnung ohne Liebe macht kleinlich.
Ehre ohne Liebe macht hochmütig.
Besitz ohne Liebe macht geizig.
Glauben ohne Liebe macht fanatisch.
Ein Leben ohne Liebe ist sinnlos.
Ein Leben in Liebe ist Glück und Freude.

Ich hab' was für dich

Bist du traurig? Hast du Sorgen?
Soll ich dir mein Lächeln borgen?
Nimm es nur und nütz es gut,
dass es seine Wirkung tut.
Hilft es dir und bringt's dir Glück:
Gib's mir irgendwann zurück.

Wolf Harrauth

Blaudruckornament, China

Aussprüche

Ein Diamant ist ein Stückchen Kohle,
aus dem unter Druck etwas geworden ist.
Autor unbekannt

Man erreicht die Größe nicht,
wenn man sich nur seinen Impulsen hingibt,
sondern indem man geduldig die stählerne Mauer abfeilt,
die das, was man fühlt, von dem, was man vermag, trennt.
Vincent van Gogh

Was du ererbt von deinen Vätern hast,
erwirb es, um es zu besitzen.
Johann Wolfgang von Goethe

Auch die Zukunft ist nicht mehr das, was sie war!
Arthur Clarke

Immer strebe zum Ganzen,
und kannst du selber kein Ganzes werden,
als dienendes Glied schließ an ein Ganzes dich an.
Friedrich Schiller

... weil, so schließt er messerscharf,
nicht sein kann, was nicht sein darf.
Christian Morgenstern

Die beste Art, einer Haltung zum Siege zu verhelfen, ist, sie so treu wie möglich zu leben.
Teilhard de Chardin

Wo aber Gefahr ist, wächst das Rettende auch.
Friedrich Hölderlin

Die meisten Leute möchten Gott dienen – aber nur als Berater.
Sunday Express, London

Dieses Leben und das andere sind wie die beiden Frauen des Bigamisten: Wenn die eine lächelt, schmollt die andere.
Imam Ali

Es kann keine Freundschaft ohne Vertrauen
und kein Vertrauen ohne Integrität geben.
Samuel Johnson

Tradition ist die Weitergabe des Feuers,
nicht die Anbetung der Asche.
Gustav Mahler

„Lass dir aus dem Wasser helfen oder du wirst ertrinken“,
sprach der freundliche Affe und setzte den Fisch
sicher auf einen Baum.
Japanisches Sprichwort

Mit Veränderung leben wir alle.
Gegen Veränderung leben die Dummen,
von Veränderung leben die Erfolgreichen!
Autor unbekannt

Wir sind das, was wir wiederholt tun.
Vorzüglichkeit ist daher keine Haltung,
sondern eine Gewohnheit.
Aristoteles

Probleme, die durch unsere bestehende Denkweise
erzeugt werden, können nicht auf derselben Denkebene
gelöst werden.
Albert Einstein

Das Auge schläft, bis es der Geist mit einer Frage weckt.
Arabisches Sprichwort

Das Herz hat seine Gründe, von denen der Verstand nichts weiß.
Pascal

Lebenskunst besteht zu neunzig Prozent aus der Fähigkeit, mit Menschen auszukommen, die man zunächst nicht leiden kann.
Autor unbekannt

Wollen wir eine Brücke schlagen von Mensch zu Mensch –
und dies gilt auch für eine Brücke des Erkennens und Verstehens –
so müssen die Brückenköpfe eben nicht die Köpfe,
sondern die Herzen sein.
Viktor Frankl, Psychotherapie für jedermann

Es gibt in der Welt keine wirklich herausragende Leistung,
die von der richtigen Lebensweise zu trennen wäre.
David Starr Jordan

Jeden Tag denke ich unzählige Male daran, dass mein äußeres und inneres Leben auf der Arbeit der jetzigen und der schon verstorbenen Menschen beruht, dass ich mich anstrengen muss, um zu geben im gleichen Ausmaß, wie ich empfangen habe und noch empfange.

Albert Einstein

Es kommt vielmehr darauf an,
das Alte in einem neuen Licht zu sehen.

M. Balint

Wer sich selbst und andere kennt, wird auch hier erkennen:
Orient und Okzident sind nicht mehr zu trennen.

Johann Wolfgang von Goethe

Wenn man genauer hinschaut, entpuppen sich die meisten Zyniker als frustrierte Idealisten – Menschen, die den Fehler begingen, ihre Ideale zu Erwartungen zu machen.

Peter Senge, Die fünfte Disziplin

Gott gab uns die Erinnerung, damit wir im Winter Rosen haben.

Sprichwort aus Finnland

Es gibt keine wahre Brüderlichkeit ohne gemeinsame Vaterschaft.

Monsieur de la Palice

Alle Dinge sind schwer, bevor sie leicht werden.

Persisches Sprichwort

Wie der Bumerang, der zum Jäger, der ihn geschleudert hat, nur dann zurückkehrt, wenn er das Ziel, die Beute, verfehlt hat, so ist auch nur der Mensch so sehr auf Selbstverwirklichung aus, der zunächst einmal in der Erfüllung von Sinn gescheitert ist ...

Viktor Frankl, Psychotherapie für jedermann

Viele Menschen versäumen das kleine Glück,
während sie auf das große vergeblich warten.

Pearl S. Buck

Wann immer wir glauben, das Problem sei
„da draußen", ist dieser Gedanke das Problem ...
Unsere Art, die Probleme zu sehen, ist das Problem.

Stephen R. Covey

Wer alleine ist, addiert, wer mit anderen
zusammenarbeitet, multipliziert.

Orientalischer Spruch

Das ist die wahre Freude am Leben: für einen Zweck benutzt zu werden, den man selber als einen großen erkannt hat ... eine Naturkraft zu sein statt eines selbstsüchtigen kleinen Häufchens von Leiden und Beschwerden, der sich darüber beklagt, dass sich nicht die ganze Welt damit beschäftigt, einen glücklich zu machen.

George Bernard Shaw

Manche Leute verstehen unter Verschwiegenheit,
dass sie die ihnen anvertrauten Geheimnisse nur
hinter vorgehaltener Hand weitererzählen.

Marc Aurel

Toleranz sollte eigentlich nur eine vorübergehende Gesinnung sein: Sie muss zur Anerkennung führen. Dulden heißt beleidigen.

Johann Wolfgang von Goethe

Der Mensch ist gerade so glücklich,
wie er sich zu sein entschließt.

Abraham Lincoln

Warum sollten wir uns wundern, dass aus demselben Stoff jeder das für seine Interessen Geeignete herausliest? Auf derselben Wiese sucht die Kuh Gras, der Hund den Hasen, der Storch die Eidechse.

Seneca

Über eine Entfernung von tausend Meilen
wirkt nur noch Menschlichkeit, nicht aber Macht.

Chinesische Weisheit

Was hinter uns liegt und was vor uns liegt,
sind Winzigkeiten im Vergleich zu dem, was in uns liegt.

Henry David Thoreau

Das habe ich getan, sagt mein Gedächtnis.
Das kann ich nicht getan haben, sagt mein Stolz
und bleibt unerbittlich. Endlich gibt das Gedächtnis nach.

Friedrich Nietzsche

Wie doch Freude und Glück einen Menschen schön machen!
Wie atmet im Herzen die Liebe!

Fjodor M. Dostojewski

Ich habe begonnen, mir selbst ein Freund zu sein.
Damit ist schon viel gewonnen,
denn man kann dann nie mehr einsam sein.
Wisse auch, dass ein solcher Mensch
allen ein rechter Freund sein wird.
Seneca

Gedanken sind es, die das Leben des Menschen
glücklich oder unglücklich machen.
Marc Aurel

Alles, was wahr ist, ist tief und kann ein Echo
wecken, eine tiefe Bewegung schaffen ...
Teilhard de Chardin

Alle glücklichen Familien gleichen einander.
Jede unglückliche Familie ist auf ihre eigene Art unglücklich.
Leo Tolstoi

Die Perfektion von Mitteln und die Verwirrung von Zielen
scheinen ... unser Zeitalter zu charakterisieren.
Albert Einstein

Wir können den IQ eines Menschen recht zuverlässig messen und das Barvermögen einer Person auf den Pfennig genau berechnen – Indikatoren, die wir sehr ernst nehmen. Aber wenn es um die wesentlich wichtigere Frage geht, ob das Leben eines Menschen zur Harmonie oder zum Chaos beiträgt, werden wir außerordentlich vorsichtig und wortkarg.
Mihály Csikszentmihályi

Eben als ich alle Antworten des Lebens erfasst hatte, änderten sich die Fragen.

Autor unbekannt

Wenn zwei je einen Apfel besitzen und ihn austauschen, bleibt jedem der beiden auch danach nur ein Apfel. Wenn aber dieselben je eine Idee haben und sie austauschen, hat jeder dadurch zwei Ideen.

George Bernard Shaw

Wenn ich über mich und meine Denkweise nachdenke, komme ich zu dem Schluss, dass die Gabe der Phantasie für mich mehr bedeutet hat als meine Begabung, absolutes Wissen aufzunehmen.

Albert Einstein

Wir leben alle unter dem gleichen Himmel,
aber wir haben nicht alle den gleichen Horizont.

Konrad Adenauer

Den Wind kann man nicht verbieten,
aber man kann Mühlen bauen.

Spruch aus Holland

Was könnte es für eine größere Freude geben,
als das in die Praxis umzusetzen, was du gelernt hast.

Konfuzius

Denn in Wirklichkeit existiert kein Vorgang für sich allein, sondern er steht in mannigfaltiger Verbindung mit anderen Vorgängen. Wir denken uns nur bei unserer wissenschaftlichen Betrachtungsweise aus praktischen Gründen die Vorgänge als isolierte Teilsysteme.

Baege (Schüler von Frederic Vester)

Wenn du zwei Möglichkeiten zur Auswahl hast,
dann wähle den schwierigeren Weg.

Spruch aus Nepal

Man muss seine Jugend überwinden,
wenn man wieder Kind sein will.

Friedrich Nietzsche

Reichtümer ähneln dem Mist: Sie stinken, wenn sie auf einem Haufen sind, während sie ausgebreitet den Boden düngen.

Sprichwort

Ducunt fata volentem, nolentem trahunt.
Den Willigen führt das Schicksal, den Unwilligen zerrt es dahin.

Goldenes Wort der Römer

Wer Fische fangen will, der muss in den Schatten zurücktreten.

Autor unbekannt

Meinungen sind wie Nägel.
Je stärker du auf sie einschlägst,
desto tiefer dringen sie ein.

Chinesisches Sprichwort

Die sicherste Tür ist die, die man offen lassen kann.

Spruch aus China

Der Frosch, der im Brunnen lebt, beurteilt das
Ausmaß des Himmels nach dem Brunnenrand.

Mongolische Weisheit

Ich bin zwar Geburtshelfer, kann aber selber nicht gebären.
Ich helfe anderen zur Weisheit, aber ich selbst habe keine.

Sokrates

Man braucht ein ganzes Dorf, um ein einziges Kind zu erziehen.

Afrikanisches Sprichwort

Ein Verliebter betrachtet eine Blume
mit anderen Augen als ein Kamel.

Sprichwort aus Ägypten

Es wächst der Mensch mit seinen größern Zwecken.

Friedrich Schiller, Wallenstein

Wenn du dich nicht vom alten Ufer abstößt,
kannst du nie das neue Ufer erreichen.

Autor unbekannt

Der wahre Weise strebt mehr nach der Erkenntnis des Seins ... er beschränkt sich nicht auf die Welt der Erscheinungen, deren Sein bloßer Schein ist.

Platon

Hillel, ein Zeitgenosse Christi, richtete
drei Fragen an seine Schüler:

1. Wenn nicht ich es tue, wer soll es dann tun?
2. Wenn ich es nicht jetzt tue, wann soll ich es dann tun?
3. Wenn ich es nur um meiner selbst willen tue, wer bin ich dann eigentlich?

Ich besitze drei köstliche Dinge, die ich festhalte und schätze: Das eine ist die Güte, das zweite Genügsamkeit, das dritte selbstloses Dienen.

Laotse

Bete nicht darum, ein bequemes Leben zu haben, sondern bete darum, ein starker Mensch zu sein.

Autor unbekannt

Wichtig ist, dass man nicht aufhört zu fragen. Neugier hat ihren eigenen Seinsgrund. Man kann nicht anders, als die Geheimnisse von Ewigkeit, Leben oder die wunderbare Struktur der Wirklichkeit ehrfurchtsvoll zu bestaunen. Es genügt, wenn man versucht, an jedem Tag lediglich ein wenig von diesem Geheimnis zu erfassen. Diese heilige Neugier soll man nie verlieren.

Albert Einstein

Ich weiß nicht, wohin wir eigentlich eilen, aber Hast ist uns zur Gewohnheit geworden. Ich frage mich, was die meisten Leute mit der Zeit machen, die sie durch Eile gewinnen. Ich bezweifle, dass Hast das Leben reicher macht. Normalerweise macht sie das Leben nur komplizierter.

Hal Borland

Die Straße des geringsten Widerstandes
ist nur am Anfang asphaltiert.

Hans Kasper

Wenn dir ein Wort auf der Zunge brennt – lasse es brennen.

Persische Weisheit

Ich habe mein Gesicht nie liften lassen. Mir ist es wichtiger, meinen Geist zu liften. Nach meiner Ansicht ist das Ergebnis so ziemlich dasselbe.

Helena Rubinstein

Ich schlief und träumte, das Leben wäre Freude.
Ich erwachte und sah, das Leben war Pflicht.
Ich handelte, und siehe, die Pflicht war Freude.

Tagore, indischer Dichter und Philosoph, Nobelpreis 1913

Von Aristoteles wird berichtet, dass er einen neuen Schüler schon nach wenigen Tagen mit der Begründung nach Hause schickte: „Ich kann ihm nichts vermitteln, er liebt mich nicht."

Willst du glücklich sein im Leben,
trage bei zu andrer Glück,
denn die Freude, die wir geben,
kehrt ins eigene Herz zurück.

Johann Wolfgang von Goethe

Das Maß, in dem ich Beziehungen schaffen kann, die das Wachstum anderer als eigenständige Personen fördern, ist ein Maß für das innere Wachstum, das ich selbst erreicht habe.

Carl Rogers

Man steht sich selber immer einige Schritte zu nah und den Nächsten immer einige Schritte zu fern.
Friedrich Nietzsche

Die beste Art, das Böse zu bekämpfen, ist energischer Fortschritt im Guten.
I Ging

Das große Ziel der Bildung ist nicht Wissen, sondern Handeln.
Herbert Spencer

Freude ist ein innerer Zustand. Sie hängt nicht von dem ab, was wir besitzen, sondern von dem, was wir sind.
Henry van Dyke

Begeisterung ohne Verstand ist unnütz und gefährlich.
Novalis

Man hat einen Menschen noch lange nicht überzeugt, wenn man ihn zum Schweigen gebracht hat.
Christopher Morley

Wer nicht an Wunder glaubt, der ist kein Realist.
David Ben Gurion

Es gibt viel Böses auf der Welt. Sobald wir, wenn uns jemand verletzt, mit Hass und Groll reagieren, schleudern wir das Böse – das wir durch unsere eigene Reaktion vermehrt haben – wieder in die Welt hinaus. Wenn wir jedoch dem Übeltäter verzeihen, verwandeln wir seine Handlung in eine Prüfung, durch die unsere Seele sich entwickeln konnte. So haben wir dann die Wirkung des Bösen im ursprünglichen Zustand aufgesogen und zu einem guten Zweck umgewandelt.

Autor unbekannt

Das Große geschieht so schlicht
wie das Rieseln des Wassers,
das Fließen der Luft,
das Wachsen des Getreides.

Adalbert Stifter

Man verliert die meiste Zeit damit,
dass man Zeit gewinnen will.

John Steinbeck

Es scheint, als ob wir mehr und mehr darüber wüssten, wie man lebt, ohne auch nur ein bisschen mehr darüber herauszufinden, warum es sich lohnt zu leben.

Morrison

Das unbekannteste Land liegt unter unserem Hut.

George Bernard Shaw

Die eine Generation baut die Straße, auf der die nächste fährt.

Chinesischer Spruch

Die Tatsachen, die Tag für Tag geschehen, zeigen, wie sich vollzieht, was im Unsichtbaren, das heißt in den Herzen der Menschen, schon vollzogen ist.

Amadeus Voldben

Es ist viel später, als du denkst.
Aus China

Erkennen heißt nicht zerlegen, auch nicht erklären.
Es heißt Zugang zur Schau finden. Aber um zu schauen, muss man erst teilnehmen. Das ist eine harte Lehre.
Antoine de Saint-Exupéry

Es mag für ein Ei sehr schwierig erscheinen, sich zu einem Vogel zu entwickeln. Es wäre jedoch noch viel schwieriger, fliegen zu lernen, wenn es weiterhin ein Ei bliebe.
C. S. Lewis

Alles wirklich Wertvolle kommt nicht aus dem Ehrgeiz oder aus dem Pflichtgefühl, sondern aus der Liebe und Ehrfurcht gegenüber Menschen oder objektiven Dingen.
Albert Einstein

Wenn jeder alles von den anderen wüsste,
würde jeder leicht und gerne verzeihen.
Hafiz, persischer Dichter

Wahrheit und Schönheit liegen in den Augen des Betrachters.
Autor unbekannt

Das Gleiche lässt uns in Ruhe, aber der Widerspruch ist es, der uns produktiv macht.
Johann Wolfgang von Goethe

Änderung ist ein kontinuierlicher Prozess, kein Ereignis.
Steve de Shazer

Zwei Dinge verdunkeln unseren Geist:
Schweigen, wo man sprechen soll,
und sprechen, wo man schweigen soll.
Saadi, persischer Dichter

Der Mensch ist seiner Wirklichkeit nach ein geistiges Wesen, und nur wenn er im Geiste lebt, ist er tatsächlich glücklich.
'Abdu'l-Bahá'

Die Leute, die niemals Zeit haben, tun am wenigsten.
Georg Christoph Lichtenberg

Es kann mich niemand daran hindern,
über Nacht klüger zu werden.
Konrad Adenauer

Man sollte sich hüten, dem jungen Menschen den Erfolg im üblichen Sinne als Ziel des Lebens hinzustellen. Als erfolgreicher Mann gilt jeder, der von seinen Mitmenschen mehr empfängt, als seinen Diensten entspricht. Der Wert eines Mannes aber sollte in dem bestehen, was er gibt, und nicht in dem, was er zu erlangen vermag.
Albert Einstein

Das menschliche Gehirn ist eine großartige Sache.
Es funktioniert vom Augenblick der Geburt bis zu dem Zeitpunkt, wo du aufstehst, um eine Rede zu halten.
Mark Twain

Misserfolge sind entweder Grabsteine unvernünftiger Gedanken – oder Meilensteine auf dem Weg zu vernunftgemäßem Erfolg.

Endres

Was wir wissen, ist ein Tropfen, was wir nicht wissen, ein Ozean.

Sir Isaac Newton

Der Mutige stirbt einmal, der Feigling tausend Mal.

Imam Ali

Nach dem Gesetz der Schwerkraft
ist es leichter, den Mund zu öffnen,
als ihn zu schließen.

Autor unbekannt

Einer Zeit der grenzenlosen Entdeckungen folgt
vielleicht eine Zeit der Entdeckung der Grenzen.

Bernd Stoy

Vertrauen ist eine Oase des Herzens, die von der Karawane des Denkens nie erreicht wird.

Khalil Gibran

Das Geld, das man besitzt, ist das Mittel zur Freiheit. Das Geld, dem man nachjagt, wird zum Mittel der Knechtschaft.

Jean-Jacques Rousseau

Wir unterschätzen das, was wir haben,
und überschätzen das, was wir sind.

Marie von Ebner-Eschenbach

Siehst du einen Riesen, so prüfe den Stand der Sonne,
es könnte der Schatten eines Zwerges sein.
Autor unbekannt

Die Freiheit der Meinung setzt voraus, dass man eine hat.
Heinrich Heine

Ein Tag ohne Lächeln ist ein verlorener Tag.
Charlie Chaplin

Der Vorteil der Klugheit besteht darin, dass man sich dumm stellen kann. Das Gegenteil ist schon schwieriger.
Kurt Tucholsky

Es ist nicht schlimm, einen Fehler zu machen; schlimm ist es, denselben Fehler ein zweites Mal zu machen.
Autor unbekannt

Mut steht am Anfang des Handelns, Glück am Ende.
Demokrit

Bruder, du bist dein Denken allein;
der Rest von dir ist nur Fleisch und Bein.
Dschalaluddin Rumi, Mathnawi

Es ist das Geheimnis einer guten Ehe, dass einer Serienaufführung immer wieder Premierenstimmung gegeben wird.
Max Oppenheimer

Denken ist Liebkosen der göttlichen Weisheit.
Bettina von Arnim, deutsche Dichterin

Ein einziges Blättchen Erfahrung ist mehr wert
als ein ganzer Baum voll guter Ratschläge.
Sprichwort aus Litauen

Bloßes Schweigen ist als Anerkennung,
Ermutigung und Lob wirklich zu wenig.
Erwin Ringel

Nicht Philosophen stellen die radikalsten Fragen,
sondern Kinder.
Hellmut Walters, deutscher Schriftsteller

Du siehst Dinge und sagst: „Warum?“
Aber ich träume Dinge, die es nie gab,
und ich sage: „Warum nicht?“
George Bernard Shaw

Binde zwei Vögel zusammen. Sie werden nicht fliegen
können, obwohl sie jetzt vier Flügel besitzen.
Orientalische Weisheit

Wer zur Quelle gehen kann,
der trinke nicht aus dem Wasserkrug.
Leonardo da Vinci

Die größte Kraft auf der Welt ist das Pianissimo.
Maurice Ravel

Es ist besser, hohe Grundsätze zu haben, die man
befolgt, als noch höhere, die man außer Acht lässt.
Albert Schweitzer

Wie sehr du auch studieren magst, du kannst nicht wissen, ohne zu handeln. Ein mit Büchern beladener Esel ist weder ein Intellektueller noch ein weiser Mann. Wenn es ihm am Wesentlichen mangelt, welche Gelehrsamkeit besitzt er – gleich ob er Feuerholz schleppt oder Bücher?
Autor unbekannt

Ausbildung bedeutet nicht das Füllen eines Fasses, sondern das Entfachen eines Feuers.
Heraklit

Welch triste Epoche, in der es leichter ist, ein Atom zu zertrümmern als ein Vorurteil.
Albert Einstein

Mancher hält sich für vollkommen, nur weil er geringere Ansprüche an sich stellt.
Hermann Hesse

Sei, der du bist, wenn du ein anderer werden möchtest.
Johann Wolfgang von Goethe

Es gibt kein Problem, das nicht auch ein Geschenk für dich in Händen trüge. Du suchst Probleme, weil du ihre Geschenke brauchst.
Richard Bach

Der Intellekt hat ein scharfes Auge für Methoden und Werkzeuge, aber er ist blind gegen Ziele und Werte.
Albert Einstein

Die Ära des Bewusstseins begann nicht mit einem Knall, sondern mit einem Flüstern.

Mihály Csikszentmihályi

Die Natur hat uns nur einen Mund, aber zwei Ohren gegeben, was darauf hindeutet, dass wir weniger sprechen und mehr zuhören sollten.

Zeno (griechischer Philosoph, 336-264 v. Chr.)

Wir sind nicht nur für unser Tun verantwortlich, sondern auch für das, was wir nicht tun.

Molière

Man macht nicht Revolution, indem man revoltiert.
Man macht Revolution, indem man die Lösung bringt.

Le Corbusier, Schweizer Architekt

Gebete ändern nicht die Welt.
Aber die Gebete ändern Menschen
und Menschen ändern die Welt.

Albert Schweitzer

Wenn es keine Abschiede gäbe,
gäbe es auch keine Begrüßungen.

Afrikanischer Spruch

Reicht dir das Schicksal eine Zitrone, dann mache dir eine erfrischende Limonade daraus.

Josef Konrad Scheuber

Wer als Werkzeug nur den Hammer kennt,
für den stellt sich jedes Problem als Nagel dar.
Autor unbekannt

Alles sollte so einfach wie möglich gemacht
werden, aber nicht einfacher.
Albert Einstein

Das sicherste Mittel, getäuscht zu werden, ist,
sich für schlauer zu halten als die anderen.
François de La Rochefoucauld

Jugend ohne Begeisterung ist wie Alter ohne Weisheit.
Friedrich Schiller

In jeder Minute, die man mit Ärger verbringt,
versäumt man sechzig glückliche Sekunden.
William Somerset Maugham

Akzeptierte Ideen haben nicht mehr die Wirkkraft,
aber wirkungsvolle Ideen sind noch nicht
akzeptiert. Das ist das Dilemma unserer Zeit.
Stafford Beer

Wer sich zwei Monate lang für andere Menschen interessiert,
gewinnt mehr Freunde als jemand, der zwei Jahre lang
versucht, sich für andere interessant zu machen.
Dale Carnegie

Der Verstand braucht geordnete Informationen, um in Ordnung zu bleiben. Solange wir ein klares Ziel vor Augen haben und eine Rückmeldung erhalten, schnurrt unser Bewusstsein wohlig vor sich hin ... Paradoxerweise sind wir in dem Moment, wo wir allem Anschein nach die größte Freiheit besitzen und alles tun könnten, was wir wollen, am wenigsten handlungsfähig.
Mihály Csikszentmihályi

Die schlimmste Geisteskrankheit in der Welt ist die Überzeugung, dass der Einzelne nichts bewirken kann.
Weizenbaum, Computerpionier

Kreativität ist die Fähigkeit, aus bekannten Informationen neue Kombinationen zu bilden.
Autor unbekannt

Wir versagen nicht deswegen, weil wir es verabsäumen, das anstehende Problem zu lösen, sondern deshalb, weil wir es verabsäumen, uns dem richtigen Problem zuzuwenden.
Jamshid Gharajedaghi

Wo Informationen fehlen, wachsen Gerüchte.
Alberto Moravia

Im Leben gibt es zwei Tragödien. Die eine ist die Nichterfüllung eines Herzenswunsches. Die andere ist seine Erfüllung.
George Bernard Shaw

Belaste dich nicht mit Hass. Er ist eine schwerere Bürde, als du denkst.
Marquise de Sévigné

Veranlasse die Menschen, einen Turm zu bauen, so wirst du sie in Brüder verwandeln. Willst du, dass sie einander hassen, so wirf ihnen Korn vor.

Antoine de Saint-Exupéry

Man kann auch lügen, indem man nichts sagt.

Spruch aus Portugal

Welches ist der Sinn unseres Lebens, welches der Sinn des Lebens aller Lebewesen überhaupt? Eine Antwort auf diese Frage wissen heißt, religiös sein. Du fragst: Hat es denn überhaupt einen Sinn, diese Frage zu stellen? Ich antworte: Wer sein eigenes Leben und das seiner Mitmenschen als sinnlos empfindet, der ist nicht nur unglücklich, sondern auch kaum lebensfähig.

Albert Einstein

Die Entstehung des Lebens auf der Erde mit dem Zufall erklären heißt, von der Explosion einer Druckerei das Zustandekommen eines Lexikons zu erwarten.

Edwin Conklin, Biologe

Das Alte stürzt, es ändert sich die Zeit,
und neues Leben blüht aus den Ruinen.

Friedrich Schiller

Gehen lernt man durch Stolpern.

Spruch aus Bulgarien

Die Quelle der Zufriedenheit muss dem eigenen Geist entspringen, und wer so wenig über die Natur des Menschen weiß, dass er Glück durch das Verändern von irgendetwas anderem als seinen eigenen Charakteranlagen sucht, der wird sein Leben mit fruchtlosen Bemühungen verschwenden und den Kummer, den er zu entfernen trachtet, vervielfältigen.

Samuel Johnson

Es ist unmöglich, einen Mann, dem durch seine Art zu verfahren viel geglückt ist, zu überzeugen, er könne gut daran tun, anders zu verfahren. Daher kommt es, dass das Glück eines Mannes wechselt, denn Zeiten wechseln, er aber wechselt nicht sein Verfahren.

Niccolò Machiavelli

Man muss Gefallen finden an dem, was man tut.
Es hat keinen Sinn, nur das zu tun, was einem gefällt.

Winston Churchill

Wir neigen alle dazu, uns selbst nach unseren Idealen, andere jedoch nach ihren Taten zu beurteilen.

Harold Nicolson

Wenn es ein Geheimnis des Erfolges gibt, so ist es das: den Standpunkt des anderen verstehen und die Dinge mit seinen Augen sehen.

Henry Ford

Die Eule, deren auf die Nacht beschränkte Augen
am Tage erblinden, vermag nicht, das heilige
Geheimnis des Lichtes zu entschleiern.

Khalil Gibran, Der Prophet

Bereit sein ist viel, warten können ist mehr,
doch erst den rechten Augenblick nützen ist alles.

Arthur Schnitzler

Warte nie, bis du Zeit hast.

Deutsches Sprichwort

Der Langsamste, der sein Ziel nicht aus den Augen verliert, geht noch immer geschwinder als jener, der ohne Ziel umherirrt.

Gotthold Ephraim Lessing

Ich übertreibe die Möglichkeiten dieser Erfindung sicher nicht, wenn ich meinem Glauben Ausdruck verleihe, dass es in Zukunft in jeder größeren Stadt Amerikas ein Telefon geben wird.

Alexander Graham Bell, 1875

Zusammenkommen ist der Anfang,
Zusammenhalten ist ein Fortschritt,
Zusammenarbeiten ist Erfolg.

Henry Ford

Das Unglück ist der Prüfstein des Charakters.

Samuel Smiles

Wo zwei einer Meinung sind, ist ohnehin schon einer zu viel.

Winston Churchill

Held kann man sein, auch ohne die Erde zu verwüsten.

Nicolas Boileau-Despréaux

Eigentlich bin ich ganz anders, nur komme ich so selten dazu.

Ödön von Horváth

Viele kleine Leute an vielen kleinen Orten, die viele Schritte tun, können das Gesicht der Welt verändern.

Afrikanisches Sprichwort

Der Narr tut, was er nicht lassen kann,
der Weise lässt, was er nicht tun kann.

Christian Morgenstern

Die Liebe ist der Blick der Seele.

Simone Weil

Auf je tausend, die an den Blättern des Bösen zupfen, kommt einer, der an der Wurzel hackt.

Henry David Thoreau

Ein Zeichen von Intelligenz ist es,
in jeder Situation auch das Positive zu sehen.

William James

Jeder Mensch, alle Ereignisse in deinem Leben sind da, weil du selbst sie angezogen hast. Was du mit ihnen anfängst, ist deine Sache.

Richard Bach

Ach, ich werde mir doch mächtig fehlen,
wenn ich einst gestorben bin.
Kurt Tucholsky

Farben sind das Lächeln der Natur und Blumen sind ihr Lachen.
Leigh Hunt

„Glauben Sie an Astrologie?"
„Nein, eigentlich nicht. Wir Jungfrauen sind skeptisch."
Autor unbekannt

Ich höre – und ich vergesse.
Ich sehe – und ich merke es mir.
Ich tue – und ich verstehe.
Chinesisches Sprichwort

Die Persönlichkeit ist der Feind der Perfektion. Man verliebt sich in eine Persönlichkeit, die Perfektion ist kalt und leblos.
Peter Ustinov

Erfahrung nennt man die Summe aller unserer Irrtümer.
Thomas Edison

Kinder, die man nicht liebt, werden Erwachsene, die nicht lieben.
Pearl S. Buck

Der Mensch kann dem Göttlichen nicht nahekommen,
indem er über das Menschliche hinauslangt;
er kann ihm nur nahekommen, indem er der
Mensch wird, der zu werden er erschaffen ist.
Martin Buber

Je näher man der Wahrheit kommt,
desto näher kommt man der Einheit.

Inayat Khan

Die Zunge hat keine Knochen,
aber sie kann die Knochen brechen.

Orientalische Weisheit

Gott schuf unseren Körper als Tempel für die Seele.
Deshalb sollte er stark und rein bleiben, um der Gottheit
würdig zu sein, die in ihm Wohnung genommen hat.

Khalil Gibran

Wir können unmöglich das Gesetz brechen.
Wir können nur am Gesetz zerbrechen.

Cecil B. DeMille, Die zehn Gebote

In die Hände eines jeden ist eine wunderbare Kraft für Gutes und Böses gelegt – der stille, unbewusste, unsichtbare Einfluss auf sein Leben. Dies ist einfach die beständige Ausstrahlung dessen, was der Mensch wirklich ist, nicht was er zu sein vorgibt.

William George Jordan

Der eine wartet, dass die Zeit sich wandelt,
der andere packt sie kräftig an und handelt.

Dante Alighieri

Eines recht wissen und ausüben gibt höhere
Bildung als Halbheit im Hundertfältigen.

Johann Wolfgang von Goethe

Es ist sinnlos, sich über Dinge zu ärgern, über die ich keine Gewalt habe.

Epiktet, griechischer Philosoph

Der Wurm findet es sonderbar, dass der Mensch seine Bücher nicht isst.

Rabindranath Tagore

Eine beständige Fröhlichkeit ist das sicherste Merkmal der Weisheit.

Montaigne

Die Teilung der Hand in Finger hat keine Schwächung herbeigeführt, vielmehr ihre Leistungsfähigkeit gesteigert. Ebenso erhöht der Staatsmann, der anderen einen Anteil an der Führung gibt, durch die gemeinsame Leistung den Erfolg seiner Tätigkeit.

Plutarch

Niemals wird dir ein Wunsch gegeben, ohne dass dir auch die Kraft verliehen wurde, ihn zu verwirklichen. Es mag allerdings sein, dass du dich dafür anstrengen musst.

Richard Bach

Es ist nicht die stärkste Spezies, die überlebt, noch ist es die intelligenteste, sondern die für Veränderungen offenste.

Charles Darwin

Weich ist stärker als hart,
Wasser stärker als Fels,
Liebe stärker als Gewalt.
Hermann Hesse

Tu erst das Notwendige, dann das Mögliche und plötzlich schaffst du das Unmögliche.
Franz von Assisi

Das größte Übel der heutigen Jugend besteht darin, dass man nicht mehr dazugehört.
Salvador Dali

Man kann die Hand eines Menschen kaufen, aber nicht sein Herz. In seinem Herzen aber sitzen sein Enthusiasmus und seine Loyalität. Man kann seinen Rücken kaufen, aber nicht sein Gehirn. Dort sitzen seine Kreativität, sein Einfallsreichtum und seine geistige Beweglichkeit.
Stephen R. Covey

Wenn ein Baby geboren wird, stecken schon 400 Millionen Jahre Evolution in diesem kleinen Wesen.
Autor unbekannt

Unter Diskussion verstehen Männer die Kunst, den Partner zum Schweigen zu bringen. Frauen verstehen darunter die Kunst, den Partner nicht zum Reden kommen zu lassen.
Fritz Eckhardt

Die Phantasie tröstet die Menschen über das
hinweg, was sie nicht sein können, und der
Humor über das, was sie tatsächlich sind.

Albert Camus

Das große und strahlende Meisterwerk des Menschen ist zu
wissen, wie er durch sein Leben seinem Ziel gerecht wird.

Montaigne

Bei einem guten Redner fangen die Zuhörer
an, mit den Ohren zu sehen.

Spruch aus Persien

Die gefährlichste Sorte von Dummheit ist ein scharfer Verstand.

Hugo von Hofmannsthal

Jede Generation lächelt über die Väter, lacht über
die Großväter und bewundert die Urgroßväter.

Somerset Maugham

Wer sich nicht mehr wundern kann, ist seelisch bereits tot.

Albert Einstein

Die Einfachheit ist die Gefährtin der Wahrheit,
so wie die Bescheidenheit die Gefährtin der Weisheit ist.

Francesco De Sanctis

Mach keine kleinen Pläne. Sie haben nicht den Zauber,
das Blut der Menschen in Wallung zu bringen.

Daniel H. Burnham

Auch ein langer Weg beginnt mit dem ersten Schritt.

Laotse

Mit einer Weisheit, die nicht weint, einer Philosophie, die nicht zu lachen versteht, und einem Stolz, der sich nicht vor einem Kind verbeugt, will ich nichts zu tun haben.

Khalil Gibran

Der rastlose Arbeitsmensch von heute hat tagsüber keine Zeit, sich Sorgen zu machen, und abends ist er zu müde dazu. Alles in allem hält er das für Glück.

George Bernard Shaw

Willst du erkennen, lerne zu handeln!

Heinz von Foerster

Das Schönste, das wir erleben können, ist das Geheimnisvolle. Es ist das Grundgefühl, das an der Wiege von wahrer Kunst und Wissenschaft steht.

Albert Einstein

Es gehört oft mehr Mut dazu, seine Meinung zu ändern, als ihr treu zu bleiben.

Friedrich Hebel

Wenn dein Glück davon abhängt, was andere tun, dann hast du tatsächlich ein Problem.

Richard Bach

„Meister, warum hat der Mensch nie, was er will?“
„Das ist einfach: Wollte er, was er hat, dann hätte er, was er will. Da er aber nie will, was er hat, hat er nie, was er will.“

„Meister, ich weiß, dass ich nichts weiß.“
„Gar nichts weißt du!“

„Meister, was ist die Aufgabe des Lebens?“
„Die Aufgabe des Lebens.“
„Ich verstehe nicht. Was ist die Lösung?“
„Die Lösung ist die Lösung.“

Nichts ist einfacher, als sich schwierig auszudrücken,
und nichts ist schwieriger, als sich einfach auszudrücken.
Karl Heinrich Waggerl

Ist es ein Fortschritt, wenn ein Kannibale
Messer und Gabel benutzt?
Stanislaw Jerzy Lec

Verstehen heißt vergeben, sogar sich selbst.
Alexander Chase

Sie können uns unsere Selbstachtung nicht
nehmen, wenn wir sie ihnen nicht geben.
Mahatma Gandhi

Es bildet ein Talent sich in der Stille,
ein Charakter in dem Strom der Welt.
Johann Wolfgang von Goethe

Vision ist die Kunst, Unsichtbares zu sehen.

Jonathan Swift

Der Regen prasselt auf die Haut eines Leoparden,
aber seine Flecke wäscht er nicht aus.

Ashanti-Sprichwort

Der Urgrund alles Schönen besteht in einem
gewissen Einklang der Gegensätze.

Thomas von Aquin

Interessiere dich für dein Leben. Du bist die
Einzige, die etwas daraus machen kann.

Else Pannek

Mit einer sehr lauten Stimme im Halse ist man
fast außerstande, feine Sachen zu denken.

Friedrich Nietzsche

Das Leben ist nicht ein Problem, das man lösen muss,
sondern eine Erfahrung, die man leben muss.

Sören Kierkegaard

Wer sich nach einem Stern richtet, ändert seine Meinung nicht.

Leonardo da Vinci

Vieles kann der Mensch entbehren, nur den Menschen nicht.

Ludwig Börne

Besser einmal selber sehen als hundert Mal davon hören.

Russisches Sprichwort

Wenn man einen Menschen bessern will, muss man ihn erst einmal respektieren.

Romano Guardini

Wir können nicht verhindern, dass die Vögel der Sorge über unserem Kopf kreisen. Doch es liegt an uns zu entscheiden, ob sie Nester bauen dürfen.

Arabisches Sprichwort

Ein Fehler ist ein Ereignis, dessen großer Nutzen sich noch nicht zu deinem Vorteil ausgewirkt hat.

Autor unbekannt

Das Geheimnis des Erfolgs ist das Festhalten an der Absicht.

Benjamin Disraeli

Der Glaube ist nicht der Anfang, sondern das Ende alles Wissens.

Johann Wolfgang von Goethe

Es gibt keine Hoffnung auf Freude außer in menschlichen Beziehungen.

Antoine de Saint-Exupéry

Ich habe einen ganz einfachen Geschmack: Ich bin immer mit dem Besten zufrieden.

Oscar Wilde

Ein Steinhaufen hört in dem Moment auf, ein Steinhaufen zu sein, in dem jemand ihn betrachtet, der in sich das Bild einer Kathedrale trägt.

Antoine de Saint-Exupéry

Es macht Spaß, das Unmögliche zu tun.

Walt Disney

Der Künstler ist jemand, der zwei gegensätzliche
Anschauungen hegen kann, ohne gelähmt zu sein.

F. Scott Fitzgerald

Was für die Raupe das Ende der Welt ist, nennt
der Meister einen Schmetterling.

Richard Bach

Wenn wir die Menschen nur nehmen, wie sie sind, so machen
wir sie schlechter; wenn wir sie behandeln, als wären sie, was sie
sein sollten, so bringen wir sie dahin, wohin sie zu bringen sind.

Johann Wolfgang von Goethe

Friede ist nicht nur das Gegenteil von Krieg,
nicht nur ein Zeitraum zwischen zwei Kriegen,
Friede ist mehr. Friede ist das Gesetz menschlichen Lebens.
Friede ist dann, wenn wir recht handeln
und wenn zwischen jedem einzelnen Menschen
und jedem Volk Gerechtigkeit herrscht.

Spruch der Mohawk

Es ist nicht einfach, in uns selber die Zufriedenheit zu entdecken,
und es ist unmöglich, sie irgendwo anders zu finden.

Agnes Repplier

Glück ist keine Haltestelle, an der man ankommt,
sondern eine Art des Reisens.

Margaret Lee Runbeck

Bienen und Wespen saugen an den gleichen Blüten, finden aber nicht den gleichen Honig.

Joseph Joubert

Musik verbindet Völker. Violinenunterricht entzweit Nachbarn.

Hans-Horst Skupy

Interdependenz muss genauso sehr als Ideal des Menschen gelten wie Selbständigkeit. Der Mensch ist ein soziales Wesen.

Mahatma Gandhi

Die bittersten Tränen, die an Gräbern vergossen werden, betreffen Worte, die nicht ausgesprochen wurden, und Handlungen, die ausblieben.

Harriet Beecher Stowe

Viele Menschen glauben, dass sie denken, während sie bloß dabei sind, ihre Vorurteile neu zu ordnen.

William James

Ein Mann kann nicht vorsichtig genug sein in der Wahl seiner Feinde.

Oscar Wilde

Wir sollten nicht um Aufgaben beten, die unseren Kräften entsprechen, sondern um Kräfte, die unseren Aufgaben entsprechen, und wir sollten auf dem Weg zu unserem fernen Ziel voranschreiten mit einer tiefen Sehnsucht, die unaufhörlich an das Tor unseres Herzens klopft.

Helen Keller

Es gibt zwei Arten, Licht zu spenden – entweder wie eine Kerze zu sein oder wie der Spiegel, der das Licht widerstrahlt.
Edith Wharton

Mut ist die Angst, welche ihre Gebete gesprochen hat.
Dorothy Bernard

Als ich vierzehn war, war mein Vater so unwissend, dass ich es kaum aushielt, den alten Mann um mich zu haben. Doch als ich einundzwanzig wurde, war ich überrascht, wie viel der alte Mann in sieben Jahren gelernt hatte.
Mark Twain

Ich bin nicht jung genug, um alles zu wissen.
Oscar Wilde

Würde besteht nicht darin, dass man Ehrungen erhält, sondern darin, dass man sie verdient.
Aristoteles

Hohe Bildung kann man dadurch beweisen, dass man die kompliziertesten Dinge auf einfache Art zu erläutern versteht.
George Bernard Shaw

Was nützt es dem Menschen, wenn er Lesen und Schreiben gelernt hat, aber das Denken anderen überlässt?
Ernst R. Hauschka

Lernen ist wie Rudern gegen den Strom.
Hört man damit auf, treibt man zurück.
Laotse

Die gute Unterhaltung besteht nicht darin, dass
man selbst etwas Gescheites sagt, sondern dass
man etwas Dummes anhören kann.

Wilhelm Busch

Menschen, die bloß arbeiten, finden keine Zeit zum
Träumen. Nur wer träumt, gelangt zur Weisheit.

Smohalla (Nez Perce)

Wer A sagt, muss nicht B sagen.
Er kann auch erkennen, dass A falsch war.

Bert Brecht

Toleranz heißt, die Fehler der anderen zu
entschuldigen. Takt heißt, sie nicht zu bemerken.

Arthur Schnitzler

Ein Kluger bemerkt alles, ein Dummer macht
über alles seine Bemerkungen.

Heinrich Heine

Vergebt immer euren Feinden; nichts ärgert sie mehr als das.

Oscar Wilde

Das Schwierige am Diskutieren ist nicht, den eigenen
Standpunkt zu verteidigen, sondern ihn zu kennen.

André Maurois

Männer, die behaupten, sie seien die uneingeschränkten
Herren im Haus, lügen auch bei anderer Gelegenheit.

Mark Twain

Der Optimist erklärt, dass wir in der besten aller möglichen Welten leben, und der Pessimist fürchtet, dass dies wahr ist.
James Branch Cabell

Ordnung ist die Lust der Vernunft, aber Unordnung ist die Wonne der Phantasie.
Paul Claudel

Unsere Wünsche sind die Vorboten der Fähigkeiten, die in uns liegen.
Johann Wolfgang von Goethe

Wenn du einen Menschen glücklich machen willst, dann füge nichts seinen Reichtümern hinzu, sondern nimm ihm einige von seinen Wünschen.
Epikur von Samos

Die Strafe des Lügners ist nicht, dass ihm niemand mehr glaubt, sondern dass er selbst niemandem mehr glauben kann.
George Bernard Shaw

Weil du die Augen offen hast, glaubst du, du siehst.
Johann Wolfgang von Goethe, Egmont

Einen Menschen zu lieben bedeutet, ihn so zu sehen, wie Gott ihn gemeint hat.
F. M. Dostojewski

Alles, was nötig ist, damit das Schlechte in der Welt gewinnt, sind genügend gute Menschen, die nichts tun.
Edmund Burke

Es gibt nur ein Problem, das schwieriger ist,
als Freunde zu gewinnen. Sie wieder loszuwerden.
Mark Twain

Die beste Arznei für den Menschen ist der Mensch.
Der höchste Grund dieser Arznei ist die Liebe.
Paracelsus

Einen sicheren Freund erkennt man in unsicherer Sache.
Marcus Tullius Cicero

Fordere viel von dir selbst und erwarte wenig von anderen. So wird dir viel Ärger erspart bleiben.
Konfuzius

Zwei Monologe, die sich gegenseitig immer und immer wieder störend unterbrechen, nennt man eine Diskussion.
C. Tschopp

Der einzige Mensch, der sich vernünftig benimmt, ist mein Schneider. Er nimmt jedes Mal neu Maß, wenn er mich trifft, während alle anderen immer die alten Maßstäbe anlegen in der Meinung, sie passten auch heute noch.
George Bernard Shaw

Das Paradies pflegt sich erst dann als Paradies zu erkennen zu geben, wenn wir daraus vertrieben wurden.
Hermann Hesse

Man muss manchmal von einem Menschen
fortgehen, um ihn zu finden.
Heimito von Doderer

Die Freiheit des Menschen liegt nicht darin, dass er tun kann, was er will, sondern dass er nicht tun muss, was er nicht will.
Jean-Jacques Rousseau

Und wenn wir die ganze Welt durchreisen, um das Schöne zu finden: Wir mögen es in uns tragen, sonst finden wir es nicht.
Ralph Waldo Emerson

Natürlicher Verstand kann fast jeden Grad von Bildung ersetzen, aber keine Bildung den natürlichen Verstand.
Arthur Schopenhauer

Gedanken springen wie Flöhe von einem zum anderen, aber sie beißen nicht jeden.
George Bernard Shaw

Nichts auf der Welt ist so gerecht verteilt wie der Verstand. Denn jedermann ist überzeugt, dass er genug davon habe.
René Descartes

Ein Experte ist ein Mann, der hinterher genau sagen kann, warum seine Prognose nicht gestimmt hat.
Winston Churchill

Die Weisheit eines Menschen misst man nicht nach seinen Erfahrungen, sondern nach seiner Fähigkeit, Erfahrungen zu machen.

George Bernard Shaw

Liebe ist ein Glas, das zerbricht,
wenn man es zu unsicher oder zu fest anfasst.

Russisches Sprichwort

Sag nicht: Ich liebe dich – weil du mich willst.
Sag nicht: Ich liebe dich – weil du mich hast.
Sag erst: Ich liebe dich – wenn du mich kennst.

Heinz Kahlau

Gedankensplitter

Guter Rat ist schon wieder teurer geworden.

Spontaneität – will gut überlegt sein.

Es hat keinen Sinn, Kinder zu erziehen –
sie machen einem doch alles nach.

Liebe mich dann, wenn ich es am wenigsten verdient
habe, denn dann brauche ich es am meisten.

Man versteht das Leben nur rückwärts,
aber leben muss man es vorwärts.

Chancen sind selten als solche gekennzeichnet.

Hast du heute schon gelebt?

Leben ist das, was passiert,
während du etwas anderes planst.

Der Nörgler ist der Einzige, der im Leben
immer das findet, wonach er sucht.

Den Letzten beißen die Hunde.

Selbst Kannibalen werfen nicht alle Menschen in einen Topf.

Woher komme ich?
Wohin gehe ich?
Und vor allem: Was ziehe ich dazu an?

Den Müller müssen wir bald entlassen:
Er ist schon seit fünf Jahren bei uns beschäftigt
und hat noch keinen Herzinfarkt gehabt.

Touristen sind die einzige Ware,
die ihren Transport selber bezahlt.

Ein Theoretiker ist ein Mensch, der praktisch nur denkt.

Und dann findet man den Stein der Weisen
– und kann ihn nicht heben.

Die Lebenskraft eines Zeitalters liegt nicht in
der Ernte, sondern in der Aussaat.

In der Realität ist die Wirklichkeit ganz anders.

Eine Katze, die einen Kanarienvogel gefressen
hat, kann deswegen noch nicht singen.

Wer nicht vom Weg abkommt, bleibt auf der Strecke.

So ist das Leben – mal verliert man, mal gewinnen die anderen.

Alle sprechen von Überbevölkerung, können sich jedoch
nicht darüber einigen, wer von ihnen zum „Über“ gehört.

Schönheit ist nur oberflächlich,
aber Hässlichkeit geht durch und durch.

Ich weiß nichts über mich – ich mische mich nicht
in meine privaten Angelegenheiten ein.

Jede Kehrseite hat ihre Kehrseite.

Ich rege mich nie auf – die anderen regen mich auf!

Die Leiter des Erfolgs kann man nicht mit den
Händen in den Hosentaschen erklimmen.

Selbstgespräche haben den Vorteil,
dass einem niemand widerspricht.

Wieso ist am Ende meines Geldes
noch so viel Monat übrig?

Arroganz ist die Kunst, auf seine eigene Dummheit stolz zu sein.

Die Natur ergreift immer die Partei des versteckten Fehlers.

Pünktlichkeit hat den Nachteil, dass die Leute
glauben, man hätte nichts Wichtigeres zu tun.

Im Paradies hat man das bessere Klima,
in der Hölle die interessantere Gesellschaft.

Wenn einer träumt, ist es ein Traum.
Wenn viele träumen, ist es der Anfang einer Wirklichkeit.

Wer schon nicht überzeugen kann,
soll wenigstens für Verwirrung sorgen.

Wenn der Weise irrt, irrt er gehörig.

Sprächen die Menschen nur von Dingen,
von denen sie etwas verstehen,
die Stille wäre unerträglich.

Ein gutes Geschäft ist, wenn der Kunde
wiederkommt und nicht das Produkt.

Wenn du eine helfende Hand brauchst,
findest du sie am Ende deines Armes.

Man hat niemals Zeit, es richtig zu machen,
aber immer Zeit, es noch einmal zu machen.

Auch Hypochonder können krank werden.

Wie oft habe ich mich zum Narren gemacht,
nur um zu beweisen, dass ich kein Idiot bin!

Es gibt keine zweite Chance für einen ersten Eindruck.

Ich liebe Überraschungen, vorausgesetzt,
ich bin darauf vorbereitet.

Man soll nicht schneller fahren, als der
eigene Schutzengel fliegen kann.

Trotz ist die jugendliche Form von Altersstarrsinn.

Die meisten Aufgaben lösen sich von selbst.
Man darf sie nur nicht dabei stören.

Nichts macht so alt wie ein lange zurückliegendes Geburtsdatum.

Futurologen sind Leute, die sich kratzen, bevor es juckt.

Nichts ist besser als gar nichts.

We all are overnewsed but underinformed.

Geizhälse sind unangenehme Zeitgenossen,
aber angenehme Vorfahren.

Der Mensch soll nicht gesünder leben, als ihm guttut.

Was nützt es zu rennen, wenn wir auf dem falschen Weg sind?

Es gibt größere Dinge als unser Einkommen,
zum Beispiel unsere Ausgaben.

Unser Verstand ist ein Beweis für den Humor Gottes.

Wer nichts zu sagen hat, sollte wenigstens so tun,
als hätte er etwas zu verschweigen.

Edna, ich muss dich leider verlassen.
Wohin soll ich gehen?

Genitiv ins Wasser, weil es Dativ ist.

Besuche machen immer Freude:
wenn nicht beim Kommen, dann bestimmt beim Gehen.

Eine Lösung habe ich, aber sie passt nicht zum Problem.

Seinen Therapeuten zu wechseln ist, als ob man
an Deck der Titanic den Liegestuhl wechselt.

Latein ist die späte Rache der Römer an den Germanen.

Ich habe dir mindestens hunderttausend Mal gesagt,
dass du nicht immer übertreiben sollst!

Um ein Darlehen zu bekommen, muss man erst
beweisen, dass man keines braucht.

Gefühle lassen uns irren, der Verstand aber betrügt uns.

Für den Fleißigen hat die Woche sieben Heute,
für den Faulen sieben Morgen.

Glaube keiner Statistik, die du nicht selbst gefälscht hast.

Zuerst lernt man gehen und sprechen,
dann stillsitzen und Mund halten.

Das Beste beim Diktieren ist: Man kann Worte verwenden, von denen man keine Ahnung hat, wie sie geschrieben werden.

Der Kopf ist rund, damit das Denken seine Richtung ändern kann.

Wie lange eine Minute sein kann, hängt davon ab, auf welcher Seite der Toilettentür man sich befindet.

Schlagfertigkeit ist das, was einem auf dem Nachhauseweg einfällt.

Keine Grenze verlockt uns mehr zum Schmuggeln als die Altersgrenze.

Nicht der ist mächtig, der seine Macht ausspielt, sondern der sich leisten kann, darauf zu verzichten.

Jedes böse Erwachen setzt einen tiefen Schlaf voraus.

Der hat die besten Erinnerungen, der das schlechteste Gedächtnis hat.

Alle Menschen sind schlau –
einige vorher, die meisten nachher.

Eine kluge Frau folgt ihrem Mann, wohin sie will.

Das Licht am Ende des Tunnels könnten auch die Scheinwerfer des entgegenkommenden Zuges sein.

Mein Chef hat für jede Lösung ein Problem.

Alle Menschen sind gleich.
Mir jedenfalls.

Geld allein macht nicht glücklich,
es muss einem auch gehören.

Man muss in der Erziehung die Kinder alle gleich behandeln, und zwar individuell unterschiedlich.

Ich habe meine Vorurteile,
verwirren Sie mich nicht mit Tatsachen!

Unser Misstrauen anderen Leuten gegenüber beruht hauptsächlich darauf, dass wir uns selbst gut kennen.

Es gibt eine Regel ohne Ausnahme: dass jeder sich für die Ausnahme von der Regel hält.

Der Charakter eines Menschen lässt sich leicht daran erkennen, wie er mit Leuten umgeht, die nichts für ihn tun können.

Lächeln kann man hören.

Ein Freund ist ein Mensch, der dich mag, obwohl er dich kennt.

Ein grünes Glas erscheint grün, weil es andere Farben absorbiert und diese nicht passieren lässt. Das heißt, wir nennen ein Glas grün, weil es das Grün gerade nicht in sich behält. Es ist nicht nach dem benannt, was es besitzt, sondern nach dem, was es hergibt.

Die Kunst des Lebens liegt in einer dauernden Neueinstellung zu unserer Umgebung.

Eigenartigerweise nennt man Blumen,
die nicht wachsen, Wachsblumen.

Die Frage ist so gut, dass ich sie nicht durch
meine Antwort verderben möchte.

Alle wollen zurück zur Natur, aber keiner zu Fuß.

Bei mir herrscht Ordnung:
Ein Griff und die Sucherei beginnt.

Umwege erweitern die Ortskenntnis.

Sinnlos ist ein Leben ohne Sinn für Unsinn.

Ein klassisches Werk ist ein Buch, das die
Leute loben, aber nie lesen.

Gewalt ist die Kapitulation des Geistes.

Pubertät ist, wenn Eltern anfangen schwierig zu werden.

Wenn man sich vornimmt, den ganzen Tag nichts
zu erreichen, und das dann auch schafft – hat
man dann etwas erreicht oder nicht?

Der Optimist: „Das Glas ist halb voll."
Der Pessimist: „Das Glas ist halb leer."
Der Ingenieur: „Das Glas ist doppelt so groß, wie es sein müsste."

Literaturverzeichnis

Viele der hier zusammengetragenen Geschichten, Erzählungen und Weisheiten sind von der Herkunft und Quelle nicht immer eindeutig zuzuordnen. Manche trifft man mit leichten Abweichungen in den Traditionen verschiedener Völker und Kulturen an. Im Laufe der Jahrhunderte wurden sie zunächst mündlich weitergegeben und erst viel später niedergeschrieben. Worauf es bei diesen Lehrgeschichten ankam, war, dass sie die Herzen und Seelen der Zuhörer berührten und diese für sich die verborgene Bedeutung, die Moral der Geschichte erfassen konnten. So beschränkt sich auch das angeführte Literaturverzeichnis nicht allein auf die Quellen, aus denen geschöpft wurde, sondern bietet für den interessierten Leser einen erweiterten Bogen spannender Quellen an.

'Abdu'l-Bahá': *Das Geheimnis göttlicher Kultur.* Hofheim: Bahá'í-Verlag, 1973.

'Abdu'l-Bahá': *Wenn ein Kriegsgedanke kommt, so widersteht ihm mit einem stärkeren Gedanken des Friedens.* Wien: Horizonte, 1985.

Aldinger, Marco: *Bewusstseinserheiterung.* Freiburg im Breisgau: Aldinger, 1992.

Bach, Richard: *Illusionen.* Frankfurt am Main: Ullstein, 1991.

Bahá'u'lláh: *Botschaften aus 'Akká.* Hofheim: Bahá'í-Verlag, 1982.

Bahá'u'lláh: *Verborgene Worte – Worte der Weisheit*. Hofheim: Bahá'í-Verlag, 1973.

Baumeister, Anton: *Das kommt davon*. Freiburg im Breisgau: Herder, 1975.

Eggetsberger, Gerhard & Eder, Karl-Heinz: *Das neue Kopftraining*. Landsberg am Lech: mvg-Verlag, 1998.

Ende, Michael: *Momo*. Stuttgart: Thienemann, 1973.

Frankl, Viktor: *Psychotherapie für jedermann*. Freiburg im Breisgau: Herder, 1971.

Gibran, Khalil: *Der Narr*. Freiburg im Breisgau: Walter, 1975.

Gibran, Khalil: *Eure Seelen sind Feuer*. München: Goldmann, 1989.

Hein, Jürgen (Hrsg.): *Deutsche Anekdoten*. Stuttgart: Reclam, 1976.

Heinz-Mohr, Gerd: *Humor ist der Regenschirm der Weisen*. Freiburg im Breisgau: Herder, 1988.

Hesse, Hermann: *Siddhartha*. Frankfurt am Main: Suhrkamp, 1974.

Kamphoevener, Elsa Sophia von: *An Nachtfeuern der Karawan-Serail*. Reinbek bei Hamburg: Rowohlt, 1975.

Margreiter, Berta: *Einilosn ins Land*. Wien: Österreichischer Kulturverlag, 1979.

Morgan, Marlo: *Traumfänger*. München: Goldmann, 1995.

Neihardt, John: *Black Elk Speaks*. Lincoln/NE: University of Nebraska Press, 1961.

O'Connor, Joseph: *Die Lösung lauert überall: Systemisches Denken verstehen und nutzen*. Kirchzarten: VAK, 1998.

O'Connor, Joseph: *Heute ist mein Tag! Außergewöhnliche Lösungen für alltägliche Probleme*. Kirchzarten: VAK, 2000.

Peseschkian, Nossrat: *Der Kaufmann und der Papagei*. Frankfurt am Main: Fischer, 1979.

Recheis, Käthe & Bydlinski, Georg: *Weißt du, dass die Bäume reden: Weisheit der Indianer.* Freiburg im Breisgau: Herder, 1992.

Roth, Eugen: *Ernst und heiter.* München: dtv, 1980.

Rumi, Dschalaluddin: *Der Herrscher und sein Narr.* Freiburg im Breisgau: Herder, 1999.

Sabet, Huschmand: *Für Leute, die nichts zum Lachen haben.* Stuttgart: Horizonte, 1996.

Schäfer, Rudolf: *Anekdoten.* Stuttgart: Reclam, 1988.

Schenk, Otto: *Sachen zum Lachen.* München: Piper, 1995.

Schoenaker, Theo: *Ich weiß, ich bin okay: Mut tut gut.* Frankfurt am Main: Horizonte, 1991.

Schoenaker, Antonia & Schoenaker, Theo: *Die neue Partnerschaft: Austausch in der Nähe.* Rosenheim: Horizonte, 1988.

Sears, William: *Dieb in der Nacht.* Hofheim: Bahá'í-Verlag, 1998.

Sears, William: *Gott liebt das Lachen.* Hofheim: Bahá'í-Verlag, 2014.

Senge, Peter: *Die fünfte Disziplin.* Stuttgart: Klett-Cotta, 1996.

Shah, Idries: *Die Sufis.* Köln: Diederichs, 1976.

Shah, Idries: *Das Geheimnis der Derwische.* Freiburg im Breisgau: Herder, 1995.

Taafaki, Irene (Hrsg.): *Thoughts: Education for Peace and One World.* Welwyn/UK: George Ronald, 1986.

Vester, Frederic: *Neuland des Denkens.* München, dtv, 1988.

Voldben, Amadeus: *Die großen Weissagungen über die Zukunft der Menschheit.* München: Langen-Müller, 1975.

Watzlawick, Paul: *Anleitung zum Unglücklichsein.* München: Piper, 1983.

Watzlawick, Paul: *Wie wirklich ist die Wirklichkeit?* München: Piper, 1978.
Watzlawick, Paul: *Vom Schlechten des Guten oder Hekates Lösungen*. München: Piper, 1986.
Willoya, William & Brown, Vinson: *Im Zeichen des Regenbogens*. Frankfurt am Main: Horizonte, 1993.

Quellenangaben

|1| Autor unbekannt
|2| Andrew Gash: *Stories from Star of the West*
|3| Antoine de Saint-Exupéry
|4| Quelle unbekannt
|5| Annemarie Schimmel: *Die orientalische Katze*
|6| 'Abdu'l-Bahá', zit. n. Nossrat Peseschkian: *Der Kaufmann und der Papagei*, S. 48
|7| Aus dem Italienischen übertragen und leicht geändert
|8| Orientalische Geschichte
|9| Zit. n. Elmar Hatzelmann: Märchen, Mythen und Metaphern
|10| Jüdische Legende
|11| Zit. n. Nossrat Peseschkian: *Der Kaufmann und der Papagei*, S. 48
|12| Aus dem Englischen übertragen, Autor unbekannt
|13| Zit. n. Kemal Yörenc: *The Best Anecdotes of Nasreddin Hoca*, Istanbul
|14| Quelle unbekannt
|15| Quelle unbekannt
|16| Zit. n. Marco Aldinger: *Bewusstseinserheiterung*
|17| Raoul Follereau
|18| Volksgut aus den Philippinen
|19| Quelle unbekannt
|20| Quelle unbekannt
|21| Samuel Ullman, Inschrift auf dem „Stein der Jugend" im Parco Giardino Sigurtà bei Verona
|22| Aus dem Englischen übertragen, Autor unbekannt
|23| Henry Old Coyote, zit. n. Recheis/Bydlinski: *Weißt du, dass die Bäume reden*
|24| Volksgut aus Mazedonien
|25| Tradition
|26| Adaptiert nach der Geschichte von Will Lane, zit. bei Irene Taafaki: *Thoughts*
|27| Adaptiert nach der Geschichte von Will Lane, zit. bei Irene Taafaki: *Thoughts*
|28| Nach A. Q. Faizi
|29| Orientalische Geschichte, zit. n. Nossrat Peseschkian
|30| Zit. n. Nossrat Peseschkian: *Der Kaufmann und der Papagei*, S. 128

|31| Autor unbekannt
|32| William Sears: Gott liebt das Lachen (aus dem Englischen übertragen)
|33| Nach Jack Canfield: *Chicken Soup for the Soul* (aus dem Englischen übertragen und leicht geändert)
|34| Nach Nancy Friday: *Wie meine Mutter* (leicht geändert)
|35| Quelle unbekannt
|36| Zit. n. Kemal Yörenc: *The Best Anecdotes of Nasreddin Hoca*, Istanbul
|37| Nach Bruce Dillman (leicht geändert)
|38| Nach Dan Clark: *Weathering the Storm* (aus dem Englischen übertragen und leicht geändert)
|39| Quelle unbekannt
|40| Frei nacherzählt in Anlehnung an: *The Wisdom of Zen Masters*
|41| Theo Schmich, zit. bei N. Peseschkian: *Das Geheimnis des Samenkorns*
|42| Quelle unbekannt
|43| Nach Margaret Fishback-Powers, leicht geändert und gekürzt
|44| Quelle unbekannt
|45| Freie Erzählung
|46| William Sears: *Dieb in der Nacht*
|47| Zit. bei Viktor Frankl: *Der Mensch auf der Suche nach Sinn*
|48| Frei nach Heinrich Böll
|49| Zit. n. Theo Schoenaker: *Ich weiß, ich bin okay: Mut tut gut*
|50| Autor unbekannt
|51| Quelle unbekannt
|52| Freie Erzählung
|53| Freie Erzählung
|54| Nach Gerhard Reichel: *Der Indianer und die Grille*
|55| Nach Gordon Allport
|56| Frei nach mündlicher Erzählung
|57| Frei nach einer Erzählung aus Irland
|58| Eigene Metapher
|59| Quelle unbekannt
|60| Nach Stephen R. Covey: *Die 7 Wege zur Effektivität*
|61| Quelle unbekannt
|62| Quelle unbekannt
|63| Nach Walter Goes
|64| Zit. n. *202 Witze von Nasreddin Hodja*, Istanbul
|65| Freie Erzählung
|66| Nach Gerhard Branstner

|67| Legende aus dem Mittelalter
|68| Orientalische Geschichte
|69| Chinesische Geschichte, Tradition
|70| Zitiert n. Arbeitsgemeinschaft Missionarische Dienste (Hrsg.): *An jedem neuen Tag*
|71| Orientalische Geschichte
|72| Nach Marianne Williamson: *Rückkehr zur Liebe*
|73| Quelle unbekannt
|74| Freie Erzählung
|75| Calvin O. John
|76| Indische Legende
|77| Nach Jack Canfield: *Chicken Soup for the Soul* (frei übersetzt)
|78| Andrew Gash: *Stories from Star of the West* (aus dem Englischen übertragen)
|79| Nach einer Fabel von Aesop
|80| Dr. Philip E. Humbert: The Innovative Professional's Letter (frei übersetzt und leicht geändert)
|81| Quelle unbekannt, aus dem Englischen übertragen
|82| Zit. n. Lothar Seiwert: *Wenn du es eilig hast, gehe langsam*
|83| Zit. n. Huschmand Sabet: *Für Leute, die nichts zum Lachen haben*
|84| Zit. n. *202 Witze von Nasreddin Hodja*, Istanbul
|85| Salcia Landmann: *Der jüdische Witz*
|86| Khalil Gibran: *Der Narr*
|87| Zit. n. Marco Aldinger: *Bewusstseinserheiterung*
|88| Aus Hermann Hesse: *Siddhartha*
|89| Freie Erzählung
|90| Wim Malgo
|91| Aus Dschalaluddin Rumi: *Mathnawi*
|92| Zit. n. Gerhard Reichel: *Der Indianer und die Grille*
|93| Quelle unbekannt
|94| Aus dem Englischen übertragen
|95| Nadine Stair (leicht gekürzt und überarbeitet)
|96| Orientalische Geschichte, frei nacherzählt
|97| Nach Dhun-Nun (nacherzählt und leicht geändert)
|98| Autor unbekannt, aus dem Englischen übertragen
|99| Orientalische Geschichte
|100| Zit. n. Elsa Sophia von Kamphoevener: *An Nachtfeuern der Karawan-Serail* (leicht geändert)
|101| Hehaka Sapa (Black Elk), zit. n. Recheis/Bydlinski: *Weißt du, dass die Bäume reden*
|102| Autor unbekannt

|103| Zitiert n. Cora Besser-Siegmund: *Optimist werden, Optimist bleiben*
|104| Aus dem Leben zitiert
|105| Zit. n. Huschmand Sabet: *Für Leute, die nichts zum Lachen haben*
|106| R. Moore
|107| Dieter Lattmann
|108| Zit. n. Huschmand Sabet: *Für Leute, die nichts zum Lachen haben*
|109| Nach Gerhard Reichel: *Der Indianer und die Grille*
|110| Eugen Roth
|111| Quelle unbekannt
|112| Autor unbekannt, aus dem Englischen übertragen
|113| Frei zitiert
|114| Zit. n. Elmar Hatzelmann: Märchen, Mythen und Metaphern
|115| Zit. n. Huschmand Sabet: *Für Leute, die nichts zum Lachen haben*
|116| Zit. n. Huschmand Sabet: *Für Leute, die nichts zum Lachen haben*
|117| Quelle unbekannt
|118| Orientalische Geschichte, frei erzählt
|119| Quelle unbekannt
|120| Orientalische Tradition
|121| Quelle unbekannt
|122| Quelle unbekannt
|123| Quelle unbekannt
|124| Zit. n. Elmar Hatzelmann: Märchen, Mythen und Metaphern
|125| Quelle unbekannt
|126| Zitiert n. Joseph O'Connor: *Heute ist mein Tag!*
|127| Zit. n. Kemal Yörenc: *The Best Anecdotes of Nasreddin Hoca*, Istanbul
|128| Quelle unbekannt
|129| Zit. n. Elmar Hatzelmann: Märchen, Mythen und Metaphern
|130| Zit. n. Elmar Hatzelmann: Märchen, Mythen und Metaphern
|131| Frei zitiert
|132| Frei zitiert
|133| Zit. n. Marco Aldinger: *Bewusstseinserheiterung*
|134| Zit. n. Kemal Yörenc: *The Best Anecdotes of Nasreddin Hoca*, Istanbul
|135| Frei nach einer Geschichte von Mullah Nasrudin
|136| Paul Watzlawick: *Wie wirklich ist die Wirklichkeit*
|137| Orientalische Tradition
|138| Geschichte frei erzählt
|139| Zit. n. *202 Witze von Nasreddin Hodja*, Istanbul
|140| Aus Dschalaluddin Rumi: *Mathnawi*

|141| Frei erzählt
|142| Zit. n. Elmar Hatzelmann: Märchen, Mythen und Metaphern
|143| Quelle unbekannt
|144| Jüdische Geschichte aus Salcia Landmann: *Der jüdische Witz*
|145| Freie Erzählung
|146| Zit. n. *202 Witze von Nasreddin Hodja*, Istanbul
|147| Frei nacherzählt
|148| Aus *Stories from Star of the West*, leicht geändert
|149| Diogenes Laertius über Sokrates
|150| Chinesische Weisheit
|151| Quelle unbekannt
|152| Aus dem Leben zitiert
|153| Jüdische Geschichte, zit. n. Marco Aldinger: *Bewusstseinserheiterung*
|154| Frei nach Martin Auer
|155| Zit. n. Huschmand Sabet: *Für Leute, die nichts zum Lachen haben*
|156| Zit. n. Huschmand Sabet: *Für Leute, die nichts zum Lachen haben*
|157| Freie Erzählung
|158| Jüdische Geschichte aus Salcia Landmann: *Der jüdische Witz*
|159| Zit. n. *202 Witze von Nasreddin Hodja*, Istanbul
|160| Zit. n. Huschmand Sabet: *Für Leute, die nichts zum Lachen haben*
|161| Nach 'Abdu'l-Bahá', *Stories from Star of the West*
|162| Zit. n. Marco Aldinger: *Bewusstseinserheiterung*
|163| Quelle unbekannt
|164| Orientalische Geschichte, frei nacherzählt
|165| Jüdische Geschichte
|166| Frei nacherzählt
|167| Nach einer Geschichte von Mullah Nasrudin
|168| Chinesische Geschichte
|169| Afrikanische Geschichte nach James Aggrey
|170| Gebet der Hopi-Indianer
|171| Nach einer Geschichte von Mullah Nasrudin
|172| Persische Volkserzählung
|173| Willi Hoffsümmer
|174| Frei nacherzählt
|175| Quelle unbekannt
|176| Quelle unbekannt
|177| Überarbeitet nach dem *Panchatantra*
|178| Autor unbekannt
|179| Quelle unbekannt
|180| Nach Rudolf Schnackenburg

|181| Nach Frank Koch, zit. bei Stephen R. Covey: *Die 7 Wege zur Effektivität*
|182| Nach 'Abdu'l-Bahá'
|183| Awad Afifi, Tunesien
|184| Nach Ervin Laszlo
|185| Quelle unbekannt
|186| Zit. n. Marco Aldinger: *Bewusstseinserheiterung*
|187| Geschichte aus China
|188| Zit. n. Elmar Hatzelmann: Märchen, Mythen und Metaphern
|189| Freie Erzählung
|190| Zit. n. Nossrat Peseschkian: *Der Kaufmann und der Papagei*, S. 141
|191| Aus dem Italienischen übertragen, Autor unbekannt
|192| Nach Aesop
|193| Marie-Luise Dieckmann
|194| Johann Gottlieb Herder
|195| Quelle unbekannt
|196| Ohiyesa aus dem Volk der Dakota, zit. n. Recheis/Bydlinski: *Weißt du, dass die Bäume reden*
|197| Jüdische Geschichte
|198| Autor unbekannt
|199| August Gottlieb Meißner
|200| Nach Arthur Schopenhauer, leicht geändert
|201| Quelle unbekannt
|202| Phil Bosmans
|203| Nach Marion Carpenter, aus dem Englischen übertragen
|204| Frederik Hetmann
|205| Paul Watzlawick: *Anleitung zum Unglücklichsein*
|206| Nach Bernard Haldane, überarbeitet von Roland Spinola
|207| Zit. n. Nossrat Peseschkian: *Der Kaufmann und der Papagei*, S. 133
|208| Nach einer alten indischen Schöpfungsgeschichte
|209| Chinesische Geschichte
|210| Zit. n. Gerhard Reichel: *Der Indianer und die Grille*
|211| Zit. n. Marco Aldinger: *Bewusstseinserheiterung*
|212| Zen-Geschichte
|213| Freie Erzählung
|214| Geschichte über Imam Ali
|215| Zit. n. Marco Aldinger: *Bewusstseinserheiterung*
|216| Zitiert n. Cora Besser-Siegmund: *Optimist werden, Optimist bleiben*
|217| Hehaka Sapa (Black Elk), Sioux
|218| Zit. n. Nossrat Peseschkian: *Der Kaufmann und der Papagei*, S. 107

/219/ Jüdische Geschichte, zit. n. Marco Aldinger: *Bewusstseinserheiterung*
/220/ Zit. n. Marco Aldinger: *Bewusstseinserheiterung*
/221/ Zit. n. Marco Aldinger: *Bewusstseinserheiterung*
/222/ Jüdische Geschichte
/223/ Geschichte von Mullah Nasrudin, frei erzählt
/224/ Geschichte von Mullah Nasrudin, frei erzählt
/225/ Quelle unbekannt
/226/ Quelle unbekannt
/227/ Zit. n. Marco Aldinger: *Bewusstseinserheiterung*
/228/ Autor unbekannt
/229/ William Sears: *Gott liebt das Lachen*
/230/ Orientalische Geschichte, frei erzählt
/231/ Quelle unbekannt
/232/ Zit. n. Kemal Yörenc: *The Best Anecdotes of Nasreddin Hoca*, Istanbul
/233/ Quelle unbekannt
/234/ Geschichte aus Italien, frei erzählt
/235/ Frei nacherzählt
/236/ Geschichte aus dem Orient
/237/ Frei nach einer Erzählung von A. Q. Faizi
/238/ Autor unbekannt
/239/ Nach einer Geschichte von Mullah Nasrudin
/240/ Quelle unbekannt
/241/ Quelle unbekannt
/242/ Nach Laotse
/243/ Quelle unbekannt
/244/ Nach Rudyard Kipling
/245/ Zit. n. Marco Aldinger: *Bewusstseinserheiterung*
/246/ Freie Erzählung
/247/ Persische Geschichte
/248/ Jüdische Legende
/249/ Nach Irene Taafaki: *Thoughts*
/250/ Orientalische Geschichte, frei erzählt
/251/ Aus dem Englischen übertragen und gekürzt, Autor unbekannt
/252/ Gernot Trötscher
/253/ Zit. n. Marco Aldinger: *Bewusstseinserheiterung*
/254/ Quelle unbekannt
/255/ Quelle unbekannt
/256/ Nach Leo Tolstoi
/257/ Türkische Derwisch-Geschichte

|258| Sufi-Geschichte
|259| Nach Sukadev Bretz: *Yoga Geschichten* (leicht geändert)
|260| Autor unbekannt
|261| Freie Erzählung, adaptiert
|262| Quelle unbekannt
|263| Jüdische Geschichte
|264| Unbekannter Apachenkrieger, zit. n. Recheis/Bydlinski: *Weißt du, dass die Bäume reden*
|265| Berta Margreiter: *Einilosn ins Land*
|266| Nach Joe Federer
|267| Michael Ende: *Momo*
|268| Aus dem Hebräischen
|269| Hugo von Hofmannsthal
|270| Jüdische Geschichte aus Salcia Landmann: *Der jüdische Witz*
|271| Sufi-Geschichte
|272| Hehaka Sapa (Black Elk)
|273| Afrikanische Geschichte
|274| Quelle unbekannt
|275| Paul Watzlawick: *Anleitung zum Unglücklichsein*
|276| Quelle unbekannt
|277| Nach 'Abdu'l-Bahá': *Stories from Star of the West*
|278| Willoya/Brown: *Im Zeichen des Regenbogens*

Verzeichnis der Geschichten

KAPITEL 4
VON SUCHEN UND LERNEN, WACHSEN UND WEISHEIT UND ANDEREN VERTIEFENDEN DINGEN …

Kontaktadresse

Dipl. Ing. Kambiz Poostchi
POOSTCHI SEMINARE
seminare@poostchi.com
www.poostchi.com

Weitere Titel aus dem Verlag Via Nova:

Die Unsterblichkeit der Seele

Intuition, Willenskraft und Weisheit –
Die Essenz der Yogaphilosophie
Ralph Skuban

Klappenbroschur, 160 Seiten, ISBN 978-3-86616-516-8

In der Identifikation mit dem körperlichen Aspekt unserer Existenz fehlt uns offenbar, was alle Traditionen immer wieder lehren: Wir sind trotz der Vergänglichkeit des Körpers unsterblich. „Woher kam, was uns das Leben schenkte, und wohin wird es gehen, wenn wir das Leben einmal aushauchen?" In diesem Buch geht es um die Kernfragen des Menschen. Vor dem Hintergrund des Yoga entfaltet es, worauf es im Leben ankommt: Was ist Leben? Wie wirklich ist die Wirklichkeit? Ich bin mehr als mein Körper. Wege zum inneren Frieden. Der ganze Schatz liegt in mir selbst. Über den Wunsch, Gott zu sehen. Glück und Glückseligkeit. Gott wohnt in der Stille des Atems. Dieses Buch zeigt einfühlsam und argumentativ, wie wir falsche Konzepte und Identifikationen aufgeben können, damit wir existenziell erkennen und begreifen, wer und was wir in Wirklichkeit sind und dass das Glück in uns selbst liegt.

Ruheloser Geist trifft Achtsamkeit

Aus der Zeit in den Moment – Übungen, Impulse und Meditationen
Matthias Dhammavaro Jordan

3. Auflage mit neuer Ausstattung

Taschenbuch, 160 Seiten, ISBN 978-3-86616-515-1

Einfachheit und Tiefe sind die Qualitäten dieses Buches. Der ehemalige buddhistische Mönch spricht aus eigener Erfahrung, verständlich, unterhaltsam, lehrreich, inspirierend und mitten im Leben stehend. Sofort findet der Leser sich selbst wieder und wird behutsam und fundiert an essenzielle Weisheiten herangeführt. Vor allem aber zeigt das Buch sowohl bei den Betrachtungen über die Wirkungsweise des menschlichen Geistes als auch bei den Meditationsanleitungen, wie man durch bewusstes Üben der Achtsamkeit innere Ruhe und Frieden finden und ein entspanntes und erfülltes Leben führen kann. Zeit ist kostbar und dieses Buch zeigt uns den Weg vom Hier ins Jetzt und wie wir den Reichtum des Augenblicks neu erleben und wertschätzen können.

Die Stille im Chaos

Über die Freude wahrer Meditation

Jeff Foster

Klappenbroschur, 160 Seiten, ISBN 978-3-86616-502-1

Der bekannte spirituelle Lehrer Jeff Foster lädt uns in seinem neuen Buch ein, den inneren Zufluchtsort wahrer Meditation zu entdecken. Für ihn ist die Meditation ein unermesslich großes, nichtduales Feld der Präsenz, das für jeden von uns in jedem Augenblick zugänglich ist, ein Ort der Mühelosigkeit, an dem wir authentisch sein können – mit all unseren Unvollkommenheiten, unserer Erschöpfung, unseren Zweifeln und Ängsten. Meditation dient nicht dazu, dem Leben und seinen unangenehmen Seiten zu entfliehen, sondern fordert uns vielmehr auf, mit Neugierde und kindlichem Staunen in das „heilige Chaos des gegenwärtigen Augenblicks" einzutauchen, unsere tiefsten Verletzungen in liebende Bewusstheit zu hüllen und Licht in unser Dunkel zu bringen. Wahre Meditation lässt uns erkennen, dass wir vollkommen sind – genau so, wie wir sind. Inspirierende Botschaften, poetische Betrachtungen und ganz persönliche Geschichten machen dieses Buch zu einer wunderbaren Kraftquelle, aus der wir immer wieder neu schöpfen können!

Empathie – Ich fühle, was du fühlst

Bin ich ein Empath? So lerne ich meine empathischen Fähigkeiten anzunehmen und in Balance zu leben

Dr. Stephanie Red Feather

Klappenbroschur, 320 Seiten, ISBN 978-3-86616-484-0
E-Book: 978-3-86616-494-9

Kennen Sie das? Oft werden Sie von dem, was Sie wahrnehmen, spüren, empfinden und fühlen, vollkommen überwältigt. Und manchmal wissen Sie nicht, ob Sie sich selbst oder andere Menschen fühlen. Wenn Ihnen das vertraut vorkommt, sind Sie wahrscheinlich ein Empath! Extrem sensibel und empfänglich für subtile Energien, Emotionen und Schwingungen. Die Schamanin und Empathin Stephanie Red Feather hat ein halbes Leben gebraucht, um dieses Phänomen bei sich zu erforschen und herauszufinden, welch riesiges Potenzial Empathen in sich tragen. Daraus ist dieses Buch entstanden. Ein grandioser Leitfaden mit wertvollem Wissen sowie vielen Techniken und praktischen Übungen, die Empathen befähigen, in ihre Kraft und Mitte zu kommen und bewusst ihre Gaben und Herzqualitäten für sich und andere einzusetzen.